Wagner   Studien zur hebräischen Grammatik

ORBIS BIBLICUS ET ORIENTALIS

Im Auftrag des Biblischen Instituts
der Universität Freiburg Schweiz,
des Ägyptologischen Seminars der Universität Basel,
des Instituts für Vorderasiatische Archäologie
und Altorientalische Sprachen der Universität Bern
und der Schweizerischen Gesellschaft
für Orientalische Altertumswissenschaft

herausgegeben von
Othmar Keel und Christoph Uehlinger

Zum Herausgeber:

Andreas Wagner studierte Ev. Theologie in Mainz und Heidelberg,
Deutsche Philologie, Musikwissenschaft und Privatmusik in Mainz.
1990 Magister Artium (phil.) am FB 13 Philologie I, 1995 Promotion zum
Dr. theol. am FB 02 Ev. Theologie der Johannes Gutenberg-Universität
Mainz. 1987–1990 Lehrbeauftragter am Peter Cornelius-Konservatorium
Mainz. Seit 1990 Assistent am Seminar für Altes Testament und Biblische
Archäologie (bei D. Michel), FB 02 Ev. Theologie der Johannes Guten-
berg-Universität Mainz.

Orbis Biblicus et Orientalis 156

Andreas Wagner (Hrsg.)

Studien
zur hebräischen
Grammatik

Universitätsverlag Freiburg Schweiz
Vandenhoeck & Ruprecht Göttingen

Die Deutsche Bibliothek – CIP-Einheitsaufnahme

Studien zur hebräischen Grammatik / hrsg. von Andreas Wagner. –
Freiburg, Schweiz: Univ.-Verl.; [Göttingen]: Vandenhoeck und Ruprecht, 1997
(Orbis biblicus et orientalis; 156)
ISBN 3-7278-1139-0 (Univ.-Verl.)
ISBN 3-525-53792-1 (Vandenhoeck & Ruprecht)

Gedruckt mit Unterstützung durch
– die Alfried Krupp von Bohlen und Halbach-Stiftung
– den Stiftungsfonds Hellmut Ley aus dem Stifterverband für die
Deutsche Wissenschaft
– die Johannes Gutenberg-Universität Mainz

Die Druckvorlagen wurden vom Herausgeber
als reprofertige Dokumente zur Verfügung gestellt

© 1997 by Universitätsverlag Freiburg Schweiz
Vandenhoeck & Ruprecht Göttingen

Paulusdruckerei Freiburg Schweiz

ISBN 3-7278-1139-0 (Universitätsverlag)
ISBN 3-525-53792-1 (Vandenhoeck & Ruprecht)

Inhaltsverzeichnis

Vorwort

"Hebrew Grammar: The Next Generation of Projects" - Unter dieser Sektionsüberschrift waren rund anderthalb dutzend Wissenschaftlerinnen und Wissenschaftler im Sommer 1996 auf dem International Meeting der Society of Biblical Literatur (SBL) angetreten, um ihre laufenden und 'nächsten' Projekte aus dem Bereich der (alt-)hebräischen Grammatik vorzustellen und zu diskutieren. Der Schwerpunkt lag auf Arbeiten der 'jüngeren' Generation. Ein gemeinsames Merkmal dieser Arbeiten ist dabei, daß hebraistische Fragen eng im Kontext mit der allgemeinen gegenwärtigen linguistischen und semitistischen Diskussion thematisiert werden; insofern hat sich ein Trend, der schon vor gut zehn Jahren beobachtet wurde (vgl. D. MICHEL, Art. Hebräisch I. In: TRE XIV, 1985, S. 505-510), bestätigt: tatsächlich wurde und wird verstärkt versucht, "Erkenntnisse und Methoden der allgemeinen Sprachwissenschaft für das Hebräische fruchtbar" zu machen (S. 507). Die Fülle der sprachwissenschaftlichen Anregungen ist allerdings noch größer, um nicht zu sagen disparater geworden. Das hat zum einen sicher mit der innerlinguistischen Entwicklung und dem enormen Aufschwung der Linguistik in den letzten Jahrzehnten zu tun. Zum anderen aber auch mit einer 'neuen' (oft wissenschaftsbiographisch bedingten) Aufgeschlossenheit gegenüber sprachwissenschaftlichen Erkenntnissen sowie der Einsicht, durch interdisziplinäre Arbeit wirkliche Fortschritte in der Hebraistik erreichen zu können. Freilich wird die Diskussion der nächsten Jahre erweisen müssen, welche Anregungen und Umsetzungen sich am besten bewähren. Der vorliegende Sammelband möchte daher mit seinem Ausschnitt aus den Arbeiten der 'nächsten Generation' diese Diskussion anregen und befördern; zu wünschen wäre dabei, daß er nicht nur eine gute Aufnahme in den am Hebräischen interessierten Wissenschaften findet, sondern auch in der allgemeinen linguistischen Diskussion - können doch allgemeine sprachwissenschaftliche Theorien nur im Gespräch mit einzelsprachlichen Studien entwickelt, erprobt, verworfen, modifiziert oder bestätigt werden.

An dieser Stelle ist vielen Menschen und Institutionen Dank zu sagen, ohne die die Sektion und der hier vorliegende Band nicht zustandegekommen wären:

Zuerst KENT H. RICHARDS von der SBL, der ohne Zögern der Einrichtung der Sektion zugestimmt und für eine Aufnahme ins Programm des Meetings in Dublin (21.-24.07. 1996) votiert hat. Dann natürlich den Teilnehmerinnen und Teilnehmern der Sektion, ACHIM BEHRENS (Oberursel), JOHANNES F. DIEHL (Mainz), ANJA A. DIESEL (Mainz), JAN H. KROEZE (Potchefstroom), REINHARD G. LEHMANN (Mainz), ANDREAS MICHEL (Tübingen), DIETHELM MICHEL (Mainz), ACHIM MÜLLER (Mainz), HANS-PETER MÜLLER (Münster), JOHANNES RENZ (Kiel), INGRID RIESENER (Berlin), DIRK SCHWIDERSKI (Münster), ANDREAS SCHÜLE (Heidelberg), MARKUS ZEHNDER (Basel), TAMAR ZEWI (Haifa); ohne deren Vorträge und Diskussionsbeiträge im kleinen und großen Kreis wäre die Arbeit der Sektion nicht möglich gewesen. Einen wie immer exzellenten Sektionsvorsitz führte FRIEDEMANN W. GOLKA. Dank auch Frau MARIA-THERESIA KÜCHENMEISTER für manche organisatorische Unterstützung im Vorfeld der Sektion.

Mit Hilfe der großzügigen Unterstützung durch die ALFRIED KRUPP VON BOHLEN UND HALBACH-STIFTUNG, den STIFTUNGSFONDS HELLMUT LEY aus dem STIFTERVERBAND FÜR DIE DEUTSCHE WISSENSCHAFT sowie durch die JOHANNES GUTENBERG-UNIVERSITÄT MAINZ konnte die Drucklegung dieses Bandes unternommen werden. Ich danke Herrn OTHMAR KEEL und Herrn CHRISTOPH UEHLINGER für die Aufnahme des Buches in die Reihe Orbis Biblicus et Orientalis (OBO) und für die Betreuung beim Erstellen des Manuskripts. Ein Manuskript kann ohne mitarbeitende und mitdenkende Hände und Köpfe nicht angefertigt werden; an dem Manuskript dieses Buches haben in diesem Sinne mitgewirkt: KURT BÖHMER, HANS-JÖRG FIEHL, MARCEL JUNG, RENATA KIWORR-RUPPENTHAL, STEFANIE KUNTZ, MICHAEL MAI, BIANCA SCHAMP und TIL SEIFFART, beim Korrekturlesen ACHIM BEHRENS und ACHIM MÜLLER, REINHARD G. LEHMANN beim Erstellen des Stellenregisters, in Computer-Dingen hat JOHANNES F. DIEHL meisterlich beraten; ihnen allen sei hier ausdrücklich und herzlich gedankt. Besonderen Dank möchte ich meiner Kollegin ANJA A. DIESEL sagen, die mit manchem Rat und mancher Tat das Zustandekommen des Buches wesentlich befördert hat.

Und nicht zuletzt danke ich Herrn DIETHELM MICHEL, daß er dieses 'Projekt' von Anfang an unterstützt und mir als seinem Assistenten die Möglichkeit und den Freiraum gegeben hat, Sektion und Buch zu verwirklichen.

Andreas Wagner   Mainz, den 30. 4. 1997

"Grammatik statt Ekstase!"
Das Phänomen der syntaktischen Wiederaufnahme am Beispiel von Am 7,1-8,2

von Achim Behrens, Oberursel

I. Einleitung

Grammatik ist eine "trockene" und langweilige Angelegenheit, und die Beschäftigung mit ihr erfordert leidvolle Knochenarbeit. So sehen es wohl die meisten, zumindest die meisten Schüler und Studenten, die sich ja hin und wieder mit Grammatik befassen "müssen", und unzählige exegetische Proseminar- und Seminararbeiten bringen zum Ausdruck, daß erst auf die lustlose "Pflicht" der sprachlichen Erarbeitung eines Textes die (hoffentlich!) lustvollere "Kür" der Auseinandersetzung mit "Inhalten" folgt. Nun ist es allen, die sich intensiv um das Verstehen von Texten - etwa aus der Bibel - bemühen, eine Selbstverständlichkeit, daß sich Inhalte nur über ein Verständnis der sprachlichen Form erschließen[1] und daß daher der Anfang aller Exegese eben *Grammatik* ist. Aber auch eine solche Selbstverständlichkeit muß immer wieder bewährt und verdeutlicht werden, wenn sie denn auch anderen einleuchten soll, so daß dann Grammatik auch für andere zu einer freud- oder zumindest sinnvollen Angelegenheit werden kann. Und schließlich gilt vielleicht mit W. Köller: "Den meisten wird das Studium der Grammatik wohl immer eine dürre Weide bleiben. Dennoch kann ihm aber auch der Reiz eines geistigen Spiels zuwachsen, das eine besondere anthropologische Funktion und Dignität hat."[2] Die folgenden Ausführungen sollen ein Versuch sein, die o.g. Selbstverständlichkeit im Bemühen um das Verstehen eines alttestamentlichen Textes zu bewähren.

Was ich im folgenden über das Phänomen der *syntaktischen Wiederaufnahme* ausführen möchte, ist sozusagen eine zusätzliche Frucht der Beschäftigung mit der Frage nach den sprachlichen Eigenarten prophetischer Visionsschilderungen. Bis etwa zur Mitte unseres Jahrhunderts konzentrierte sich

---

[1]   Vgl. etwa auch Achim Müllers Ausführungen zur Textgrammatik in ebendiesem Band.

[2]   Wilhelm Köller - Philosophie der Grammatik. Vom Sinn grammatischen Wissens, Stuttgart 1988, XII.

die exegetische Wissenschaft bei der Untersuchung dieser Visionsschilderungen vor allem auf die Frage nach den psychologischen oder ekstatischen
Begleitumständen des Visionsempfangs. Charakteristisch ist hier wohl ein
dictum Hermann Gunkels: "Das Grunderlebnis aller Prophetie ist die 'Eksta-
se'".[3] Zwar hat sich der Schwerpunkt der Betrachtung schon seit längerer Zeit
von der psychologischen auf die sprachliche Seite der in Frage kommenden
Texte verschoben, aber auch in neueren Arbeiten sind die Exegeten immer
wieder von dem uns heute so fremden Vorgang des Visionsempfangs faszi-
niert und lassen sich dadurch auch zu Spekulationen hinreißen.[4]

Aber auch in denjenigen Arbeiten, die die Texte vornehmlich unter sprachlichen - vor allem formgeschichtlichen - Gesichtspunkten betrachten, konnten
bestimmte Phänomene noch nicht befriedigend erklärt werden.[5] Dies gilt auch
und gerade für die Syntax solcher Schilderungen. So ist z.b. eine signifikante
Häufung von Nominalsätzen in solchen Schilderungen beobachtet worden,
aber zu einer Differenzierung verschiedener Nominalsatztypen[6] ist man noch
nicht gelangt, und über die genaue Funktion solcher Nominalsätze konnte bisher nicht ausreichend Auskunft gegeben werden.

Diese und andere Fragenkreise machen m.E. den weiterbestehenden For-
schungsbedarf im Hinblick auf die sprachlichen Eigenarten prophetischer
Visionsschilderungen im AT und auch im Hinblick auf die Frage nach einer

---

3   Zitiert nach Ivar P. Seierstad - Erlebnis und Gehorsam beim Propheten Amos, ZAW
    52 (1932), 22-41, 22. Vgl. auch ders. - Die Offenbarungserlebnisse der Propheten
    Amos, Jesaja und Jeremia, ²1965.

4   Zu nennen wäre hier Walter Beyerlin - Bleilot, Brecheisen oder was sonst. Revision
    einer Amosvision, OBO 81, Göttingen/Freiburg (Schweiz) 1988, worin Beyerlin einer-
    seits um philologische Genauigkeit bei der Bestimmung des Begriffs אֲנָךְ bemüht ist,
    andererseits aber darüber spekuliert, welche Rolle das "silbrige[.] Weiß" oder der
    "schimmernde Glanz" (a.a.O., 33) dieses Metalls für das visionäre Erleben des Amos
    spielt und dann auch noch über die "Veränderung der Persönlichkeit" (a.a.O., 54)
    nachdenkt. Die antiken Texte lassen uns hierüber aber im Dunkeln. Und auch Hans
    Walter Wolff - "So sprach Jahwe zu mir, als die Hand mich packte". Was haben die
    Propheten erfahren?, in: ders., Studien zur Prophetie. Probleme und Erträge, TB 76,
    München 1987, 25-38 kann hier angeführt werden. Wolff will darin zwar prophetische
    Worte ausdrücklich als "Literatur" (a.a.O., 26) betrachten, fragt dann aber doch auch -
    ohne eigentlichen Anhalt an Texten - nach "Entpersönlichung" und "exaltierte[m]
    Wachbewußtsein[.]" (a.a.O., 32) der Propheten. Hier wäre m.E. eine genaue grammati-
    kalische Betrachtung gegenüber der Frage nach Psychologie und Ekstase ertragreicher.

5   Vgl. etwa Stephan Reimers - Formgeschichte der profetischen Visionsberichte, Diss.
    (masch.) Hamburg 1976; Gerhard Heinzmann - Formgeschichtliche Untersuchung der
    prophetischen Visionsberichte, Diss. (masch.), Heidelberg 1978; Klaus Koch - Vom
    profetischen zum apokalyptischen Visionsbericht, in: David Helholm (Hg.), Apoca-
    lypticism in the Mediterranean World and the Near East. Proceedings of the
    International Colloquium on Apocalypticism, Tübingen ²1989, 192-202.

6   Vgl. zu dieser Frage Diethelm Michel - Probleme des Nominalsatzes im biblischen
    Hebräisch, ZAH 7 (1994), 215- 223.

Gattung Visionsschilderung und ihrer *Gattungsgeschichte* hinreichend deutlich. Diesen Fragen möchte ich an anderer Stelle ausführlicher nachgehen. Hier mag die exemplarische Problemanzeige genügen.

Der Punkt, um den es jetzt gehen soll, ist weitaus simpler: ich möchte an einem Beispiel noch einmal auf den Sinn genauer sprachlicher Beobachtungen für das Verständnis eines alttestamentlichen Textkomplexes hinweisen. Eigentlich treibe ich also Grammatik für Nichtgrammatiker, indem ich darauf aufmerksam mache, wie sinnvoll und ertragreich vermeintlich "trockene" Grammatik für das Verständnis eines Textes sein kann. Ich möchte dies an einem Phänomen verdeutlichen, das ich *syntaktische Wiederaufnahme* genannt habe. Ich verstehe darunter die Verknüpfung verschiedener Texte und Textteile mittels der Wiederaufnahme syntaktischer Konstruktionen (ähnlich dem Phänomen der Stichwortverknüpfung), und ich möchte dieses Phänomen am Verhältnis der Geschichte vom Konflikt des Amos mit Amasja (Am 7,10-17) zu den sie umgebenden Visionsschilderungen zeigen. Die folgenden Erwägungen gehören in den Bereich der Redaktionsgeschichte, und es ist gleich deutlich zu sagen, daß sich die jetzt darzulegenden Beobachtungen auf die vorliegende Endgestalt von Am 7,1-8,2 beziehen.

II. Die Verknüpfung der Visionsschilderungen des Amos

Ich befasse mich also mit Texten aus Am 7-9. Diese Kapitel hat die Exegese schon lange unter dem Stichwort Visionen subsumiert. Bereits ein erstes Sichten der betreffenden Texte macht dann deutlich, daß die sog. fünfte Vision Am 9,1-4 von ihrem Aufbau her so deutlich aus dem Rahmen der anderen vier herausfällt, daß ich sie für die folgenden Betrachtungen außer Acht lassen will.[7] Dieses "Aus-dem-Rahmen-Fallen" wird umso deutlicher, wenn man beachtet, wie eng die ersten vier Visionsschilderungen aufeinander bezogen sind. Diese Visionsschilderungen bilden einen regelrechten *Zyklus*. Es handelt sich um die Texte Am 7,1-3. 4-6. 7-8; 8,1-2.

Zunächst soll nun kurz die Verknüpfung der Visionen untereinander dargestellt werden, bevor ich mich der syntaktischen Einbindung der Amasjaerzählung zuwende.

---

7 Genau genommen weist nur Am 9,1 Merkmale auf, die an die übrigen Visionsschilderungen erinnern. Auch in 9,1 wird ausdrücklich das Sehen thematisiert. Allerdings jetzt nicht mehr mit dem formelhaften כֹּה הִרְאַנִי אֲדֹנָי יְהוִה, sondern mit einfachem רָאִיתִי. Bei der Schilderung des Geschauten fehlt וְהִנֵּה, und die Vorstellung, Adonai irgendwo stehen zu sehen, mag aus der dritten Vision (Am 7,7) übernommen sein. Die Verse 2-4 des 9. Kapitels muten eher wie ein "getarntes" Drohwort an. Alles in allem scheint Am 9,1-4 eine spätere Nachinterpretation zu sein, die das angekündigte Ende aus 8,1f. explizieren soll. Vgl. dazu Ernst-Joachim Waschke - Die fünfte Vision des Amosbuches (9,1-4) - Eine Nachinterpretation, ZAW 106 (1994), 434-445.

Die einzelnen Visionsschilderungen sind schon durch einen gleichartigen Aufbau miteinander verbunden: Jede der Schilderungen beginnt mit einer formelhaften Thematisierung des *Sehens*, worauf ein Visionsteil mit einer Schilderung des Geschauten folgt, und daran schließt sich endlich in allen vier Fällen ein Dialogteil an.

Aber nicht nur durch den gleichartigen Aufbau, sondern auch auf dem Wege der Stichwortverknüpfung und der Wiederaufnahme bestimmter syntaktischer Konstruktionen sind die Visionen miteinander verbunden. Dies soll nun noch mit einigen Detailbeobachtungen unterstützt werden:

Alle vier Visionsschilderungen beginnen mit dem formelhaften כֹּה הִרְאַנִי אֲדֹנָי יְהוָה[8] "So ließ mich mein Herr Jahwe sehen", und in allen vier Fällen folgt hierauf eine Schilderung des Geschauten durch einen mit וְהִנֵּה eingeleiteten Nominalsatz. Schon durch diese beiden Merkmale sind alle vier Visionsschilderungen deutlich aufeinander bezogen.

Im Fortgang der jeweiligen Visionsschilderungen lassen sich dann deutlich zwei Paare voneinander abheben. Die erste und zweite Vision sind als Paar dadurch miteinander verbunden, daß Amos, nachdem er jeweils ein drohendes Unheil (Heuschrecken in Am 7,1 und eine Feuersbrunst in Am 7,4) geschaut hat, Jahwe um Erbarmen (V.2: סְלַח־נָא) oder Einhalt (V.5: חֲדַל־נָא) bittet (jeweils nach der Redeeinleitung וָאֹמַר אֲדֹנָי יְהוָה). In beiden Fällen unterstützt Amos seine Bitte mit der rhetorischen Frage מִי יָקוּם יַעֲקֹב כִּי קָטֹן הוּא "Wie kann Jakob bestehen, wo er doch so klein ist?" (V.2.5). Und schließlich wird ebenfalls in beiden Fällen Jahwes Erbarmen konstatiert: V.3: נִחַם יְהוָה עַל־זֹאת גַּם־הִיא; V.6: נִחַם יְהוָה עַל־זֹאת לֹא תִהְיֶה אָמַר אֲדֹנָי יְהוָה. Die ersten beiden Visionen sind also durch Stichwortverknüpfung und die Verwendung der gleichen syntaktischen Konstruktionen deutlich aufeinander bezogen und bilden ein Paar. Inhaltlich ist dieses erste Visionspaar vor allem durch den gelingenden Einspruch des Amos gegen geschautes Unheil geprägt.

Auch für die dritte und vierte Visionsschilderung lassen sich ganz ähnliche Verknüpfungen aufzeigen. Nachdem Amos in beiden Fällen Gegenstände geschaut hat, die der Deutung bedürfen (Am 7, 7: אֲנָךְ[9]; 8,1: כְּלוּב קָיִץ), fragt

---

8   Dies gilt durchaus auch für Am 7,7, wenn man aufgrund der Überlieferung der LXX כֹּה הִרְאַנִי אֲדֹנָי יְהוָה liest. Textkritisch ist das zwar nicht zwingend, aber auch bei der Annahme einer fest geprägten Form ist eine gewisse Variation doch denkbar. Auch in 7,7 ist auf jeden Fall Jahwe das logische Subjekt des Sehenlassens.

9   Das entscheidende Stichwort der dritten Vision ist dieses אֲנָךְ. Dabei bedeutet dieser Terminus nicht wie bisher meistens angenommen "Bleilot" o.ä., sondern bezeichnet Zinn als Bestandteil der Bronzelegierung und damit als waffenfähiges Material. Vgl. dazu Beyerlin, Bleilot, passim und Jörg Jeremias - Der Prophet Amos, ATD 24,2, Göttingen 1995, 101ff. Wenn Jahwe hier אֲנָךְ mitten in sein Volk trägt, bedeutet das militärische Bedrohung, Am 7,9 expliziert das durch das herkömmliche Lexem חרב. In

Jahwe in beiden Visionen wortgleich den Propheten: מָה־אַתָּה רֹאֶה עָמוֹס (7,8; 8,2). Darauf antwortet Amos jeweils mit einem einpoligen Nominalsatz nach וַיֹּאמַר, in dem er den je entscheidenden Gegenstand der Schauung noch einmal ausspricht. In beiden Visionsschilderungen folgt hierauf eine Deutung Jahwes: Er wird אֲנָךְ nach Israel bringen (7,8). Das Ende für Israel ist gekommen (8,2). In beiden Fällen wird die Bezugsgröße für das drohende Unheil mit עַמִּי יִשְׂרָאֵל bezeichnet. Beide Visionsschilderungen schließen endlich mit dem jeweils gleichen Fazit Jahwes: לֹא־אוֹסִיף עוֹד עֲבוֹר לוֹ "Ich gehe künftig nicht mehr schonend an ihm vorüber". Dabei bindet die Syntax dieser Abschlußformel - mit לֹא verneinter Verbalsatz in PK - die dritte und vierte Vision an die erste und zweite Vision zurück (vgl. 7,3.6: ... לֹא תִהְיֶה). Ein solches Phänomen läßt sich als *syntaktische Wiederaufnahme* bezeichnen. Auch die dritte und vierte Vision bilden also ein Paar. Inhaltlich ist aber in diesem zweiten Visionspaar gegenüber dem ersten eine Wende eingetreten. Das Unheil ist jetzt unabwendbar. Das Ende kommt ganz gewiß, ja wird von Jahwe selbst initiiert.

Es läßt sich also zwischen den beiden Paaren ein *dramatischer Fortschritt* vom abwendbaren zum unabwendbaren Unheil feststellen. Wie aber kommt es zu diesem *dramatischen Fortschritt*? Auch zur Beantwortung dieser Frage kann ein genaues Wahrnehmen von Grammatik und Syntax beitragen.

III. Verknüpfung der Amasjaperikope mit den Visionsschilderungen

In dieses eben geschilderte, so harmonische Gefüge (Zyklus/Paare/verklammerte Einzelglieder der Paare) ist nun mit Am 7,10-17 scheinbar störend (zwischen die dritte und die vierte Vision!) die Geschichte vom Konflikt des Amos mit Amasja, dem Priester von Beth-El, eingefügt worden. Um es thetisch vorwegzusagen: Die Amasjaperikope stört hier den Zusammenhang nicht, sondern gehört genau an diese Stelle. Inhaltlich kommt diesem Abschnitt - *in der vorliegenden Endgestalt des Textes* - die Aufgabe zu, dem Leser den dramatischen Fortschritt innerhalb der Visionen vom abwendbaren zum unabwendbaren Unheil zu erklären. Dies will ich nun an der Einbettung der Amasjageschichte in den Visionszyklus verdeutlichen, und hier spielt das Phänomen der syntaktischen Wiederaufnahme eine besondere Rolle.

---

der dritten Visionsschilderung wird allerdings der Terminus אֲנָךְ verwendet, weil hier (genau wie in der vierten Vision) ein *Wortspiel* vorliegt. אֲנָךְ klingt dann an אָנֹכִי an, was darauf hinweisen soll, daß Jahwes Gegenwart inmitten Israels bedrohlich sein wird. Im Akkadischen ist eben dieses Wortspiel belegt, vgl. Jeremias, ATD 24,2, 103 Anm. 27.

Die Konfliktgeschichte zwischen Amos und Amasja ist deutlich zweige-
teilt (I. V.10-13; II. V.14-17), und schon untereinander sind die beiden Teile
u.a. mittels syntaktischer Wiederaufnahme verbunden. Im ersten Teil des
Textes ist Amasja der Protagonist, und der Abschnitt ist geprägt von der Empörung des Priesters. (Die entscheidenden Stichworte für diese Empörung
בְּחֶרֶב und יָרְבְעָם liefert der V.9, der eine Art Brücke zwischen den Visionen und der Amasjageschichte darstellt.[10]) Diese Empörung teilt Amasja zunächst seinem König, Jerobeam II., mit (V.10f.), dem gegenüber er seinen
Vorwurf, Amos verschwöre sich gegen den König, mit einem Amoszitat begründet. Dieses Zitat ist eingeleitet durch die Botenformel כִּי־כֹה אָמַר עָמוֹס
(V.11). Dem wird Amos später das (syntaktisch gleiche) כֹּה־אָמַר יְהוָה (V.
17) in seiner Antwort entgegenhalten. Den Vorwurf des Priesters, Amos habe
die Exilierung der Israeliten angesagt, wird der Prophet dadurch bestätigen,
daß er die Formulierung Amasjas wortgleich wiederholt: וְיִשְׂרָאֵל גָּלֹה יִגְלֶה
מֵעַל אַדְמָתוֹ "Israel wird ganz gewiß von seinem Ackerlande weggeführt
werden" (V.11 und 17).
    Schon diese beiden Fälle - die Wiederaufnahme der Botenformel aus V.11
in V.17 sowie die Wiederholung der Exilierungsankündigung im Munde des
Amos - lassen sich als syntaktische Wiederaufnahmen zum Zwecke der Verknüpfung bezeichnen. Aber das Phänomen läßt sich in den beiden folgenden
Fällen noch markanter verdeutlichen:
    Nachdem Amasja sich bei seinem König über Amos beschwert hat, wen-
det er sich noch direkt an den Propheten und weist ihn aus Israel nach Juda
aus. Er tut dies mit den Worten: לֵךְ בְּרַח־לְךָ אֶל־אֶרֶץ יְהוּדָה "Geh, troll dich
ins Land Juda ..." (V.12). Dem hält Amos den Auftrag Jahwes an ihn entgegen: לֵךְ הִנָּבֵא אֶל־עַמִּי יִשְׂרָאֵל "Geh, rede gegenüber meinem Volk Israel
prophetisch" (V.15). Hier wird ganz deutlich: Amos benutzt die gleiche syntaktische Konstruktion - לֵךְ + Imp. + אֶל־ + Objekt - um einen geradezu kon-
trären Inhalt auszusagen. Er ist nicht Prophet in dem Sinne, daß er genauso
gut auch in Juda auftreten könnte, sondern Jahwe selbst hat ihn eben nach Israel gesandt. Die gleiche syntaktische Form macht den inhaltlichen Gegensatz nur umso deutlicher.[11] So wird aber gleichzeitig die zweite Formulierung
auf die erste bezogen und damit eine Verknüpfung hergestellt.
    Noch deutlicher läßt sich das Gemeinte an V.13 zeigen: Amasja hatte also
Amos nach Juda verwiesen, dort könne er ja ruhig als Prophet auftreten. Nun

---

10 Vgl. auch Jeremias, ATD 24,2, 111f.
11 So drückt sich m.E. hier auch *syntaktisch* der Autoritätenkonflikt zwischen Jahwe ei-
    nerseits und einem eigenmächtigen Israel andererseits aus. Vgl. auch Anders Jørgen
    Bjørndalen - Erwägungen zur Zukunft des Amazja und Israels nach der Überlieferung
    Am 7, 10-17, in: Rainer Albertz u. a. (Hg.), Werden und Wirken des Alten Testa-
    ments, FS C. Westermann, Göttingen/Neukirchen-Vluyn 1980, 236-251.

fährt der Priester fort: וּבֵית־אֵל לֹא־תוֹסִיף עוֹד לְהִנָּבֵא "Aber was Beth-El anlangt: fahre nicht fort, [dort] als Prophet aufzutreten", und als Begründung führt er an: כִּי מִקְדַּשׁ־מֶלֶךְ הוּא וּבֵית מַמְלָכָה הוּא "denn ein königliches Heiligtum ist es und ein herrschaftliches Haus ist es." Damit werden aber hier im Munde Amasjas gleich zwei syntaktische Konstruktionen wieder aufgenommen, die in den Visionsschilderungen eine erhebliche Rolle spielten. Da ist zum einen die Wendung des "Nichtfortfahrens mit ..." (עוֹד לֹא־לְלֹא־אוֹסִיף תוֹסִיף עוֹד), die als Abschlußformel des zweiten Visionspaares in 7,8 und 8,2 das *Ende* des Erbarmens Jahwes aussagt, und hier das prophetische Reden des Amos *beenden* soll. Amasja begründet dies mit einem Pochen auf die Stärke und Dignität Beth-Els in Form zweier Nominalsätze, deren "Subjekt" jeweils von der Anapher הוּא gebildet wird.[12] Mit exakt der gleichen Konstruktion hatte aber im ersten Visionspaar Amos zweimal seine Bitte an Jahwe um Erbarmen für "Jakob" begründet: (Am 7,2 und 5) כִּי קָטֹן הוּא "denn klein ist er". Wiederum macht die Gleichheit der aufgenommenen Syntax den inhaltlichen Kontrast nur umso deutlicher, und wieder wird so ein deutlicher Bezug von einem Text zum anderen hergestellt. Die Amasjageschichte wird mit den Visionsschilderungen verbunden: "Jakob", repräsentiert durch den Priester des Reichsheiligtums, erkennt nicht, daß er klein ist, sondern pocht auf eigene "Kraft und Herrlichkeit" und will dem Propheten die Verkündigung des Wortes Gottes verbieten.

Eben darin liegt der Grund für das Ende des Erbarmens Jahwes. Gerade das Verbot, prophetisch zu reden, wird Amos in V. 16 noch einmal aufnehmen und wird sein לָכֵן כֹּה־אָמַר יְהוָה anschließen, das dann die schaurige Ankündigung des Exils einleitet.

Deutlich ist jetzt: Nicht nur mittels verschiedener Stichwortverknüpfungen[13], sondern auch auf dem Wege syntaktischer Wiederaufnahme ist die Amasjageschichte mit den sie umgebenden Visionen verknüpft. Die Art und Weise dieser Verknüpfung und die Tatsache, daß gerade bestimmte syntaktische Konstruktionen aus den Visionen (besonders in Am 7,13) wiederaufgenommen werden, erklärt dem Leser den dramatischen Fortschritt vom abwendbaren zum unabwendbaren Unheil innerhalb der vier Visionen. Weil Israel das prophetisch vermittelte Wort Jahwes nicht hören wollte, seine Schwäche nicht erkannte, sondern auf eigene Stärke pochte, mußte letztlich das En-

---

12 In der Terminologie der Michelschen Nominalsatzgrammatik handelt es sich um zwei Nominale Mitteilungen mit der regulären Satzteilfolge Chabar - Mubtada, vgl. Michel, ZAH 7 (1994), 215-223.

13 Zu den zahlreichen Stichwortverknüpfungen, die hier nicht alle aufgeführt werden können, vgl. Jeremias, ATD 24,2, 107 und Helmut Utzschneider - Die Amazjaerzählung (Am 7,10-17) zwischen Literatur und Historie, BN 41 (1988), 76-101.

de kommen. Dies wird dann die vierte Amosvision abschließend konstatieren.

IV. Schlußfolgerung

Am 7,10-17 ist bewußt und kunstvoll literarisch gestaltet und zur Begründung des o.g. dramatischen Fortschritts für den jetzigen Zusammenhang formuliert worden. Es ist nicht Teil einer sonst unbekannten Prophetenbiographie. Der Text "stört" nicht den Zusammenhang der Visionsschilderungen[14] und sollte auch nicht unabhängig vom Visionszyklus behandelt werden. So ist Am 7,1-8,2 insgesamt - *wohlgemerkt in der vorliegenden Endgestalt* - eine relativ konsistente Einheit, die einerseits als Visionszyklus die prophetische Botschaft des Amos *legitimiert* und andererseits dem Leser des Amosbuches den *dramatischen Fortschritt* vom abwendbaren zum unabwendbaren Unheil vorführt und in der exemplarischen Schilderung der Ablehnung des prophetischen Wortes durch Amasja auch begründet. Es ist m. E. gut möglich, daß Am 7,10-17 für den vorliegenden Zusammenhang aufgeschrieben worden ist. Dabei gilt: die Visionsschilderungen könnten auch einmal ohne die Amasjaperikope bestanden haben. Das ist umgekehrt m.e. nicht denkbar.

Die Erkenntnis, daß die Amasjageschichte für ihren jetzigen Zusammenhang formuliert und nicht von anderswoher hierhin importiert wurde[15], setzt sich seit längerem in der Exegese durch.[16] Die hier aufgeführten *syntaktischen Wiederaufnahmen* können diese Erkenntnis ein weiteres Mal bestätigen. Gleichzeitig wird damit ein Beitrag dazu geleistet, den Visionszyklus in Am 7,1-8,2 einmal mehr als *literarisches* Phänomen zur Kenntnis zu nehmen.[17] Natürlich handelt es sich bei dem, was ich syntaktische Wiederauf-

---

14 Vgl. zu dieser Ansicht etwa Volkmar Fritz - Amosbuch, Amos-Schule und historischer Amos, in: ders. u.a. (Hg.), Prophet und Prophetenbuch, FS Otto Kaiser, Berlin/New York 1989, 29-43, der a.a.O., 30 die Ansicht vertritt, der Visionszyklus würde u.a. von Am 7,10-17 "nachhaltig gestört".

15 Zu der Meinung, Am 7,10-17 gehöre ursprünglich in einen anderen Zusammenhang vgl. z.B. Wilhelm Rudolph - Joel - Amos - Obadja - Jona, KAT XIII/2, Gütersloh 1971, 252.

16 Schon Hans Walter Wolff - Dodekapropheton 2. Joel und Amos, BKAT XIV/2, 355 meint zu Am 7,10-17: "Weiter setzt das Stück bereits den Visionszyklus als literarische Gegebenheit voraus." Wolff vertritt dann allerdings die Ansicht, hier sollte die dritte Amosvision auslegend konkretisiert werden. Genauer jetzt Jeremias, ATD 24,2, 111: "Die Erzählung Am 7,10-17 möchte die dritte Vision begründen und einsichtig machen."

17 Es muß hoffentlich nicht eigens gesagt werden, daß die Einsicht in die literarische Gestaltung des vorliegenden Textes natürlich noch nichts über die dahinter liegenden historischen Realitäten aussagt. Ich halte es hier mit Bernhard Duhm - Das Buch

nahme genannt habe, strenggenommen nicht um ein grammatikalisches, sondern eigentlich um ein stilistisches Phänomen. Aber auch ein solches stilistisches Phänomen kann nur angemessen wahrgenommen werden, wenn man sich eingehender der Syntax und damit der Grammatik zuwendet. Ich hoffe, daß eine solche Beschäftigung zu einem "geistigen Spiel" werden kann, dem dennoch "anthropologische Dignität"[18] und in der Beschäftigung mit biblischen Texten natürlich auch theologische Dignität zukommt.

Jesaja, HK III.1, Göttingen ⁴1922, 64: "Erzählte Visionen sind immer halb unecht, aber darum nicht unwahr oder gar Fiktionen."

18 Vgl. oben Anm. 2. Daß ich mit Köller der Grammatik anthropologische Funktion und Dignität zumessen möchte, macht hoffentlich hinreichend deutlich, daß ich Grammatik nicht bloß als exegetische Hilfswissenschaft ansehe. An dieser Stelle nach- und weiterzudenken, dazu wurde ich durch eine mündliche Reaktion auf das hier Vorgetragene von Prof. H.P. Müller angeregt.

Alternatives for the accusative in Biblical Hebrew[1]

by Jan H. Kroeze, Potchefstroom

Introduction

In the traditional approach to Biblical Hebrew (BH) the concept *accusative* is often used in the same way as in classical languages and in other Semitic languages. However, the *accusative* should rather be seen as a primarily morphological concept because it refers to a certain group of case endings. In Biblical Hebrew case endings do not occur. A case can be made diachronically for the "accusative *function*"[2] in BH on the basis of the argument that other Semitic languages (such as Akkadian, Ugaritic and Arabic) do have three cases. However, that doesn't help the student, and especially the beginner, a lot. Very often the student doesn't know these other Semitic languages. And he or she can't *see* the accusative in BH. It is simply not acceptable, and rather confusing, to teach the student of BH the whole Semitic system so that he or she can learn to guess which nouns and adjectives could have been in the *accusative*. Therefore, one should try to describe the BH system synchronically. This implies that the term and concept *accusative* cannot be used for BH any more.[3]

If the concept *accusative* can no longer be used, alternatives have to be found in order to replace such concepts as "accusative of the object", "adverbial accusative" and "double accusative". The best solution for this is to differentiate between the morphological, syntactic and semantic aspects associated with this concept.[4]

---

[1] The financial assistance of the Centre for Science Development for participating in the SBL International Meeting in Dublin, July 1996, is acknowledged. Opinions expressed in this publication and conclusions arrived at are those of the author and are not necessarily to be attributed to the Centre for Science Development.

[2] Cf. Waltke & O'Connor (1990, 161-163).

[3] Cf. Hoftijzer (1965, 7); Schweizer (1975, 135).

[4] Many of the ideas and examples below were found in the standard works of Waltke & O'Connor (1990, 161-186; chapter 10), Gesenius, Kautzsch & Cowley (1976, 350, 362-389; § 114, 117-121), Joüon & Muraoka (1991, 440-463; § 125-128) and Williams (1980, 12-14; § 50-60). However, they were reinterpreted, reclassified and renamed according to the method proposed here. Some other examples were found by

Morphological aspects

Morphologically speaking there are no specific case endings in Biblical Hebrew. Basically, nouns which act as subjects, copula-predicates,[5] direct and indirect objects, other complements of verbs, complements of prepositions, adjuncts,[6] postconstructs,[7] nouns in apposition and uncombined elements (like the addressee[8] or dislocative[9]) all look alike.

Compare, for example, the word אִישׁ (a man) in the following clauses:

עַל־כֵּן יַעֲזָב־אִישׁ אֶת־אָבִיו וְאֶת־אִמּוֹ	Therefore a man (subject) will leave his father and mother (Gen. 2:24;)
נֹחַ אִישׁ צַדִּיק	Noah was *a righteous man* (copula-complement) (Gen. 6:9)
קָנִיתִי אִישׁ אֶת־יְהוָה	I have produced *a man* (direct object) with the help of the Lord (Gen. 4:1)
וַיִּתֵּן אִישׁ־בִּתְרוֹ לִקְרַאת רֵעֵהוּ	And he gave *every one* (indirect object) his piece over against each other (Gen. 15:10)[10]
בָּאָה אִישׁ	She came *to a man* (complement of verb)[11]
כִּי מֵאִישׁ לֻקֳחָה־זֹּאת	Because she was taken from *a man* (complement of preposition) (Gen. 2:23)
אִישׁ אֶת־שְׁמוֹ תִּכְתֹּב עַל־מַטֵּהוּ	*With regard to every one* (adjunct), you must write his name on his rod (Num. 17:17)[12]
וַיַּרְא־שָׁם יְהוּדָה בַּת־אִישׁ כְּנַעֲנִי	And there Judah saw the daughter *of a Canaanite man* (postconstruct) (Gen. 38:2)

---

using the computer programme *Quest* (Talstra, Hardmeier and Groves 1992). I wish to thank especially Prof. E. Talstra for his help in this regard.

5   A copula-predicate is the syntactic element following the copulative verb or other copula, or the predicate of a verbless clause (cf. Du Plessis 1982, 85). It should rather be called *copula-complement* (the complement of a copula - cf. Lyons 1968, 346).

6   Cf. Lyons (1968:344-346) regarding the concepts of complement and adjunct.

7   I.e. the complement of a noun in the construct state, the so-called "genitive" (cf. Kroeze 1993, 70).

8   The addressee or so-called "vocative" can be marked by the article הַ (cf. Waltke & O'Connor 1990, 130, 247).

9   I.e. the so-called "casus pendens".

10 Cf. Gen. 42:25, Num. 26:54.

11 Cf. Gen. 45:25: וַיָּבֹאוּ אֶרֶץ כְּנַעַן And they came into the land of Canaan.

12 Cf. GKC (1976, 447-448; § 139c.)

אִישׁ כְּעֶרְכּוֹ נָגַשׂ אֶת־הַכֶּסֶף וְאֶת־הַזָּהָב אֶת־עַם הָאָרֶץ	He exacted gold and silver from the people of the land - *every one* according to his value (apposition) (2 Kings 23:35)
וַיֹּאמְרוּ מָוֶת בַּסִּיר אִישׁ הָאֱלֹהִים	And they said: "Death is in the pot, *o man* (addressee) of God!" (2 Kings 4:40)
וְהִנֵּה־אִישׁ צְרוֹר־כַּסְפּוֹ בְּשַׂקּוֹ	And behold, *every one* (casus pendens) - his pouch of money was in his sack (Gen. 42:35)

However, the particle אֵת/אֶת־ is used to mark definite direct objects.[13]

הוֹצֵא אֶת־הָאִישׁ	Bring out *the man* (Judges 19:22)

אֶת־ / אֵת is also seldom used to mark other definite nominal complements, indirect objects and adjuncts.[14]

וּמָלְאוּ בָּתֵּי מִצְרַיִם אֶת־הֶעָרֹב	And the houses of the Egyptians will be full *of flies* (complement) (Ex. 8:17)
זְבָדַנִי אֱלֹהִים אֹתִי זֵבֶד טוֹב	God gave *me* (indirect object) a good gift (Gen. 30:20)
מַצּוֹת יֵאָכֵל אֵת שִׁבְעַת הַיָּמִים	Unleavened bread shall be eaten *for seven days* (adjunct) (Ex. 13:7)

There are exceptions to this rule, especially in poetry[15]: אֶת/אֵת־ is not always used before definite direct objects, complements, indirect objects and nominal adjuncts.[16]

לֹא אַתָּה תִּבְנֶה־לִּי הַבַּיִת לָשָׁבֶת	You will not build Me *the house* (object) to live in (1 Chr. 17:4)
וּמָלְאוּ בָּתֵּי מִצְרַיִם אֶת־הֶעָרֹב	And the houses of the Egyptians will be full *of flies* (complement) (Ex. 8:17)
וְנָתַתִּי אֶת־חֵן הָעָם־הַזֶּה	And I will give *this people* (indirect object) grace (Ex. 3:21)
הֲיֵשׁ בֵּית־אָבִיךְ מָקוֹם לָנוּ לָלִין	Is there a place *in the house* (adjunct) of your father for us to spend the night? (Gen. 24:23)

On the other hand אֵת/אֶת־ is used sometimes before indefinite direct objects and nominal adjuncts (the latter is very rare, if it occurs at all).

---

[13] Cf. Waltke & O'Connor (1990, 179-180).

[14] A complement is an obligatory constituent in the verb phrase. An adjunct is an omissable (adverbial) phrase in the verb phrase. See below.

[15] Cf. Waltke & O'Connor (1990, 162).

[16] אֶת/אֵת־ is even sometimes used to mark the subject, the copula-complement, a word in apposition to these, or a dislocated constituent (cf. Waltke & O'Connor 1990, 182-183).

אִם־נָשַׁךְ הַנָּחָשׁ אֶת־אִישׁ	If the snake bit *any man* (Num. 21:9)
לָדַעַת לָעוּת אֶת־יָעֵף דָּבָר	... to know a word on time (?) *for an exhausted person* (adjunct) (Is. 50:4) (translation dubious)

In the case of strings of objects אֵת/אֶת־ can appear before the first, some, or all of the members of the string. It is sometimes not repeated before the different elements constituting a group. Therefore, it can also be used to differentiate between groups in a string of objects.[17]

וְאֶת־שְׂדוֹתֵיכֶם	And your fields,
וְאֶת־כַּרְמֵיכֶם וְזֵיתֵיכֶם הַטּוֹבִים	*and your good vineyards and olive orchards,*
יִקָּח	he will take (1 Sam. 8:14)

אֵת / אֶת־ can also mark words in apposition to other words marked with the same particle.

... וְהוֹצֵאתִי אֶת־צִבְאֹתַי אֶת־עַמִּי	And I will lead out my hosts, *my people* ... (Ex. 7:4)

Pronominal objects are expressed by אֶת־/אֵת in combination with the relevant pronominal suffix, by אֶת־/אֵת plus independent pronouns, or by a pronominal suffix following the subject suffix to the verb. They are by definition definite.

כִּי לֹא אֹתְךָ מָאָסוּ	Because they did not reject *you* (1 Sam. 8:7)
וּלְקַחְתֶּם גַּם־אֶת־זֶה מֵעִם פָּנַי	And if you take *this one* also from me (Gen. 44:29)
כִּי־לֹא דְרַשְׁנֻהוּ כַּמִּשְׁפָּט	Because we did not seek *Him* according to the stipulation (1 Chr. 15:13)

If the direct object, complement, indirect object or adjunct is not clearly marked, the reader has to rely on other means to identify it, such as syntactic analysis and the presence or absence of other surface structure phenomena. With regard to the last-mentioned, these elements do not have to agree in person, gender and number with the verb (as in the case of the subject). In other words, if a noun disagrees with the verb, it cannot be the subject, and the chances are better that it will be the direct object, complement, indirect object or adjunct than if it does agree with the verb.

כִּי־יִקַּח אִישׁ אִשָּׁה	If a man (3 m. sg.) takes *a wife* (f. sg.) (Deut. 22:13)

---

17 Cf. Van der Merwe, Naudé & Kroeze (1996, 195; § 33.4.2 (iv), (v)).

וַיָּבֹאוּ אֶרֶץ כְּנַעַן	And they came (3 m. pl.) *to the land* (f. sg.) Canaan (Gen. 45:25)
וְנָתַתִּי אֶת־חֵן הָעָם־הַזֶּה בְּעֵינֵי מִצְרָיִם	And I will give (1 c. sg.) *this people* (m. sg., not first person) favor in the sight of the Egyptians (Ex. 3:21)
וְאַתָּה תִּשְׁמַע הַשָּׁמַיִם	And You must hear (2 m. sg.) *in heaven* (m. pl.) (1 Kings 8:32)

Another surface marker of the direct object, complement, indirect object and adjunct is word order.[18] If the word order is unmarked, the direct object or complement comes directly after the verb and subject, followed by the indirect object[19] and the adjunct as the last element in the clause. Like adverbs, nominal adjuncts very often precede the verb.

וְעַתָּה יֵרֶא פַרְעֹה אִישׁ נָבוֹן וְחָכָם	And now, may the pharaoh (subject) see *an intelligent and wise man* (direct object) (Gen. 41:33)
לָבְשׁוּ כָרִים הַצֹּאן	The meadows are clothed *with flocks* (complement) (Ps. 65:14)
וְנָתַתִּי אֶת־חֵן הָעָם־הַזֶּה בְּעֵינֵי מִצְרָיִם	And I will give *favor* (direct object) *to this people* (indirect object) in the sight of the Egyptians (Ex. 3:21)
וְלֹא תֵלְכוּ רוֹמָה	And you will not walk *in height* (haughtily) (adjunct) (Mic. 2:3)
וְהִכֵּיתִי אֶת־הָאָרֶץ חֵרֶם	And I will smite *the earth* (object) *with a curse* (adjunct) (Mal. 3:24)
יָמִים רַבִּים יֵשְׁבוּ	They will live many *days* (adjunct precedes verb) (Hos. 3:4)

Cognate objects and adjuncts[20] are etymologically related to the verb.

תִּזְרַע אֶת־זַרְעֶךָ	You sow your *seed* (Deut. 11:10)
קְבוּרַת חֲמוֹר יִקָּבֵר	He will be buried *in the grave / with the burial* of an ass (Jer. 22:19)

Syntactic aspects

Syntactically speaking verbs can govern nouns directly (without the help of prepositions). These are noun phrases in the verb phrase, namely nominal

---

[18] Cf. Waltke & O'Connor (1990, 162).
[19] Cf. Lambdin (1980, 39-40).
[20] The so-called *etymological figure of speech.*

complements and adjuncts.[21] Complements form part of the nucleus of the verb phrase. They cannot be omitted without changing the basic meaning of the sentence, making the sentence ungrammatical, or changing the classification of the main verb (transitive, intransitive, copulative or prepositional). They are obligatory constituents.

Direct objects are nominal complements of transitive verbs.

וַיִּשְׁמַע אֶת־הַקּוֹל   And he heard *the voice* (Num. 7:89)

In the passive the direct object becomes the subject.

וְהַקֹּל נִשְׁמַע בֵּית פַּרְעֹה   And *the voice* was heard in the pharaoh's house (Gen. 45:16)

Double objects appear after causative and factitive verbs, verbs of inflicting something upon someone, verbs of answering, commanding, asking and calling someone something, and appointing someone as something. With causative and factitive verbs one object is the object of the causative idea and the other is the object of the action. Both objects are second arguments.

וְהַרְאֵיתִי גוֹיִם מַעְרֵךְ   And I will let *nations* / see *your nakedness* (Nah. 3:5)

וְאֶת־צַדִּיקִים יְשַׁלֶּם־טוֹב   And He will reward *the righteous* / *(with) goodness* (Prov. 13:21)

וְקָבַע אֶת־קֹבְעֵיהֶם נָפֶשׁ   And He will deprive *of life* / *those who deprive* them (Prov. 22:23)

וַיַּעַן הַמֶּלֶךְ אֶת־הָעָם קָשָׁה   And the king answered *the people* / *a hard (word)* (1 Kings 12:13)

וַיְצַוֵּם אֵת כָּל־אֲשֶׁר דִּבֶּר יְהוָה אִתּוֹ בְּהַר סִינָי   And he commanded *them* / *everything that the Yahweh had spoken* with him in Mount Sinai (Ex. 34:32)

כִּי שָׁם שְׁאֵלוּנוּ שׁוֹבֵינוּ דִּבְרֵי־שִׁיר   For there they who led us captive asked *us* / *the words* of a song (Ps. 137:3)

וַיִּקְרְאוּ שְׁמוֹ עֵשָׂו   And they called his *name* / *Esau* (Gen. 25:25)

וַיָּשֶׂם אֶת־בָּנָיו שֹׁפְטִים לְיִשְׂרָאֵל   And he appointed his *sons* / *as judges* over Israel (1 Sam. 8:1)

If a di-transitive verb is transformed to a passive, the first object becomes the subject, but the second remains an object.

וְהָרְאָה אֶת־הַכֹּהֵן   And he/it shall be shown *(to) the priest* (Lev. 13:49)

---

[21] Cf. Waltke & O'Connor (1990, 163).

Nouns following intransitive verbs of being full and empty (*verba copiae, inopiae, abundandi, deficiendi*), verbs of being clothed or "unclothed" (*verba induendi, exuendi*), verbs of living or staying at a certain place, and verbs of moving from or to a certain place are also *nominal complements.*[22]

יְדֵיכֶם דָּמִים מָלֵאוּ	Your hands are full *of blood* (Isa. 1:15)
אוּלַי יַחְסְרוּן חֲמִשִּׁים הַצַּדִּיקִם חֲמִשָּׁה	Perhaps the fifty righteous are lacking *five* (Gen. 18:28)
לָבְשׁוּ כָרִים הַצֹּאן	The meadows are clothed *with flocks* (Ps. 65:14)
מִי יָגוּר לָנוּ אֵשׁ אוֹכֵלָה	Who of us can dwell *in the* consuming *fire* ? (Isa. 33:14)
הֵם יָצְאוּ אֶת־הָעִיר	They went *out of the city* (Gen. 44:4)
וַיָּבֹאוּ אֶרֶץ כְּנַעַן	And they came *to the land Canaan* (Gen. 45:25)

The only formal difference between a direct object and other complements is that the complements of intransitive verbs cannot become the subject in a passive clause - they remain complements. (The distinction is also made on a semantic level: an object is affected or effected by the verb, other complements are not.)

Verbs that take a complement in the qal, can take both *an object and a complement* in the pi'ēl or hif'îl. The object is a complement to the causative or factitive idea. This happens for example after verbs of filling something with something and after verbs of clothing someone with something.

וַיְמַלְאוּ אֶת־כְּלֵיהֶם בָּר	And they filled *their bags* (object) / *with grain* (complement) (Gen. 42:25)
וְהִלְבַּשְׁתָּ אֶת־אַהֲרֹן אֶת־הַכֻּתֹּנֶת	And clothe *Aaron* (object) / *with the tunic* (complement) (Ex. 29:5)
וַיַּפְשִׁיטוּ אֶת־יוֹסֵף אֶת־כֻּתָּנְתּוֹ	And they stripped *Joseph* (object) / *of his long garment* (complement) (Gen. 37:23)

In the passive the object becomes the subject, but the complement stays a complement.

וַיִּמָּלֵא אֶת־הַחָכְמָה	And *he* (subject) was filled *with wisdom* (complement in passive clause) (1 Kings 7:14)

---

[22] Complements can also be expressed by other means such as preposition phrases, but this paper only deals with nominal complements.

וּמֶלֶךְ יִשְׂרָאֵל וִיהוֹשָׁפָט מֶלֶךְ־יְהוּדָה
יֹשְׁבִים אִישׁ עַל־כִּסְאוֹ
מְלֻבָּשִׁים בְּגָדִים

And the king of Israel and Jehoshaphat king of Judah sat each on his throne clothed *with robes* (complement) (2 Chron. 18:9)

The traditional category of *indirect object*[23] can also be expressed by a nominal complement,[24] e.g. after verbs of giving or speaking to. Syntactically the difference between the direct object or other complement and the indirect object is that the former is the second argument or syntagm of the verb and the latter is the third. In the passive indirect objects remain indirect objects. (They are also distinguished on a semantic level: the indirect object is the receiver[25] or addressee.)

וְנָתַתִּי אֶת־חֵן הָעָם־הַזֶּה

And I will give this *people* grace (Ex. 3:21)

כִּי אֶרֶץ הַנֶּגֶב נְתַתָּנִי

Because you gave *me* the land of the Negev (Josh. 15:19)

וַיִּזְעָקוּךְ

And they cried *to you*[26] (object supposed) (Neh. 9:28)

Nominal adjuncts[27] are optional, omissible noun phrases in the verb phrase which act as adverbials. They add additional information to the nucleus of the clause. They may be omitted without changing the basic meaning of the sentence, making the sentence ungrammatical or changing the classification of the main verb. Traditionally nominal adjuncts were described as "adverbial accusatives".[28]

וַיָּקָם פַּרְעֹה לַיְלָה

And the pharaoh rose up *in the night* (Ex. 12:30)

וְהִשְׁתַּחֲווּ אִישׁ פֶּתַח אָהֳלוֹ

And every one bowed down *at the door* of his tent (Ex. 33:10)

Nominal adjuncts stay adjuncts in the passive.

---

23 Indirect objects are normally expressed by preposition phrases (e.g. with לְ), but this paper only deals with noun phrases in the indirect object-function.

24 The indirect object must be selected as third argument by a verb and therefore be part of the nucleus of the verb phrase. If the interested party is added as additional information (extra-nuclear) it must be categorised syntactically as an adjunct.

25 Receiver = recipient.

26 Perhaps the object suffixes should rather be called *complement suffixes*.

27 An adjunct is a non-verbal, optional and omissible adverbial phrase in the verb phrase, which adds additional information to the nucleus of the clause. Adjuncts can also be expressed by other means such as preposition phrases, but this paper only deals with nominal adjuncts.

28 However, not all "adverbial accusatives" are adjuncts (cf. Waltke & O'Connor 1990, 169). Some are complements, e.g. after verbs of movement.

וּפְקֻדַּת כָּל־הָאָדָם יִפָּקֵד עֲלֵיהֶם

And it is punished (3 m. sg.) upon them *with the punishment* (not subject - f.!) of all people (Num. 16:29)

A nominal direct object a n d nominal adjunct can occur, especially after verbs of making something out of something, doing something with something.

וְהַנַּעַר הָיָה מְשָׁרֵת אֶת־יְהוָה אֶת־פְּנֵי
עֵלִי הַכֹּהֵן

And the boy was serving *Yahweh* (object) *in the face / presence* (adjunct) of Eli the priest (1 Sam. 2:11) (cf. 1 Sam. 7:16)

עַמּוּדָיו עָשָׂה כֶסֶף

He made its *posts* (object) / *of silver* (adjunct) (Ct. 3:10)

וְהִכֵּיתִי אֶת־הָאָרֶץ חֵרֶם

And I will smite *the land* (object) / *with a curse* (adjunct) (Mal. 3:24) (cf. Judges 8:7)

Semantic aspects

On the semantic level[29] a d i r e c t o b j e c t can have various functions,[30] namely the affected or effected patient,[31] agent after a passive verb (rare) and role.[32]

וַיִּקַּח יְהוָה אֱלֹהִים אֶת־הָאָדָם

And Yahweh God took *Adam* (affected patient[33]) (Gen. 2:15)

---

[29] There is no absolute connection between the syntactic positions (of second and third argument or satellite) and the semantic functions in these positions. Therefore it comes as no surprise that the same semantic functions appear in different syntactic positions.

[30] Compare Dik (1989, 101-105, 195-198, 206-208) and Dik (1978, 26) for the definitions of the semantic functions.

[31] Patient = goal. The affected or effected patient can also be marked by the preposition בְּ,לְ,אֶל,עַל,אַחֲרֵי, מִן, עִם or אֵת (prep.). Such a preposition phrase is often called a "preposition object". This is a semantic use of the term *object* which should be reserved for a syntactic category. Preposition phrases marking the patient can be categorised syntactically as complements because they form part of the nucleus of the verb phrase. They cause the main verb to be categorised as a preposition verb. Some verbs can take either a direct object or a preposition complement (Waltke & O'Connor 1990, 165; Muraoka 1979, 428).

[32] Role = quality, i.e. capacity, function, authority.

[33] The affected patient exists before and apart from the action.

בְּרֵאשִׁית בָּרָא אֱלֹהִים אֵת הַשָּׁמַיִם וְאֵת הָאָרֶץ	In the beginning God created *the heaven and the earth* (effected patient[34]) (Gen. 1:1)
וַיִּבְנֶה אֶת־הָאֲבָנִים מִזְבֵּחַ בְּשֵׁם יְהוָה	And he built *the stones* (affected patient) *into an altar* (effected patient) in the name of Yahweh (1 Kings 18:32)
לֹא תִנָּשֵׁנִי	You will not be forgotten *by Me* (agent) (Isa. 44:21)
וַיָּשֶׂם אֶת־בָּנָיו שֹׁפְטִים לְיִשְׂרָאֵל	And he appointed his sons *as judges* (role) over Israel (1 Sam. 8:1)

Internal objects do not exist apart from the action. However, semantically they can be classified as effected goals, although they do not exist concretely.

וַיְהִי בִּרְאֹתִי אֲנִי דָנִיֵּאל אֶת־הֶחָזוֹן	When I Daniel saw *the vision* (Dan. 8:15)

Cognate objects can be affected or effected patients.

תִּזְרַע אֶת־זַרְעֶךָ	You sow your *seed* (affected patient) (Deut. 11:10)
תַּדְשֵׁא הָאָרֶץ דֶּשֶׁא	Let the earth produce *vegetation* (effected patient) (Gen. 1:11)

Objects can be internal a n d cognate.

זִקְנֵיכֶם חֲלֹמוֹת יַחֲלֹמוּן	Your old men shall dream *dreams* (effected patient) (Joel 3:1)

In the *incomplete passive* the patient is still marked by אֵת, and the object of the active sentence is not transformed into the subject of the passive sentence.

וַיֻּגַּד לְרִבְקָה אֵלָיו אֶת־דִּבְרֵי עֵשָׂו	And *the words* of Esau were told to Rebekah (Gen. 27:42)

The phenomenon that subjects of intransitive verbs and verbless clauses are sometimes marked by אֶת־/אֵת[35] is similar to this. Very often such subjects have the semantic function of processed or zero. Semantically there are close similarities between patient, zero and processed arguments; for example, they are treated in the same category by Fillmore.[36] From this it can be concluded that אֶת־/אֵת sometimes functions more as a semantic marker,

---

[34] The effected patient is the product or result of the action. It does not exist before the action, it comes into being through the action, and exists as a conrete and separate object after the action.

[35] Cf. Waltke & O'Connor (1990, 182).

[36] Fillmore (1968, 25).

marking [- control] semantic functions, although it is mainly used as a syntactic marker, marking direct objects.

וְאֶת־הַבַּרְזֶל נָפַל אֶל־הַמָּיִם	And *the iron* (processed) fell into the water (2 Kings 6:5)
וְאִישׁ אֶת־קֳדָשָׁיו לוֹ יִהְיוּ	And a man - *his offerings* (zero) are his (Num. 5:10)

Prolative infinitives, which syntactically serve as objects of the main verb, carry the main predicate semantically, while the main verb is to be interpreted semantically as an operator.

לֹא נוּכַל דַּבֵּר אֵלֶיךָ רַע אוֹ־טוֹב	We cannot *speak* to you anything good or bad (Gen. 24:50)

O t h e r   c o m p l e m e n t s can have the semantic functions of content,[37] material,[38] location, direction, source, route[39] and interested party.[40]

יְדֵיכֶם דָּמִים מָלֵאוּ	Your hands are full *of blood* (content) (Isa. 1:15)
לָבְשׁוּ כָרִים הַצֹּאן	The pastures are clothed *with small cattle* (material) (Ps. 65:14)
וְהוּא יֹשֵׁב פֶּתַח־הָאֹהֶל	And he sat *at the entrance* of the tent (location) (Gen. 18:1)
וַיָּבֹאוּ אֶרֶץ כְּנַעַן	And they came *to the land* of Canaan (direction) (Gen. 45:25)
הֵם יָצְאוּ אֶת־הָעִיר	They went *out of the city* (source) (Gen. 44:4)
לֶכְתְּךָ אֶת־הַמִּדְבָּר הַגָּדֹל הַזֶּה	Your going *through this large wilderness* (route) (Deut. 2:7)
וְאָיַבְתִּי אֶת־אֹיְבֶיךָ	And I will be an enemy *for your enemies* (interested party - disadvantaged) (Ex. 23:22)

I n d i r e c t   o b j e c t s can fulfil the semantic functions of receiver and addressee.

וְנָתַתִּי אֶת־חֵן הָעָם־הַזֶּה	And I will give this *people* (receiver) favor (Ex. 3:21)

---

37 A subgroup of regard (or reference).
38 A subgroup of instrument.
39 Route = path.
40 Interested party = beneficiary. However, the interested party can be the advantaged or disadvantaged.

מִי־יִתְּנֵנִי שָׁמִיר שַׁיִת	Who will give *me* (receiver) thorns and weeds? (Isa. 27:4)
וַיִּזְעָקוּךָ	And they cried *to you* (addressee) (object supposed) (Neh. 9:28)

N o m i n a l   a d j u n c t s can fulfil the semantic functions of interested party, location, direction, time when, duration, measure,[41] cause, instrument, medium,[42] manner, material, regard[43] and purpose.[44]

הֲצוֹם צַמְתֻּנִי אָנִי	Did you really fast *on m y behalf* (interested party - advantaged)? (Zech. 7:5)
וְהַקֹּל נִשְׁמַע בֵּית פַּרְעֹה	And the voice was heard *in the house* (location) of the pharaoh (Gen. 45:16)
וְהָרָעָב ... יִדְבַּק אַחֲרֵיכֶם מִצְרָיִם	The famine will pursue you *into Egypt* (direction) (Jer. 42:16)
הַשָּׁנָה אַתָּה מֵת	*This year* (time when) you will die (Jer. 28:16)
שֵׁשֶׁת יָמִים תַּעֲבֹד	*Six days long* (duration) you shall work (Ex. 20:9)
עֶשְׂרֵה אַמָּה מִלְמַעְלָה גָּבְרוּ הַמָּיִם חָמֵשׁ	The water rose upwards *fifteen cubits* (measure) (Gen. 7:20)
לֹא־תָבוֹא שָׁמָּה יִרְאַת שָׁמִיר וָשָׁיִת	You will not come there *for fear* of briers and thorns (cause) (Isa. 7:25)
אִישׁ אֶת־אָחִיהוּ יָצוּדוּ חֵרֶם	Each hunts his brother *with a net* (instrument) (Mic. 7:2)
מְשָׁחֲךָ אֱלֹהִים ... שֶׁמֶן	God anointed you *with oil* (medium) (Ps. 45:8)
מֵישָׁרִים תִּשְׁפְּטוּ בְּנֵי אָדָם	Do you judge people *with uprightness* (manner)? (Ps. 58:2)

---

41 Subgroup of regard (or reference).
42 Subclass of instrument.
43 Regard = reference; specification (Williams 1980, 12, § 57).
44 The examples of the so-called accusative of state in Waltke & O'Connor (1990, 171-172) can be classified as instances of apposition, attributes and adjuncts of regard, location or manner. (Cf. Gesenius 1976, 375, § 118o.) If a singular adjective is used in combination with a plural subject or object, the singular can be understood as distributive. The adjunct expressing state will only be a valid class if examples with אֵת/אֶת can be found. The example of an "accusative of limitation" in Waltke & O'Connor (1990, 173) can be seen as a simple direct object (patient), and the first two examples of the "accusative of specification" (ibid.) can be seen as simple apposition.

וַיִּיצֶר יְהֹוָה אֱלֹהִים אֶת־הָאָדָם עָפָר מִן־הָאֲדָמָה

And Yahweh God formed the man *from the dust* (material) of the ground (Gen. 2:7)

לְעֵת זִקְנָתוֹ חָלָה אֶת־רַגְלָיו

In the time of his old age he was ill *in his feet* (regard) (1 Kings 15:23)

וְהוּא שֹׁכֵב אֶת מִשְׁכַּב הַצָּהֳרַיִם

And he was lying down *for the* noonday *rest* (purpose) (2 Sam. 4:5)

An *internal nominal adjunct* is an omissable noun which is governed directly by a verb and which has almost the same meaning as the verb. It does not exist apart from the action. It is used to emphasise the verbal idea. It can fulfil semantic functions such as manner, instrument, location, purpose. It is very often qualified by an adjective.

יָדַעְתָּ בִינָה

You know *with understanding* (manner) (Job 38:4)

The internal adjunct after verbs of speaking and crying has the semantic function of instrument.

וְקָרְאוּ בְאָזְנַי קוֹל גָּדוֹל

And they cried in my ears *with a loud voice* (Ezek. 8:18)

A *cognate adjunct* can have semantic functions such as location or manner.

קְבוּרַת חֲמוֹר יִקָּבֵר

He will be buried *in the grave* (location) / *with the burial* (manner) of an ass (Jer. 22:19)

Adjuncts can be internal a n d cognate.

כִּי־אַהֲבַת נַפְשׁוֹ אֲהֵבוֹ

For he loved him *with the love* (manner) of his soul (= as himself) (1 Sam. 20:17)

שָׁם פָּחֲדוּ פָחַד

There they feared *(with) a fear* (manner) (Ps. 14:5)

וְהוּא שֹׁכֵב אֶת מִשְׁכַּב הַצָּהֳרַיִם

And he was lying down *for the* noonday *rest* (purpose) (2 Sam. 4:5)

Conclusion

As an alternative to the traditional category of "accusative" in BH, every noun which is governed directly by a verb can be analysed and categorised morphologically, syntactically and semantically. Morphologically such nouns can appear with or without the marker אֵת/אֶת־. (As with all other nouns they can be singular, plural, dual; masculine, feminine; status absolutus, constructus, determinatus or pronominalis.) Syntactically these nouns can be direct objects, other complements, indirect objects and adjuncts. Semantically they can fulfil the functions of patient (affected/effected), receiver, addressee, location, direction, source, regard, content, measure, interested party, instrument, material, medium, manner, role, route, time, duration, purpose and cause, and it is possible that even more semantic functions could be fulfilled by them. Such nouns can thus be analysed in a clause as follows:

וְיָשִׁבוּ אֹתָנוּ דָּבָר אֶת־הַדֶּרֶךְ   And they will bring back to us a word (= answer) concerning the path (Deut. 1:22)

אֶת־הַדֶּרֶךְ	דָּבָר	אֹתָנוּ	וְיָשִׁבוּ
concerning the path	a word	to us	And they will bring back

	אֶת־הַדֶּרֶךְ	דָּבָר	אֹתָנוּ	וְיָשִׁבוּ
Morphology:	אֵת +def. noun	indef. noun	אֵת +sf. 1 pl.	
Syntactic function:	adjunct	direct object	indirect object	
Semantic function:	regard	patient	receiver	

Bibliography

Dik, S.C. 1978. Functional grammar. Dordrecht: Foris. (Publications in language sciences, 7.)

Dik, S.C. 1989. The theory of functional grammar. Part 1: The structure of the clause. Dordrecht: Foris. (Functional grammar series, 9.)

Du Plessis, H. 1982. Sintaksis vir eerstejaars. Pretoria: Academica.

Fillmore, C.J. 1968. The case for case. (In Bach, E. & Harms, R.T., eds. Universals in linguistic theory. New York: Holt, Rinehart & Winston. p. 1-88).

Gesenius, F.H.W. 1976. Gesenius' Hebrew grammar: as edited and enlarged by the late E. Kautzsch; second English edition, revised in accordance with the twenty-eighth German edition (1909) by A.E. Cowley, with a facsimile of the Siloam inscription by J. Euting, and a table of alphabets by M. Lidzbarski. Oxford: Clarendon.

GKC. See Gesenius.

Hoftijzer, J. 1965. Remarks concerning the use of the particle 't in classical Hebrew. (In De Boer, P.A.H., red. kh: 1940-1965. Leiden: Brill. p. 1-99. (Oudtestamentische studien, deel 14.))

Joüon, P. & Muraoka, T. 1991. A grammar of Biblical Hebrew. Vol. II, Part Three: Syntax; paradigms and indices. Roma: Editrice Pontificio Istituto Biblico. (Subsidia biblica, 14/II.)

Kroeze, J.H. 1993. Underlying syntactic relations in construct phrases of Biblical Hebrew. Journal for Semitics, 5(1):68-88.

Lambdin, T.O. 1980. Introduction to Biblical Hebrew. London: Darton, Longman and Todd.

Lyons, J. 1968. Introduction to theoretical linguistics. Cambridge: Cambridge University Press.

Muraoka, T. 1979. On verb complementation in Biblical Hebrew. Vetus Testamentum, 29(4):425-435.

Schweizer, H. 1975. Was ist ein Akkusativ? - Ein Beitrag zur Grammatiktheorie. Zeitschrift für die alttestamentliche Wissenschaft, 87:133-146.

Talstra, E., Hardmeier, Chr. and Groves, J.A. (eds.). 1992. Quest: electronic concordance applications for the Hebrew Bible (data base and retrieval software). Haarlem: Netherlands Bible Society.

Van der Merwe, C., Naudé, J. & Kroeze, J. 1995. A Biblical Hebrew reference grammar for students. Vol. 1. Stellenbosch/Potchefstroom: Workgroup for Biblical Hebrew. (Provisional version.)

Waltke, B.C. & O'Connor, M. 1990. An introduction to Biblical Hebrew syntax. Winona Lake, Indiana: Eisenbrauns.

Williams, R.J. 1980. Hebrew syntax: an outline. 2nd ed. Toronto: University of Toronto Press.

Überlegungen zur Analyse und Leistung sogenannter Zusammengesetzter Nominalsätze

von Reinhard G. Lehmann, Mainz

> "Von der Parteien Gunst und Haß verwirrt,
> schwankt sein Charakterbild in der Geschichte ...
>
> Nicht er ist's, der auf dieser Bühne heut
> erscheinen wird. Doch in den kühnen Scharen,
> die sein Befehl gewaltig lenkt, sein Geist
> Beseelt, wird euch sein Schattenbild begegnen."[1]

Die Existenz eines 'Zusammengesetzten Nominalsatzes' im Althebräischen ist umstritten, und sein grammatisches Destillat als endgültige Entscheidung langanhaltender Kontroversen kann auch hier nicht vorgeführt werden. Allerdings sollen die folgenden Überlegungen und Beispiele einen Beitrag zum besseren Verständnis von Idee und Funktion einer solchen syntaktischen Erscheinung im Sinne der Sprecher und Schreiber des Althebräischen leisten. Dabei könnten einige ältere, allzu schnell in Vergessenheit geratene Wege sich doch wieder als gangbar erweisen.

Hermann RECKENDORF hatte schon 1899 eine methodisch vernünftige Forderung aufgestellt, der sich auch heute schwerlich jemand wird entziehen können:

> "Eine Sprache soll aus sich selbst verstanden werden! Man soll nichts hineinlegen, was sie nicht enthält! Das ist heutzutage ein wohlfeiler Grundsatz, den Jeder im Munde führt. Man soll auch vor allem keine grammatischen Unterscheidungen vornehmen, keine Unterabtheilungen aufstellen, wo diesen nicht sprachlich wahrnehmbare Verschiedenheiten zur Seite stehen, wo also die Unterscheidung von der Sprache nicht deutlich vorgezeichnet ist."[2]

Nun ist es zugegebenermaßen schwierig, das Althebräische allein aus sich selbst zu verstehen, wo der *native speaker*, also die primär erworbene Sprach-

---

[1] Friedrich SCHILLER, *Wallensteins Lager*. Prolog.
[2] H.RECKENDORF, *Ueber syntaktische Forschung*, München 1899, 20. Weiter: "Dennoch wird bewußt und unbewußt hiegegen gefehlt, indem man etwa das Griechische vom Standpunkt des Deutschen betrachtet und ihm Vorstellungen unterschiebt, die nur in der deutschen Uebersetzung liegen."

kompetenz des Muttersprachlers, als Kontrollinstanz fehlt und wir grammatische Analysen immer letztlich 'übersetzend' vollziehen. Aus dieser Problemlage heraus hat Diethelm MICHEL ein Instrumentarium entwickelt, dem zitierten Grundsatz für das Hebräische auch ohne *native speaker* möglichst treu zu bleiben. Dabei hat er vor allem deutlich gemacht, daß auf die syntaxleitende Funktion der Kategorien 'Subjekt' und 'Prädikat', wie sie sich dem 'übersetzend' denkenden (nicht nur deutschen) Muttersprachler aufdrängen, für den hebräischen Nominalsatz verzichtet werden muß. Dadurch würden bewußt oder unbewußt formallogische Begriffe in eine Sprache eingetragen, die (jedenfalls beim Nominalsatz) diese formativ-morphosyntaktische Kategorie gar nicht zur Verfügung stellt. MICHEL hat sich stattdessen, Anregungen von Bruno SNELL auf das Hebräische übertragend, für eine mehr kombinatorische Analyse des hebräischen Nominalsatzes an die Terminologie der arabischen Nationalgrammatiker angelehnt, ohne diesen jedoch – das muß betont werden! – bis in alle Einzelheiten zu folgen.

Danach ist *Chabar* (*Ch*) die in der Regel zunächst indeterminierte neue Aussage eines Satzes und *Mubtada* (*M*) die determinierte "Insbildsetzung" (SNELL), der bekannte Aussageanknüpfungspunkt, der Geltungsrahmen für die im *Chabar* ausgesagte Information. In anderer Terminologie könnte hier ähnlich auch mit den Begriffen *Thema* oder *topic* und *Rhema* oder *comment* gearbeitet werden.[3] Mit diesem Instrumentarium ist es MICHEL, methodisch anknüpfend an Francis I. ANDERSEN, gelungen, für die Satzteilfolge im einfachen hebräischen Nominalsatz präzise Regeln aufzustellen.[4]

Im Regelfall, das heißt für den unabhängigen (selbständigen) hebräischen Nominalsatz (NS), gilt demnach die Satzteilfolge *Chabar – Mubtada*. Bei abhängigen Nominalsätzen in der Hypotaxe, bei lediglich auf schon Bekanntes rekurrierenden NS sowie nach gewissen Konjunktionen und Partikeln wie הנה, אשר, עוד dagegen liegt die Satzteilfolge M – Ch vor.[5]

Was kann unter diesen Voraussetzungen als Zusammengesetzter Nominalsatz (ZNS) angesprochen werden, wie ist ein solcher ZNS aufgebaut und was kann er leisten?

---

3   Freilich sind diese Kategorien in ihrer Trennschärfe bereits wieder durch allgemeinlinguistische Diskussionen getrübt, so daß es sich trotz nicht zu leugnender Abweichungen von ihrer Verwendung in der arabischen Nationalgrammatik für das Hebräische empfiehlt, bei *Chabar* und *Mubtada* zu bleiben.

4   Diethelm MICHEL, Probleme des Nominalsatzes im biblischen Hebräisch: *ZAH* 7 (1994) 215-224; ausführlich demnächst in *Grundlegung einer hebräischen Syntax. Teil 2: Probleme des Nominalsatzes*.

5   Nicht aber nach אם, אולי, אז und כי – hier gilt ebenfalls die Regelstellung Ch – M!

Die damit angesprochene Erscheinung – ein Verbal- oder Nominalsatz, dessen Subjekt, Objekt oder ein noch anderer Satzteil nach vorne hin ausgelagert und gegebenenfalls im nachfolgenden Satz wieder aufgenommen wird – konnte RECKENDORF um die Jahrhundertwende noch ganz allgemein als eine performanzbedingte 'Störung' im Satzbau beschreiben:

"Auch der Nominalsatz erleidet öfters Inversion [...], und zwar macht sich ein Wortstellungsgesetz geltend, das nicht nur hier begegnet, dass nämlich ceteribus paribus das Bestimmte, da es irgendwie an Bekanntes anknüpft, dem Unbestimmten und darum Neuen (also z.B. ein Subst. mit bestimmtem Artikel einem Subst. mit unbestimmtem Artikel) voranzugehen pflegt.[...] Der Teil des Satzes, der zuerst klar erkannt und verlautbart, sei als das natürliche [!] Subj. des Satzes bezeichnet [...]. Hierbei kann es geschehen, dass das natürl. Subj. vorerst ohne Rücksicht auf den syntaktischen Wert, der dem betreffenden Wort im Satze zukommt, ausgesprochen wird, und es treten mannigfache *Störungen* im Satzbau ein, z.B. 'die Wahrheit, mit ihr hält es der Verständige', 'ich, meine Wohnung ist auf den Bergen Tajjis' usw. In der Umgangssprache, die rasch herausgesprudelt, wird man derartiges überall und in mannigfacher Gestalt finden; in der Schriftsprache, von der mehr Bedachtsamkeit verlangt wird, hat es bei uns nur in beschränkterem Maasse Bürgerrecht erlangt und ist öfters auf gewisse rhetorische Wirkungen berechnet."[6]

Schon GESENIUS-KAUTZSCH haben dieser Auffassung widersprochen mit dem Hinweis darauf, daß es dabei nicht auf einen Anakoluth hinauskomme. "Vielmehr gelten diese Sätze dem semitischen Sprachgefühl als ebenso korrekt gebaut, wie die gewöhnl. Nominal- und Verbalsätze."[7] Auch mit Walter GROSS bleibt festzuhalten, daß es sich bei solchen von ihm 'Pendenskonstruktion' genannten Sätzen nicht um "performanzbedingte Formulierungsfehler" und also nicht um eine 'Störung' im Sinne RECKENDORFs handelt, sondern daß sie mit ihrem Regelsystem zur hebräischen Sprachkompetenz gehören.[8] Will man also keine Störung annehmen, dann muß es möglich sein, solche Sätze in irgendeiner Weise systematisch zu beschreiben.

Extraposition, nominative absolute, dislocation, casus pendens, three term nominal clause oder *Zusammengesetzter Nominalsatz?* Viele oft einander widersprechende Versuche der einheitlichen Erfassung eines solchen Satzes sind in den letzten 150 Jahren unternommen worden. An der von einem Autor gewählten Bezeichnung ist oft schon seine Grundauffassung und sein Beschreibungs- und Analyseweg ablesbar. Als ein ganz wesentlicher Punkt zeigt sich dabei, ob der Ausgangspunkt der Überlegungen beim Verb bzw. Verbalsatz, oder ob er beim Nominalsatz genommen wird.

---

6   H. RECKENDORF, Zur allgemeinen Syntax: *Indogermanische Forschungen* 10 [1899] 171 [Hervorhebung von mir].

7   Wilhelm GESENIUS - Emil KAUTZSCH, Hebräische Grammatik, Leipzig [28]1909, 479, Anm. 4.

8   Walter GROSS, *Die Pendenskonstruktion im Biblischen Hebräisch*, St. Ottilien 1987, 2.

1. Der in neuerer Zeit häufiger vertretene Ansatz beim Verb ist aus der vorherrschenden Stellung des Verbs in den indogermanischen Sprachen und der relativen Armut an reinen Nominalsätzen in den Muttersprachen der meisten Grammatiker, die sich mit dem Hebräischen befassen, psychologisch und forschungsgeschichtlich nachvollziehbar. Er hat seine deutlichste Ausprägung im Gefolge Wolfgang RICHTERs und hier insbesondere bei Walter GROSS gefunden. GROSS kann, ausgehend von der seiner Meinung nach den grammatischen Fakten allein angemessenen Auffassung Wolfgang RICHTERs, daß "alle Wortreihen mit einem konjugierten Verb" Verbalsätze sind, "gleichgültig, welche weiteren Wörter und Wörterverbindungen die Wortreihe ausmachen",[9] die Behauptung aufstellen:

"Alles, was im Verbalsatz dem verbum finitum vorangeht, gehört einem strukturell eigenständigen Bereich des Verbalsatzes mit spezifischen Regeln an."[10]

Auffällig ist allerdings schon der Untertitel seines einschlägigen Aufsatzes: "Syntaktische Erscheinungen am Satz*beginn*."[11]

Wenn freilich der formale Satz*beginn* nicht nur zum Rahmenkriterium der Einzelanalyse von Sätzen erhoben wird, sondern zum analytischen Ausgangspunkt von Satzbeschreibungen überhaupt,[12] so gerät die Möglichkeit, daß hypotaktische oder gar sprechakttheoretische Gegebenheiten Konsequenzen für den Bau des Einzelsatzes haben können, weiter auch, ob ein formal ausgegrenzter Einzelsatz Satzteilfunktion in einem übergeordneten Satzganzen haben kann, mindestens partiell aus dem Blickfeld.[13] Konsequenterweise

---

[9] Wolfgang RICHTER, *Grundlagen einer althebräischen Grammatik. B. Die Beschreibungsebenen. III. Der Satz (Satztheorie)*, St. Ottilien 1980 (ATSAT 13), 11.

[10] GROSS, Das Vorfeld als strukturell eigenständiger Bereich des hebräischen Verbalsatzes. Syntaktische Erscheinungen am Satzbeginn, in *Syntax und Text. Beiträge zur 22. Internationalen Ökumenischen Hebräisch-Dozenten-Konferenz 1993 in Bamberg*, St. Ottilien 1993 (ATSAT 40), 1; vgl. auch Ders., Zur syntaktischen Struktur des Vorfeldes im hebräischen Verbalsatz: *ZAH* 7 (1994) 203-214. Eine gründliche Auseinandersetzung mit dem neuen Buch von Walter GROSS, *Die Satzteilfolge im Verbalsatz alttestamentlicher Prosa*, Tübingen 1996 (FAT 17), wird zu gegebener Zeit erfolgen.

[11] Hervorhebung von mir. In die gleiche Richtung ging schon GROSS' Arbeit *Die Pendenskonstruktion im Biblischen Hebräisch*, St. Ottilien 1987 (ATSAT 27), wo er in enger Auslegung seiner Definition des *pendens* hier nur solche Sätze gelten lassen will, wo im folgenden Satz von diesem isoliert voranstehende Elemente die Rolle eines Syntagmas oder Teil eines Syntagmas spielen und als pronominale Kopie wieder in Erscheinung treten.

[12] So auch bei GROSS, Die Position des Subjekts im hebräischen Verbalsatz, untersucht an den asyndetischen ersten Redesätzen in Gen, Ex 1-19, Jos - 2 Kön: *ZAH* 6 (1993) 170-187.

[13] Dagegen tut der fast lapidare, aber offensichtlich not-wendige Satz von Wolfgang SCHNEIDER gut: "Diese erste, formale Abgrenzung der Satztypen ist unvollkommen, weil sie die Funktion der Satztypen im Text unberücksichtigt läßt." (SCHNEIDER, *Grammatik des biblischen Hebräisch*, München [7]1989, 160). Es soll indes nicht geleugnet werden, daß auch GROSS Hypotaxen wahrnimmt – freilich verliert sich seine

verspricht sich GROSS eine Lösung anstehender Probleme tatsächlich nur dann, "wenn im Gegensatz zu vielen Grammatiken die formale Ebene der Satzgrenze [...] nicht mit der Frage nach der Funktion der so abgegrenzten Sätze vermischt wird."[14]

2. Den deutlichsten Ausgangspunkt beim Nominalsatz nahm zunächst von 1878 an Emil KAUTZSCH. Danach sei in Anlehnung an die arabische Nationalgrammatik jeder mit einem selbständigen Subjekt beginnende Satz ein Nominalsatz:

> "Da nämlich jedes *Verbum fin.* [...] sein Subject bereits in sich trägt, also schon an und für sich einen selbständigen Satz bildet, so beruht ein solcher Satz, in welchem auf das Subjectsnomen ein *Verbum fin.* als Prädicat folgt, auf der *Zusammensetzung* eines *Subjects* mit einem selbständigen *Verbalsatz.*"[15]

Freilich hat KAUTZSCH diese Position später modifiziert, und 1909 heißt es nur noch:

Wahrnehmung dann in eher unverbindliche Aussagen: "*Nicht selten, vor allem* bei syntaktisch erzwungener Voranstellung, bezeichnet diese einen bestimmten Satztyp (*z.B.* Umstandssatz, konjunktionsloser temporaler Vordersatz, Hauptsatz zu einem solchen temporalen Vordersatz); dann ist *meist* der vorangestellte Satzteil selbst dann nicht fokussiert, wenn er als selbständiges Personalpronomen realisiert ist." (GROSS, Das Vorfeld, 20; Hervorhebungen von mir)

[14] GROSS, Das Vorfeld, 21.

[15] GES-K [22-24]1881, 313 (§ 144a.1.). Bündiger formuliert, jedoch in den Petitdruck verwiesen, seit [25]1989, 435 (= [28]1909, 471; §140f): "folgt dem Subjektsnomen ein Verbum finitum, so entsteht (da das letztere sein Subjekt in sich trägt, somit einen selbständ. Verbal-Satz bildet) ebensogut ein zusammengesetzter Nominalsatz, wie da, wo das Prädikat in einem selbständigen Nominalsatz besteht." – Vgl. Ernst TRUMPP, *Einleitung in das Studium der arabischen Grammatiker. Die Ajrúmiyyah des Muh'ammad bin Daúd. Arabischer Text mit Uebersezung und Erläuterungen*, München 1876: "Man teilt nämlich die Säze ein: N o m i n a l - S ä z e [...], wenn das S u b j e c t (als [*mubtada*]) d e n S a z b e g i n n t, sei es ein N o m e n (in der Regel d e t e r m i - n i r t) oder P r o n o m e n, und sein Praedicat ([*chabar*]) ebenfalls ein Nomen ist, und in V e r b a l - S ä z e [...], wenn dasselbe dem V e r b u m n a c h s t e h t oder Subject und Praedicat durch ein Verbum ausgedrückt sind [...]. Da das Subject (als Inchoativ) immer im Nominativ stehen muss, so darf es nicht von einem [...] regens abhängen. [...] Das Praedicat besteht [ebenfalls] aus zwei Arten: einem E i n z e l w o r t und einem z u s a m m e n g e s e z t e n (=Saz). Das [...] z u s a m m e n g e s e z t e ist aus vier Sachen (zusammengesezt): (1) aus [dem Z i e h e n d e n u n d] d e m G e z o g e n e n (i.e. der Praeposition und dem von ihr regierten Nomen) z.B. [...] Zaid ist in dem Hause); (2) aus dem G e f ä s s (d.h. einer den O r t oder die Z e i t anzeigenden Praeposition mit einem Suffix oder Nomen), z.B. [...] (Zaid ist bei dir); (3) a u s d e m V e r b u m m i t s e i n e m A c t i v - S u b j e c t e, z.B. [...] (Zaid, es stand sein Vater = der Vater des Zaid stand), (4) d e m I n c h o a t i v m i t s e i - n e m P r a d i c a t, z.B. [...] Zaid, seine Sclavin geht fort = die Sclavin des Zaid geht fort)."

"Jeder Satz, dessen Subjekt oder Prädikat wieder in einem selbständigen Satze besteht, heißt ein *zusammengesetzter Satz*."[16]

Dieser wird weiter unten definiert als

"... Nebeneinanderstellung eines (allezeit vorangehenden) Subjekts und a) eines selbständigen Nominalsatzes und zwar α) mit Rückverweisung auf das Haupt-Subjekt vermittelst eines Pronomen [...] – b) ohne zurückweisendes Suffix [...]. *b*) eines selbständigen Verbalsatzes: *a*) mit rückweisendem Suffix [...]; *β*) ohne rückweisendes Suffix.[17]

Immerhin ist die ältere Beschreibung weitgehend aufrechterhalten. Freilich wird dabei keine Entscheidung mehr darüber gefällt oder auch nur die Frage aufgeworfen, ob es sich bei diesen zusammengesetzten Sätzen um solche handelt, die als (zusammengesetzte) *Nominalsätze*, als (zusammengesetzte) *Verbalsätze*, als eine selbständige *dritte* Kategorie anzusehen sind, oder ob hier gar eine Reihe von ganz inkomparablen, je zu unterscheidenden Arten zusammengesetzter Sätze vorliegt.[18]

Die konsequente ältere Auffassung als Nominalsatz vertrat weiterhin vor allem H.S.NYBERG, der definierte:

"Der zusammengesetzte Nominalsatz enthält ein Übersubjekt, das immer an erster Stelle steht, und als Prädikat dazu einen ganzen Satz, entweder Nominalsatz oder Verbalsatz. Das Subjekt des Prädikatssatzes kann identisch sein mit dem Übersubjekt, aber er kann auch ein anderes Subjekt haben; im letztgenannten Fall wird das Übersubjekt im Prädikatssatz durch ein persönliches Pronomen (am häufigsten Suffix), das sogenannte Bindepronomen, wiederaufgenommen."[19]

Dem schlossen sich auch Diethelm MICHEL[20] und Rudolf MEYER[21] an. In lapidarer Kürze und Prägnanz schreibt schließlich Wolfgang SCHNEIDER:

---

16 GES-K [28]1909, 471d.
17 GES-K [28]1909, 479ab.
18 Zwar werden Verbalsätze mit vorangehendem Subjekt trotz alledem tatsächlich in § 142 unter 'Der Verbalsatz' abgehandelt, woraus sich ableiten ließe, daß jeder Satz, der ein finites Verbum enthält, eben doch als Verbalsatz zu gelten habe. Darauf beruft sich aber etwas zu selbstverständlich GROSS (Das Vorfeld, S. 3), denn immerhin verdächtigt KAUTZSCH ebensolche Sätze wenig später wieder dahingehend, "ob der Schriftsteller nicht in der Tat einen Nominalsatz beabsichtigt hat", scheint also anders als GROSS einen eher funktionalen Aspekt für seine Sichtweise solcher Sätze zugrundezulegen (GES-K § 142a).
19 NYBERG 1952, § 85g, Übersetzung nach Diethelm MICHEL, *Tempora und Satzstellung in den Psalmen* [TuS], Bonn 1960, 179.
20 TuS 1960, 179: "1. 'Zusammengesetzter Nominalsatz' nennen wir einen Satz, dessen Prädikat aus einem ganzen Satz, NS oder VS, besteht. 2. Im Prädikatssatz kann ein Rückverweis auf das Übersubjekt erfolgen. 3. Wenn in einem Nominalsatz eine sogenannte Kopula angewandt wird, ist er als zusammengesetzter Nominalsatz aufzufassen."
21 MEYER, *Hebräische Grammatik*, III, Berlin 1972, 13f.

"Zur Klasse der Nominalsätze gehören nicht nur die Sätze ohne Verb [...], sondern auch solche, in denen auf das Nomen an der Spitze des Satzes noch eine finite Verbform folgt."[22]

Der Begriff 'Subjekt' (MICHEL: "Übersubjekt") wird also aus der reinen formallogischen Bindung an das Verb entlassen[23] – und muß daher, sollte dies richtig sein, sinnvollerweise durch einen anderen Begriff ersetzt werden.

In diesem Sinne äußerten sich nach meiner Kenntnis erstmals Hans BAUER und Pontus LEANDER für das Aramäische, die das vorausgestellte Substantiv als "*psychologisches* Subjekt" bezeichneten und für ein voranstehendes *Objekt* folgende Begründung anbieten:

"Wird jedoch das Objekt nicht als etwas Neues eingeführt, sondern als Ausgangspunkt für eine Aussage genommen, so kann es [...] als psychologisches Subjekt aufgefaßt werden, zu dem das Prädikat in der Regel einen Rückweis enthält [...]. Diese Auffassung wird offenbar dadurch erleichtert, daß der Akkusativ sich nicht vom Nominativ unterscheidet [...].

Man wird aus den obigen Darlegungen den Eindruck gewinnen, daß es bis jetzt keine allgemein anerkannte Terminologie gibt, mittels derer die hier in Betracht kommenden Erscheinungen adäquat erfaßt werden könnten. [...]"[24]

Die fehlende Terminologie hatte etwa gleichzeitig Michael SCHLESINGER für das Aramäische des babylonischen Talmud mit den Begriffen *Mubtada* und *Chabar* angeboten. Ihm zufolge ist das Vorausgestellte "gewöhnlich das schon Bekannte, Unbetonte, eben nur das vorauszusetzende Substrat zu dem darüber prädizierten Satz", also Mubtada.[25] SCHLESINGER hat zwar mit sei-

---

22 SCHNEIDER, *Grammatik des biblischen Hebräisch*, München [7]1989, 160. Etwas später die bemerkenswerte Feststellung: "Nominalsätze (NS *und ZNS*) enthalten Voraussetzungen, Beschreibungen, Zustände und geben damit den *Hintergrund* des Erzählens ab" [Hervorhebungen von mir] – lediglich der folgende Satz "Ihr Ort ist vor allem der Erzähl-Anfang" gibt Anlaß zur Skepsis (161).

23 Am deutlichsten bei MEYER ebd., der unter Bezug auf MICHEL feststellt: "[...] in der Regel bezeichnet man [...] dasjenige Gefüge als zusammengesetzten Nominalsatz, in dem das Prädikat, bei stets vorangehendem nominalem Subjekt, durch einen selbständigen Nominal- oder Verbalsatz ausgedrückt wird. Subjekt und Prädikat gehören hierbei für sem. Sprachempfinden eng zusammen; daher ist es falsch zu sagen, das Subjekt stehe im 'Casus pendens'. [...] Darüber hinaus kann ein Objekt synt. als Subjekt gelten [1 Reg 6,29; Jes 8,13 [...]; desgleichen eine adv. Bestimmung." Genauso WALTKE / O'CONNOR, *An Introduction to Biblical Hebrew Syntax*, Winona Lake 1990, 76: "The absolute may refer to the direct object of the clause or the object of a prepositional phrase in the clause". Der Terminus ZNS wird hier vermieden zugunsten der allgemeineren Bezeichnung 'nominative absolute', eine systematische Erklärung des Phänomens wird allerdings auch nicht ansatzweise geboten.

24 BAUER/LEANDER, *Grammatik des Biblisch-Aramäischen*, Halle 1927, § 102, S. 347 [Hervorhebungen von mir].

25 Michael SCHLESINGER, *Satzlehre der aramäischen Sprache des babylonischen Talmuds*, Leipzig 1928, 28. Weiter S. 29f.: "Man muß sich nur davon frei machen, daß, wie in unseren modernen Sprachen, das Prädikat unbedingt verbal oder wenigstens eine verbale Kopula enthaltend sein muß, und dadurch notgedrungen das Subjekt nur der

ner Auffassung kaum Zustimmung finden können, doch wurde die Terminologie, wie eingangs erwähnt, als heuristische Hilfe und losgelöst vom Arabischen, von Diethelm MICHEL für die Analyse des hebräischen Nominalsatzes aufgegriffen, und es verdient eine Überprüfung, ob seine auf dieser
Basis aufgestellten Regeln auch auf solche Sätze anwendbar sind, die als *casus pendens*, *dislocation*, *nominative absolute* oder eben *Zusammengesetzter
Nominalsatz* bezeichnet werden.

Will man mit der Bezeichnung 'Zusammengesetzter *Nominal*satz' ernst machen, so genügt es nicht, ihn als das zu definieren, was nicht in eine herkömmliche Vorstellung vom Verbalsatz paßt. Vielmehr müssen sich seine Konstituenten und seine Funktion am *einfachen* Nominalsatz messen lassen.

a) Konstituenten: nominal

Das Mubtada ist nach MICHEL ein stets determiniertes Element, das allenfalls im sogenannten einpoligen NS als durch die Redesituation bekannt
und determiniert gänzlich wegfallen kann, während das als Aussagezweck
unverzichtbare Chabar je nach Aussageabsicht und -leistung (Illokution) des
Satzes entweder determiniert oder indeterminiert sein kann. Daraus folgt
unmittelbar, daß auch das Mubtada/Subjekt eines *zusammengesetzten* NS
(ZNS), wenn er denn als *Nominalsatz* ernst genommen werden soll, stets
nur ein zwar vielleicht nicht notwendig determinierter, aber determinierbarer, also nominaler Satzteil oder dessen Substitut sein kann. Damit ergibt
sich eine wichtige Einschränkung gegenüber Überlegungen, die die Existenz des ZNS unter Einbeziehung weiterer Wortarten zugunsten eines vari-
ablen 'Vorfelds' grundsätzlich bestreiten wollen.

b) Funktion: Zustandsbeschreibung

Die grundlegende Ausgangsbedingung, für die sich wohl noch die brei-
teste Zustimmung finden läßt, ist die, daß der einfache Nominalsatz nicht
Handlungen *berichtet*, sondern Zustände oder Eigenschaften *beschreibt*, und
daß folglich, wenn man mit einigem Recht überhaupt vom Zusammengesetzten *Nominalsatz* sprechen will, dieser *zusammengesetzte* NS eben diese
Leistung haben muß, daß er Zustände *beschreibt* (und nicht Handlungen oder
Vorgänge *berichtet*).[26] An diesem satzleistungsbezogenen Kriterium wird

---

oder das 'Handelnde' oder höchstens das unmittelbar Affizierte (in passiven Aussagen),
das zu einem Verbalbegriff gehört. Dann wird man erkennen, daß das Semitische im
Nominalsatz eben eine Ausrucksweise besitzt, bei der von jedem Sachverhalt jeder be-
liebige Satzteil, *selbst ein im obliquen Kasus stehender* als das der Aussage 'Unter-
gelegte' gesetzt werden kann, wenn es psychologisch tatsächlich diese Rolle spielt." [Her-
vorhebung von mir]. Vgl. weiter § 90, S. 132-138.

[26] Ähnliche Überlegungen finden sich wiederum bereits bei SCHLESINGER 133, vgl. auch
GES-K [22-24]1881, 314 (§ 144a.3.).

wird sich eine Analyse möglicher Konstruktionsweisen eines ZNS zu orientieren haben — und insbesondere auch die Frage, ob ein (nominalisierter) *Verbal*satz als Satzteil eines ZNS dienen kann, oder ob hier eine sinnvolle Grenze zu dem weiteren Begriff des *casus pendens* zu ziehen ist.

c) Terminologie

Im wesentlichen gemeinsam ist allen Definitionen und Beschreibungen, daß einem vorangestellten Subjekt (Mubtada) als Prädikat (Chabar) ein ganzer Satz folgt. Ich nenne diesen 'Prädikatssatz' oder '*Chabar*satz' im folgenden "subSatz", um damit zum Ausdruck zu bringen, daß dieser Satz infolge *Sub*ordination unter ein ihm vorgeordnetes "Übersubjekt" = Mubtada (MICHEL) seine ihm eigene Satzleistung weitgehend verloren hat und daher als *sub*stantiviert gelten kann. Im Falle, daß dieser Satz ein Nominalsatz ist, können dessen obligatorische Elemente dann analog "subChabar" und "subMubtada" genannt werden.

Ein auch für den hebräischen Unterricht anschauliches Beispiel für den hier zu verhandelnden Satztyp ist die augenfällige Parallelität von Ps 114 und Ps 103₁₉. Hieran weist etwa Ernst JENNI in Ergänzung zu den bereits behandelten einfachen Nominalsätzen auf "die im Hebräischen und in anderen semitischen Sprachen bestehende Möglichkeit" hin, "daß das Prädikat eines Nominalsatzes aus einem ganzen Satz (*Nominalsatz oder Verbalsatz*) besteht":[27]

Ps 114   יְהוָה בַּשָּׁמַיִם כִּסְאוֹ
Jahwe: im Himmel ist sein Thron

Ps 103₁₉   יְהוָה בַּשָּׁמַיִם הֵכִין כִּסְאוֹ
Jahwe: im Himmel hat er seinen Thron aufgerichtet

Ein Blick auf den Kontext zeigt, daß es in Ps 114f tatsächlich nicht um eine Handlungsschilderung geht, sondern daß hier Prädikationen Jahwes vorliegen, die erst in v. 6 durch den Jussiv יַמְטֵר ... *er soll regnen lassen über die Gottlosen* ... unterbrochen werden. Es liegt also wirkliche Nominalsatzleistung vor. Nicht anders verhält es sich in Ps 103: Nach imperativischen Lobaufrufen vv. 1-5 und deren Begründungen wird Jahwe in v. 19 abschließend als derjenige prädiziert, der seinen Thron im Himmel aufgerichtet hat und dessen Herrschaft sich über alles erstreckt (zu v. 19b später). Nichts weist darauf hin, daß hier berichtet werden soll, wie oder daß Jahwe seinen Thron aufgestellt hat (etwa um himmlischen Thronrat zu halten) – vielmehr wird hier eine zusammenfassende Wesensaussage gemacht, die Anlaß für den in v. 20 folgenden imperativischen Lobaufruf gibt.

---

[27] Ernst JENNI, *Lehrbuch der Hebräischen Sprache des Alten Testaments*, Basel 1981, 108 (Hervorhebung von mir).

Wir haben es in Ps 114 und 103₁₉ also mit zwei in ihrer Beschreibungs-
leistung analogen Sätzen zu tun, die trotz der Gemeinsamkeit des voranste-
henden determinierten Subjekts (*Mubtada*) einen bemerkenswerten Unterschied aufweisen: Der subSatz (*Chabar*) besteht in Ps 114 aus einem Nominalsatz, in Ps 103₁₉ hingegen aus einem Verbalsatz. Auch feinere Strukturen sollten dabei beachtet werden:

Der subSatz in כִּסְאוֹ בַּשָּׁמַיִם יְהוָה (Ps 114) ist nach MICHEL eine sogenannte 'nominale Behauptung', d. h. ein Nominalsatz mit zwei determinierten Konstituenten, deren Satzteilfolge nur am Kontext oder gegebenenfalls
an analogen Konstruktionen erkennbar ist.[28] Anhand von יְהוָה בְּהֵיכַל קָדְשׁוֹ
im Parallelismus kann hier allerdings mit gutem Grund behauptet werden,
daß im subSatz von יְהוָה בַּשָּׁמַיִם כִּסְאוֹ die Satzteilfolge Ch - M vorliegt.
Dabei ist das "Übersubjekt" oder Mubtada₁ (M_1)[29] im subMubtada (subM)
als Suffix wieder aufgenommen.

Aufbau:

Typ A (nominal)	$M_1 - \{Ch_{(Prp.S)} - M_{(S.\infty sf)}\}$[30]

Als weiterer Beleg für diesen Bautyp des subSatzes mit voranstehendem präpositionalen Chabar und 'pendens'-Wiederaufnahme als Suffix des subM sei
hier Ps 103₁₅ angeführt, weil diesem Psalm auch unser anderes Ausgangsbei-
spiel entnommen ist:

Ps 103₁₅   אֱנוֹשׁ כֶּחָצִיר יָמָיו
Ein Mensch: wie Gras sind seine Tage[31]

Dieser Feststellung wird nach einer an Jes 40₆₋₈ anklingenden Ausführung
Jahwe gegenübergestellt:

Ps 103₁₉   יְהוָה בַּשָּׁמַיִם הֵכִין כִּסְאוֹ
Jahwe: im Himmel hat er seinen Thron aufgerichtet,
וּמַלְכוּתוֹ בַּכֹּל מָשָׁלָה:
und sein Königtum: über alles herrscht es

Hier begegnet wiederum das Motiv aus Ps 114, und nichts deutet darauf hin,
daß ein Geschehen oder Vorgang berichtet werden soll. Vielmehr liegt auch

---

[28] Zur Methode und Begründung MICHEL: *ZAH* 7 (1994) 219ff.

[29] Ich wähle diese Bezeichnung mit Bezifferung, um die Möglichkeit mehrerer "Übersub-
jekte" zu einem gemeinsamen subSatz offen zu halten und zwecks besserer Unterscheidung von subMubtada.

[30] Siglen und Zeichen: M = Mubtada; Ch = Chabar; Prp = Präposition; S = Substantiv; ∞
= M_1-Wiederaufnahme; sf = Suffix; AK = Afformativkonjugation; PK = Präformativ-
konjugation; O = Objekt; dp = Dependenz besonders bei Präpositionen; der subSatz
steht in { }.

[31] Vgl. auch Ps 104₁₇ חֲסִידָה בְּרוֹשִׁים בֵּיתָהּ; Hi 21₄ הָאָנֹכִי לְאָדָם שִׂיחִי שִׂיחִי. Dabei scheint
die Frage nach der Determination des subChabar irrelevant zu sein, und M_1 scheint –
mindestens in gebundener Sprache – nicht notwendig determiniert sein zu müssen.

hier eine Prädikation Jahwes bzw. seines Königtums vor.[32] Aber wir haben es im subSatz mit einer AK, also offensichtlich einem Verbalsatz zu tun, der offenkundig dennoch keine wesentlich andere Funktion erfüllt als der nominale subSatz in Ps 114.[33]

Aufbau:

Typ B (verbal)	M – {Prp.S – AK∞ – O$_{(S.∞sf)}$}

Anstelle des nominalen subChabar von Ps 114 steht hier als einziger Unterschied die als subChabar dienende AK-Verbform הֵכִין, die ihrerseits schon die Wiederaufnahme des Mubtada als handelndes Subjekt in sich trägt. Dennoch ist dieses nochmals im Objekt als Suffix vertreten.[34] Der parallele Versteil freilich ergibt ein anderes Bild. Zu dem einfacher gebauten Satz וּמַלְכוּתוֹ בַּכֹּל מָשָׁלָה, also dem Aufbau

$$\text{S.sf} - \{\text{Prp.dp} - \text{AK}\}$$

finden sich reichlich Parallelen, die sämtlich als prädizierend-beschreibend einzustufen sind, aber doch feinere Unterschiede aufweisen:

a) S.sf ist Subjekt eines intransitiven Verbs im subSatz, ohne Wiederaufnahme, z.B.:

Ps 124$_7$ נַפְשֵׁנוּ כְּצִפּוֹר נִמְלְטָה

b) S.sf ist Subjekt eines passiven Verbs im subSatz, ohne Wiederaufnahme:

Thr 5$_{10}$ עוֹרֵנוּ כְּתַנּוּר נִכְמָרוּ

c) S.sf ist Objekt eines transitiven Verbs im subSatz, ohne Wiederaufnahme:

Jes 44$_{17}$ וּשְׁאֵרִיתוֹ לְאֵל עָשָׂה [35]
Thr 5$_{4a}$ מֵימֵינוּ בְּכֶסֶף שָׁתִינוּ

d) S.sf ist Objekt eines transitiven Verbs im subSatz, mit Wiederaufnahme:

Am 9$_6$ וַאֲגֻדָּתוֹ עַל־אֶרֶץ יְסָדָהּ

e) S.sf ist Objekt eines transitiven Verbs im subSatz, mit effiziertem Objekt und Wiederaufnahme:

---

32 KRAUS, *Psalmen* [5]1978, 875: "In 19ff. erhebt sich der Hymnus (im Abgesang) zu einer Preisung des im Himmel thronenden Gottes", und deutlicher GUNKEL, *Psalmen*, [5]1968, 443f.: "und nun … schwingt sich das Lied, immer großartiger ansteigend, zu vollem Jubelton empor und 19 preist den Herrn des Alls, der von seinem erhabenen Throne aus die Welt überschaut und regiert: ein echter Hymnen-Gedanke".

33 Daß die Funktionen von PK und AK auch im subSatz des ZNS differenzierbar sein müßten, ist zu erwarten, spielt hier jedoch zur Darstellung der Grobstrukturen zunächst keine grundsätzliche Rolle.

34 Exakte Parallelen zu dieser reich ausgebauten Form konnte ich nicht finden; aber mit PK im subSatz Hos 9$_{11}$.

35 Jes 44$_{17}$ knüpft mit w^e- in Funktion eines Entsprechungssatzes an den auch als verbalen ZNS verdächtigten 44$_{16}$ an. Daß der ganze Abschnitt Jes 44$_{9-17}$, möglicherweise noch weiter, beschreibend, nicht berichtend ist, zeigt die Einleitung v. 9 ebenso wie die Frage v. 10, die eine Beschreibung als Antwort verlangt.

Ez 7$_{20}$ וּצְבִי עֶדְיוֹ לְגָאוֹן שָׂמָהוּ וְצַלְמֵי תוֹעֲבֹתָם שִׁקּוּצֵיהֶם עָשׂוּ בוֹ

Daß anstelle des Substantivs mit Suffix auch ein anderes determiniertes Mubtada treten kann, ist dabei zu erwarten und kann mit zahlreichen Beispielen belegt werden.[36] Auffallend aber ist bei den oben angeführten Beispielen, daß das Mubtada sowohl Subjekt als auch Objekt sein kann, daß der subSatz sowohl ein transitives als auch ein intransitives Verb enthalten kann, daß M$_1$-Wiederaufnahme offenbar nicht zwingend ist, und daß sie sämtlich AK in Endstellung aufweisen. Daraus ergibt sich eine Reihe von Fragen, von denen hier nur einige angeschnitten werden sollen:

1. Gibt es ZNS mit PK im subSatz?

Sätze nach dem Muster

S.sf – {Prp.dp – PK}

und Varianten davon lassen sich durchaus anführen.[37] Ob diese freilich stets auch zusammengesetzte *Nominal*sätze sind oder ob die Voranstellung des Subjekts/Mubtada gegebenenfalls auch durch andere Faktoren veranlaßt ist, kann vorläufig nicht mit Sicherheit gesagt werden, da viele Stellen Willenserklärungen, Absichtsbekundungen, Wünsche, Anweisungen oder aber Prohibitive enthalten.[38] Die *grundsätzliche* Analyse bezüglich ihres Nominalsatzcharakters muß also vorläufig offen bleiben.

2. Ist die Funktion des Mubtada als Subjekt bzw. Objekt beliebig oder unterliegt sie bestimmten Bedingungen?

In Analogie zu den obigen Beispielen kann Thr 5$_{4b}$ angeführt werden:

Thr 5$_4$ מֵימֵינוּ בְּכֶסֶף שָׁתִינוּ   עֵצֵינוּ בִּמְחִיר יָבֹאוּ
Unser Wasser: gegen Geld trinken wir es
unser Hölzer: gegen Lohn kommen sie ein[39]

Hier stehen sich im Parallelismus ein subSatz mit PK und M$_1$ = Subjekt und ein subSatz mit AK und M$_1$ = Objekt gegenüber. Die Frage, ob M$_1$ auf die

---

[36] Personalpronomen bei transitivem Verb im subSatz ohne Wiederaufnahme Jer 6$_6$, bei intransitivem Verb im subSatz mit Wiederaufnahme Gen 37$_{30}$; determinierte Constructusverbindung bei transitivem Verb im subSatz ohne Wiederaufnahme Jes 5$_{28}$ u.a.

[37] Genaue Analogien: Amos 7$_{17}$

אִשְׁתְּךָ בָּעִיר תִּזְנֶה וּבָנֶיךָ וּבְנֹתֶיךָ בַּחֶרֶב יִפֹּלוּ
וְאַדְמָתְךָ בַּחֶבֶל תְּחֻלָּק וְאַתָּה עַל־אֲדָמָה טְמֵאָה תָּמוּת

und Ps 3$_5$: קוֹלִי אֶל־יְהוָה אֶקְרָא; vgl. weiter Num 5$_{10}$ 1 Sam 2$_{30}$ 1 Reg 5$_{19.20}$.

[38] M = Subjekt mit transitivem Verb: 1 Reg 5$_{19}$ Hos 2$_{12}$, häufiger mit intransitivem Verb Am 7$_{17}$ (3x) Dtn 1$_{30}$ 1 Reg 12$_{11}$ (2x) Ez 44$_2$ 1 Reg 5$_{20}$ Am 9$_{13}$ 1 Reg 1$_5$ Ex 34$_3$ 1 Sam 21$_3$ Dtn 9$_3$ Num 5$_9$ Mi 4$_5$ (?) Ez 18$_4$; M = Subjekt von passivem (transit.) Verb Am 7$_{17}$ (2x) Jer 28$_9$ Ex 34$_3$; M = Objekt von transitivem Verb Am 9$_{11}$ 1 Sam 2$_{30.33}$ Num 5$_{10}$ Esr 1$_4$ 1 Reg 21$_{24}$ Gen 2$_{17}$ (auch aramäisch z.B. TAD A4.7$_{6.7f}$); M = markiertes Objekt von transitivem Verb Gen 13$_{15}$; M = 'Objekt' von intransitivem (!) Verb Ez 17$_{21}$ 35$_{10}$ 44$_3$ 29$_4$ Num 5$_{10}$ Jes 8$_{13}$; M = anderes Am 7$_{13}$ 2 Sam 16$_9$ Ps 3$_5$ Esth 5$_{7f}$.

[39] Zum Kontrast vgl. Thr 1$_{11}$, wo der gleiche Gedanke im VS mit Verb in Erststellung vorliegt: נָתְנוּ מַחֲמוֹדֵּיהֶם בְּאֹכֶל לְהָשִׁיב נָפֶשׁ.

Funktion des Subjekt beschränkt bleiben muß, muß also verneint werden.
Auch andere Funktionen können diese Position einnehmen. Weiter noch:
Die beiden Sätze dürften als im Parallelismus stehend auch in Bezug auf
ihre satzsemantische Leistung in der Sprachkompetenz gleichwertig gelten.
Damit geraten auch die Kategorien Nominativ und Akkusativ in die Krise.[40]
Exakt genauso gebaute Beispiele wie Thr 5₄ sind, entweder nur mit M₁
= Objekt

Ez 12₁₉   וּמֵימֵיהֶם בְּשִׁמָּמוֹן יִשְׁתּוּ   לַחְמָם בִּדְאָגָה יֹאכֵלוּ
Ihr Brot: sie essen mit Furcht, und ihr Wasser: sie trinken mit Schauder

oder nur mit M₁ = Subjekt

Mi 3₁₁   וְכֹהֲנֶיהָ בִּמְחִיר יוֹרוּ   רָאשֶׁיהָ בְּשֹׁחַד יִשְׁפֹּטוּ
            וְעַל־יְהוָה יִשָּׁעֵנוּ   וּנְבִיאֶיהָ בְּכֶסֶף יִקְסֹמוּ
Ihre Häupter: sie richten für Bestechung, und ihre Priester: sie lehren um
  Lohn,
und ihre Propheten: sie wahrsagen für Geld, aber auf Jahwe: sie stützen
  sich

Freilich enthalten sie nur PK im subSatz, aber Belege mit AK im subSatz
lassen sich neben Thr 5₄ ebenfalls anführen, mit M₁ = Objekt

Lach 4₆₋₈   וסמכיהו לקחה שמעיהו ויעלהו העירה
         ועבדך אינ[נ]י שלח שמה את הע[ד היום]
Und Sᵉmakyahu: Sᵉma'yahu hat ihn genommen,
    und er brachte ihn in die Stadt hinauf,
  und dein Knecht: ich kann den Zeu[gen heute] nicht dorthin schicken,

wobei hier parallel ein nominaler subSatz mit Ptz und M₁ = Subjekt steht,
beide Sätze aber haben M₁-Wiederaufnahmen durch Suffix,[41] auf beiden
Seiten handelt es sich wiederum um transitive Verben.[42]
Für M₁ = Subjekt und AK im subSatz ist hier wiederum auf Ps 103₁₉ zu
verweisen, weitere Beispiele:

Jes 41₂₀   לְמַעַן יִרְאוּ וְיֵדְעוּ וְיָשִׂימוּ וְיַשְׂכִּילוּ יַחְדָּו
         כִּי יַד־יְהוָה עָשְׂתָה זֹּאת   וּקְדוֹשׁ יִשְׂרָאֵל בְּרָאָהּ
damit sie begreifen ..., daß

---

[40] Die Bezeichnung des ZNS als "nominative absolute" ist daher mindestens mißverständ-
lich, wenn nicht gar irreführend, z.B. WALTKE / O'CONNOR 1990, 77f. Es muß zwar
eingeräumt werden, daß auch WALTKE / O'CONNOR 76 ausdrücklich darauf hinweisen,
daß "the absolute may refer to the direct object of the clause or the object of a prepositional phrase in the clause" (wobei die angeführten Beispiele nicht unproblematisch
sind), aber "nominative" suggeriert eine syntaktische Casusbindung, die hier offenbar
nicht (mehr?) gegeben ist, und der Begriff 'zusammengesetzter Nominalsatz' kommt,
soweit ich sehe, bei WALTKE / O'CONNOR nicht vor!

[41] Die Analyse so auch bei Johannes RENZ, *Handbuch der althebräischen Epigraphik* I,
Darmstadt 1995, 420.

[42] Weiteres, stark aufgefülltes Beispiel Esr 1₃₋₄; mit Imperativ im ersten Satz Ps 102₂.
Beispiele, in denen ein normaler Verbalsatz mit Verb in Erststellung von einem solchen
ZNS mit M₁ = Objekt gefolgt wird, finden sich in 1 Reg 5₇₋₈.

die Hand Jahwes: sie tut dies   und der Heilige Israels: er hat es geschaffen

Ex 3₂   וַיַּרְא וְהִנֵּה הַסְּנֶה בֹּעֵר בָּאֵשׁ וְהַסְּנֶה אֵינֶנּוּ אֻכָּל

Da sah er, und da:

[einerseits] der Busch: brennend im Feuer,   und

[andererseits] der Busch: nicht wurde er aufgezehrt.[43]

Sowohl transitive (אכל, ברא, עשׂה) wie intransitive (בער) Verben in AK können also im ZNS Subjekt-Mubtada haben – dabei ist der Fall Ex 3₂ deshalb interessant, weil hier auch ein transitives Verb im Passiv[44] parallel zu einem intransitiven aktiven Verb steht.[45]

Daß das voranstehende nominale Mubtada bzw. sein Substitut vom Verb im subSatz prinzipiell funktional unabhängig ist, wird schließlich erwiesen durch ZNS mit verbalem subSatz, in denen es keine von beiden Funktionen erfüllt

Am 7₁₃   וּבֵית־אֵל לֹא־תוֹסִיף עוֹד לְהִנָּבֵא

כִּי מִקְדַּשׁ־מֶלֶךְ הוּא וּבֵית מַמְלָכָה הוּא

Und Bet-El[46]: *nicht sollst du weiterhin weissagen,*

denn königliches Heiligtum ist es, und herrschaftliches Haus ist es[47]

---

43   Weitere Beispiele Gen 37₃₀ Jdc 1₂₉.₃₀.₃₁.₃₃. Auch im Ostrakon von Meṣad Ḥašavjahu AHI 7.001₃:

עבדך קצר היה / עבדך בחצר אסם / ויקצר עבדך

Dein Knecht: er ist Erntearbeiter / dein Knecht: in das Gehöft speichert er auf / da erntete dein Knecht ...

Die Übersetzung des ersten Halbsatzes als ZNS nach CONRAD in *TUAT*; der zweite Halbsatz wird üblicherweise als Temporalsatz mit der Ortsangabe "in Ḥaṣar ʾĀsām" gedeutet (RENZ I, 324). אסם חצר ist als Ortslage unbekannt und muß auch nicht so gelesen werden. Vielmehr folgt nach dem ersten Satz עבדך קצר היה ein zweiter, genauso gebauter ZNS עבדך בחצר אסם, dabei ist אסם Perfekt (oder Partizip) des hebräisch sonst nicht (aber hier Zeile 5 und 6/7) belegten Verbs *einlagern, speichern*. Die beiden ZNS sind im Sinne einer Entsprechungssatzkonstruktion (MICHEL, *TuS*, 1960, 185f.) zu verstehen, mit welcher der Verfasser sein Tätigkeitsfeld umreißt. Mit dem Narrativ ויקצר setzt dann die eigentliche Schilderung des Vorfalls ein.

44   אֻכָּל ist nach allgemeiner Auffassung rudimentäre PK Qal passiv.

45   Weitere Beispiele: Am 7₁₇ Jes 5₂₈ Ez 1₂₀ Jer 28₉ 1 Sam 1₁₃ Jes 64 Ex 34₃, aramäisch: TAD A4.7₁₆f.

46   Nach BROCKELMANN, VG 265 handelt es sich bei וּבֵית־אֵל um "haplologische Silbenellipse" für וּבְבֵית־אֵל, eine, wenn man den Bau solcher Sätze durchschaut, völlig unnötige Annahme, vgl. וַיֵּלֶךְ רְחַבְעָם שְׁכֶם כִּי שְׁכֶם בָּא כָל־יִשְׂרָאֵל לְהַמְלִיךְ אֹתוֹ (1 Reg 12₁), Qoh 3₁₆.

47   Weitere Beispiele Qoh 3₁₄ 1 Chr 23₂₆ Ez 16₄ Ctc 8₁₃ 1 Reg 12₁ Ps 3₅ Jer 44₁₆ Jes 41₂₄ (evtl. asyndetischer Relativsatz? – aber s. SCHLESINGER, der ZNS und Relativsatz anscheinend in große Nähe zueinander stellt), aufwendiger Esth 57f, aramäisch z.B. TAD B2.3₅, etwas komplizierter TAD B.7.2₈₋₉

כהסן בביתך לא עלת ולאנתתא זילך לא

כתשת ונכסן מן ביתך כהסן לא לקחת

Gewaltsam in dein Haus: nicht ich bin hineingegangen, und deine Frau: nicht ich habe geschlagen, und Güter aus deinem Haus gewaltsam: nicht ich habe sie genommen,

Die Reihe der Beispiele und Fragen ließe sich fortführen. Als Gemeinsamkeit läßt sich feststellen, daß sie letztlich keine Vorgangsschilderung ausdrücken oder etwas berichten, sondern beschreibend-prädikative Funktion haben. Die Belege im Parallelismus membrorum machen dabei deutlich, wie verschiedene Strukturen von ZNS, sieht man sie nur unter der Voraussetzung eines vorangestellten Mubtada mit variabler Funktion dem Verb gegenüber an, offenbar als gleichwertig betrachtet wurden.

Eine entscheidende Frage scheint mir dabei zu sein, ob mit der meist vorgenommenen Beschreibung des ZNS als solche Konstruktionen, bei denen das Subjekt voransteht, nicht mit "Subjekt" eine höchst problematische Kategorie verwendet wird. Allem Anschein nach spielt doch die Funktion des sogenannten 'Pendens' als Agens bzw. Patiens in solchen Satztypen keine entscheidende Rolle mehr und tritt hinter eine andere Funktion zurück, die mit dem von MICHEL für den hebräischen Nominalsatz eingeführten Begriff Mubtada einheitlich und besser abgedeckt ist: Hier stehen Agens oder Patiens, Subjekt oder Objekt, einheitlich als die Insbildsetzung voran, der ein Verbalsatz als Prädikat, besser *Chabar*, nachgestellt ist. Nicht nur sind (in Anlehnung an Bruno SNELL) die Sätze "im Busch sitzt ein Hase" und "der Hase sitzt im Busch" ein schönes Beispiel für wechselndes Thema bei gleichbleibendem (grammatischen) Subjekt,[48] entsprechendes gilt doch auch für Beispiele mit Akkusativ, etwa "der Hase frißt (den) Salat" bzw. "(den) Salat frißt der Hase", wo der vorangestellt Akkusativ "Salat" die Funktion der Insbildsetzung hat. Im Hebräischen dürften folglich Sätze mit vorangestelltem Akkusativ und folgendem (NS oder) VS genauso zu behandeln sein wie solche mit vorangestelltem Subjekt und folgendem (NS oder) VS – eben stets als *Nominalsätze*.[49]

Wenn freilich, wie Diethelm MICHEL gezeigt hat, die unmarkierte Regelstellung im Nominalsatz Ch – M ist, muß erklärt werden, warum im ZNS das Mubtada voransteht. MICHEL hat nachgewiesen, daß der einfache Nominalsatz diese Satzteilfolge immer dann aufweist, wenn er abhängig ist –

---

wo eine präpositionale Umstandsbestimmung und zwei Akkusative in drei ansonsten gleichgebauten Sätzen einer Rede hintereinander als 'Pendens' stehen. Ein Problem mit dem ersten Satz könnte sich ergeben, wenn sich herausstellen sollte, daß M_1 nur ein determinierbarer Satzteil sein kann – für diesen Fall wäre *ka=ḥúsn ba=bajtấkā* als eigener substantivierter Nominalsatz zu verstehen, etwa *etwas wie Gewalt ist in deinem Haus: ich bin nicht hineingegangen ...*

[48] Bruno SNELL, *Der Aufbau der Sprache*, Hamburg 1952, 70.

[49] Inwieweit dabei Kategorien von (gespaltener) Ergativität im Hintergrund eine Rolle spielen, würde den Rahmen dieser Überlegungen sprengen und soll hier nur erwähnt werden.

etwa als Chalsatz oder als Temporalsatz –, wenn er auf längst bekannte Tatsachen oder selbstverständliche Voraussetzungen rekurriert, oder wenn er in einer Entsprechungssatzverbindung[50] steht.

Auch dies läßt sich an Zusammengesetzten Nominalsätzen in gleicher Weise zeigen:

a) ZNS als Entsprechungssatz

Hierzu sind schon etliche Beispiele vorgeführt worden – sowohl bei Ex 32 Jes 4120 Jer 531 als auch bei den eingangs angeführtem Ps 114 und bei Ps 10315+19 handelt es sich um Entsprechungssatzkontruktionen.[51]

b) ZNS als Chalsatz (Umstandssatz)

In 2 Sam 212 wendet sich David an die Gibeoniten mit dem Angebot von Wiedergutmachungsleistungen für das ihnen von Saul angetane Unrecht. Damit der geneigte Leser aber nun auch weiß, auf welche spezielle völkerrechtliche Situation David hier reagiert, wird nach der Redeeinleitung die einschlägige Vorgeschichte von Jos 9 her zunächst in kurzen, fast stichwortartigen Sätzen als Hintergrundinformation rekapituliert, um dann in v. 3 nach einer Wiederaufnahme der Redeinleitung nun endlich David wirklich zu Wort kommen zu lassen:

2 Sam 212-3   וַיִּקְרָא הַמֶּלֶךְ לַגִּבְעֹנִים וַיֹּאמֶר אֲלֵיהֶם

וְהַגִּבְעֹנִים לֹא מִבְּנֵי יִשְׂרָאֵל הֵמָּה   כִּי אִם־מִיֶּתֶר הָאֱמֹרִי

וּבְנֵי יִשְׂרָאֵל נִשְׁבְּעוּ לָהֶם   וַיְבַקֵּשׁ שָׁאוּל לְהַכֹּתָם בְּקַנֹּאתוֹ לִבְנֵי־יִשְׂרָאֵל וִיהוּדָה:

וַיֹּאמֶר דָּוִד אֶל־הַגִּבְעֹנִים מָה אֶעֱשֶׂה לָכֶם

Da rief David die Gibeoniten und sprach zu ihnen

    — die Gibeoniten aber: sie waren ja gar nicht von den Israeliten, sondern
          vom Rest der Amuriter

    — und die Israeliten: sie hatten ihnen geschworen,
       und dann hatte Saul getrachtet sie zu schlagen bei seinem Eifern für
          Israel und Juda —

   David also sprach zu den Gibeoniten: "Was kann ich für euch tun?"

Hier ist deutlich, wie וְהַגִּבְעֹנִים לֹא מִבְּנֵי יִשְׂרָאֵל הֵמָּה, ein 'klassisch' aufgebauter ZNS, als Chalsatz parallel zu einem verbalen Umstandssatz mit voranstehendem Subjekt und AK steht, der ebenso formal als ZNS geführt werden kann, umsomehr, als zwischen וַיִּקְרָא הַמֶּלֶךְ und וַיֹּאמֶר דָּוִד die Zeit gewissermaßen stillsteht und kein Handlungsfortschritt zu verzeichnen ist.

Ein Beispiel für parallele verbale ZNS als Chalsätze bei gleichzeitig wechselnder Funktion des M1 als Subjekt bzw. Objekt ist

---

50 Vgl. vorläufig MICHEL, *TuS* 185f.

51 Weitere Beispiele: 1 Reg 1210.11 2124 Jes 528 2 Sam 1223 Qoh 316 Jer 513 Am 717 Mi 45 Jdc 129.30.31.33 und AHI 7.0013 (s. Anm. 43). Genau beobachtend hat Franz SEDLMEIER, Zusammengesetzte Nominalsätze und ihre Leistung für Psalm CII: *VT* 45 (1995) 239-250, die prädizierende Leistung solcher Sätze herausgestrichen, ohne dabei den Terminus des Entsprechungssatzes selbst zu erwähnen.

וְעַתָּה צַוֵּה וְיִכְרְתוּ־לִי אֲרָזִים מִן־הַלְּבָנוֹן 1 Reg 5₂₀

וַעֲבָדַי יִהְיוּ עִם־עֲבָדֶיךָ

וּשְׂכַר עֲבָדֶיךָ אֶתֵּן לְךָ   כְּכֹל אֲשֶׁר תֹּאמֵר

כִּי אַתָּה יָדַעְתָּ ...

Und nun befiehl doch, daß man mir Zedern vom Libanon haut
— wobei gilt: meine Leute: sie werden mit deinen Leuten sein
— und: der Lohn deiner Leute: ich werde ihn dir geben –
denn du weißt ja ...

Auch hier ist die Zeit aufgehoben und ein Handlungs- oder Geschehensfortschritt in den Verbformen inhaltlich ausgeschlossen, da es sich erst um den Vorschlag einer Vereinbarung mit Hiram von Tyrus handelt, dessen Annahme selbst überhaupt erst die Handlung freisetzen könnte.[52]

Der in vorstehenden Überlegungen verhandelte Satztyp des klassischen Hebräisch steht also mindestens unter dem dringenden Verdacht, im wesentlichen die hypotaktische Funktion von verschiedenen Unterordnungen zu vertreten, die typisch für Nominalsätze sind, und trägt daher mit Recht den Namen *zusammengesetzter Nominalsatz.*

---

[52] Weitere Beispiele Jdc 1₂₁ff Jes 6₄ 1 Reg 5₈ 1 Reg 1₄ Jer 41₄ 1 Sam 2₃₃ und öfter – auch wieder aramäisch TAD B2.3₁₅.₂₂. Ähnlich aufwendig im Aufbau wie 1 Reg 5₂₀ auch Esth 8₈:

יֶשְׁנוֹ עַם־אֶחָד מְפֻזָּר וּמְפֹרָד בֵּין הָעַמִּים בְּכֹל מְדִינוֹת מַלְכוּתֶךָ
וְדָתֵיהֶם שֹׁנוֹת מִכָּל־עָם
וְאֶת־דָּתֵי הַמֶּלֶךְ אֵינָם עֹשִׂים

Es gibt ein Volk, zerstreut und verbreitet unter den Völkern
*   in allen Bezirken deines Reiches*
wobei ihre Gesetze unterschieden von jedem Volk sind,
dementsprechend die Gesetze des Königs: sie tun (sie) nicht.

Gespaltene Koordination in biblisch-hebräischen Verbalsätzen. Am Beispiel von Ex 34,27/ Ps 11,5/ Neh 10,36-37[1]

von Andreas Michel, Tübingen

Wahrscheinlich bedarf der Titel dieses Beitrags selbst bei Kennern der biblisch-hebräischen Syntax der Erläuterung, und zwar vor allem im Hinblick auf dessen ersten Teil. *Gespaltene Koordinationen* liegen dort vor, wo die Abfolge mehrerer normalerweise koordiniert gereihter Satzglieder durch die Einschaltung mindestens eines dazwischentretenden andersartigen Satzteils unterbrochen wird. Für derartige Phänomene hat sich in der Linguistik die Bezeichnung "split coordination"[2] bzw. "gespaltene Koordination"[3] eingebürgert. Unter Rekurs auf frühere Arbeiten werden entsprechende Fälle jetzt in der dritten Auflage von Eisenbergs "Grundriß der deutschen Grammatik" von 1994 in der Rubrik "Abspaltung" geführt[4], während andere Autoren nach wie vor den auch vom DUDEN gebrauchten Begriff der "Ausklammerung" bevorzugen.[5] Im Rahmen der gegenwärtig nicht mehr ganz so intensiv geführten linguistischen Koordinationsdebatte handelt es sich bei den gespaltenen Koordinationen zwar eher um kuriose Randerscheinungen. Gleichwohl wird die Grammatizität bzw. Akzeptabilität der entsprechenden Fälle generell nicht bestritten, freilich werden Funktionen, die mit derartigen Spaltungen einhergehen könnten, auch nicht angegeben.

---

[1] Dieser Beitrag basiert auf meiner 1996 an der Katholisch-Theologischen Fakultät der Universität Tübingen eingereichten Dissertation mit dem Titel: "Theologie aus der Peripherie. Die gespaltene Koordination im Biblischen Hebräisch von Gen 2,9 bis 2Chr 36,22".

[2] So z.B. R.A. Hudson, Conjunction Reduction, Gapping, and Right-Node Raising, Language 52 (1976), 535-562, hier 544-545.

[3] So z.B. D. Wunderlich, Some Problems of Coordination in German, in: U. Reyle - C. Rohrer, C. (eds.), Natural Language Parsing and Linguistic Theories, Studies in Linguistics and Philosophy 35, 1988, 289-316, hier 293.

[4] Vgl. P. Eisenberg, Grundriß der deutschen Grammatik, ³1994, 469; sein Beispiel: "Der Karl hat *dem Paul* ein Auto gekauft *und dem Fritz*". "Abgespalten" können auch Appositionen sein. Diese sind aber durch die genannte Einschränkung auf Fälle von *Koordination* ausdrücklich ausgenommen. Über die Art und Weise ihres Funktionierens wird hier keine Aussage getroffen.

[5] So z.B. H. Weinrich, Textgrammatik der deutschen Sprache, 1993, 802. Doch vgl. dagegen schon die Argumentation von H. Altmann, Formen der "Herausstellung" im Deutschen. Rechtsversetzung, Linksversetzung, Freies Thema und verwandte Konstruktionen, Linguistische Arbeiten 106, 1981, 69.

In diesem Sinne ist die allgemeine linguistische Debatte immerhin schon einen Schritt weiter als die hebraistische bzw. alttestamentliche Forschung. Bei letzterer ging es bisher in erster Linie immer noch um die Affirmation der Grammatizität bzw. Akzeptabilität derartiger Erscheinungen, gegen den massiven Einspruch all jener, die an solchen Stellen vornehmlich literarkritische Bruchstellen ausmachen wollten.[6] Die oft viel zu selbstverständliche Annahme, daß gespaltene Koordinationen eher Aufschluß über den nicht ganz gelungenen Textwachstumsprozeß geben, ist daher auch einer der beiden wesentlichen Gründe, warum die Frage nach den Funktionsweisen derartiger Spaltungen in biblisch-hebräischen Sätzen und Texten bislang praktisch nicht gestellt, jedenfalls nicht systematisch bearbeitet worden ist.[7] Die andere Ursache liegt in dem bislang fast völligen Fehlen des Referenzrahmens begründet: Regeln zur Satzteilfolge im hebräischen Satz im allgemeinen lagen bis vor kurzem nicht vor. Erst die 1996 erschienene Abhandlung von Groß hat hier, wenigstens für den Verbalsatz in hebräischer Prosa, grundlegende Abhilfe geschaffen.[8] Aufbauend auf den Ergebnissen von Groß lassen sich für die Behandlung der gespaltenen Koordinationen folgende Basisregeln voraussetzen:

Erstens: Für die Beurteilung der Funktion einer Satzteilfolge ist es von grundsätzlicher Bedeutung, ob der betreffende Satzteil vor oder nach dem finiten Verb steht, also im sog. Vorfeld oder im sog. Hauptfeld.[9] Wenn ein Satzteil sowohl im Vorfeld als auch im Hauptfeld realisiert sein kann, geht die konkrete Wahl der Stellung durchgehend mit funktionalen Differenzen einher. Im bewährten Rahmen eines Fokus-Hintergrund-Modells lassen sich diese für gewöhnlich mit unterschiedlicher Informationsgewichtung im Hin-

---

[6]   Die erste große, aber eben ganz undifferenzierte Sammlung von Belegstellen gespaltener Koordination stammt entsprechend von Driver in einer Replik auf die von Budde behauptete literarkritische Uneinheitlichkeit von Gen 2,9; vgl. dazu K. Budde, Die Biblische Urgeschichte (Gen 1-12,5), 1883, 51-52 und S.R. Driver, Grammatical Notes 1. On Genesis II., 9b, Hebraica II (1885-1886) 33. Auch A. Bloch, Vers und Sprache im Altarabischen. Metrische und syntaktische Untersuchungen, Acta Tropica Supplementum 5, 1946, 114-125 gibt keine Funktionen für die von ihm so genannte "Sperrung koordinierter Ausdrücke" an.

[7]   Das schließt nicht aus, daß einige Fälle gespaltener Koordination durchaus etwas mit Textwachstumsprozessen zu tun haben. So etwa kann ich mir mit P. Weimar Gen 12, 17 nur so erklären, daß ברם אבשת שרי דבר על ביתו ואת: "und sein Haus wegen Sarai, der Frau Abrams" komplett aus Gen 20,18 eingesetzt worden ist, vgl. P. Weimar, Untersuchungen zur Redaktionsgeschichte des Pentateuch, BZAW 146, 1977, 11, auch gegen den Widerspruch von I. Fischer, Die Erzeltern Israels. Feministisch-theologische Studien zu Genesis 12-36, BZAW 222, 1994, 122.131.

[8]   W. Groß, Die Satzteilfolge im Verbalsatz alttestamentlicher Prosa. Untersucht an den Büchern Dtn, Ri und 2Kön, FAT 17, 1996.

[9]   Vgl. dazu ausführlich Groß, FAT 17, 43-48; vgl. dazu schon W.Groß, Zur syntaktischen Struktur des Vorfeldes im hebräischen Verbalsatz, ZAH 7 (1994), 203-214.

blick auf denjenigen Satzteil erklären, dessen Stellung zur Diskussion steht.[10] Der grundlegende Parameter Fokus bei der Modellierung des Satzbaus erweist sich bei koordinierten Satzteilen, die zwischen Vorfeld und Hauptfeld gespalten sind, als besonders einschlägig.

Zweitens: Bei Spaltungen innerhalb des Hauptfeldes, also nach dem finiten Verb, ist zu fragen, welche kontinuierlichen Alternativen denn bestanden haben könnten und mit welchen Funktionen diese belegt sind. Spaltungen im Hauptfeld vollziehen sich in der Konkurrenz der verschiedenen Satzglieder, insbesondere zwischen dem Subjekt, dem direkten Objekt (oft mit את), dem indirekten Objekt (mit Präposition ל), den übrigen Präpositionalobjekten inklusive der Lokative und Dislokative und schließlich den Circumstanten bzw. Angaben.[11]

Drittens: Für die Stellung von Ergänzungen und Angaben im Satz ist - in unserem Zusammenhang - zum einen von grundlegender Bedeutung, ob diese pronominal oder nicht-pronominal, also lexematisch, realisiert sind. Pronominalisierte Satzteile "tendieren im Hauptfeld zu möglichster Nähe zur Konstituente Verb"[12], wobei sich aber die Satzteile mit den alten, ursprünglichen Präpositionen אל, את, ב, ל, על und עם entschieden deutlicher dieser Tendenz beugen als etwa Satzteile mit Sekundärpräpositionen wie לקראת oder מפני.[13] Die andere wichtige Regel für die Beurteilung der gespaltenen Koordinationen besteht in der sog. Längeregel bzw. deren Unterregel: "Mehrfach realisierte Satzteile in Kontaktstellung tendieren im Hauptfeld zur Endposition im Satz".[14] Da es sich bei den hier interessierenden gespalten realisierten Satzteilen ipso facto um "mehrfach realisierte Satzteile" handelt, ist diese Regel für die Bewertung und Abschätzung möglicher alternativer Satzteilfolgen auf jeden Fall grundlegend.

Die generellen Satzteilfolgeregeln können hier nur holzschnittartig skizziert werden. Gleichwohl lassen sich von ihnen aus einige Hauptfunktionen gespaltener Koordinationen skizzieren, von denen im Folgenden drei vor-

---

10 Zur Modellvorstellung der Fokus-Hintergrund-Gliederung vgl. grundlegend J. Jacobs, Fokus-Hintergrund-Gliederung und Grammatik, in: H. Altmann (Hrsg.), Intonationsforschungen, Linguistische Arbeiten 200, 1988, 89-134.

11 Groß, FAT 17, 295 formuliert dementsprechend eine "Rangfolge der Sy [valenzgebundene Satzteile] nach ihrer Nähe zum Verbum finitum als Satzkern", die der hier angegebenen graphischen Reihenfolge entspricht.

12 Groß, FAT 17, 261. Die andere Seite dieser starken Fixierung der pronominalisierten Satzteile (ungleich des Subjektes) auf die Position *unmittelbar nach* dem finiten Verb bildet die Beobachtung, daß Pronomina, die *vor* dem Verb im Vorfeld stehen, als besonders stark hervorgehoben bzw. fokussiert wahrgenommen werden, jedenfalls generell stärker als lexematische Realisierungen.

13 Zum Einzelnen vgl. Groß, FAT 17, 261-264.

14 Groß, FAT 17, 276, differenzierter ebd. 276-280.

gestellt werden, zunächst generell, dann diskutiert an einem prägnanten Beispiel. Dabei fallen einige Schlaglichter auf die Art und Weise, in der m.E.
im Hinblick auf das Phänomen Satzteilfolge im Biblischen Hebräisch argumentiert werden muß.

1. Morphosyntaktische Determination

Aus der zuletzt genannten Basisregel läßt sich mit hinreichender Sicherheit
Folgendes ableiten: *Reihungen mit Pronominalisierung im ersten Glied*
werden, wo dies aufgrund vorhandener weiterer, konkurrierender Satzglieder überhaupt möglich ist, gespalten realisiert, wenn sie nach dem finiten
Verb, im Hauptfeld, auftreten. Pronominale Satzglieder stehen im Satz an
anderer Stelle als nicht-pronominale, d.h. lexematisch realisierte Satzglieder. In all diesen Fällen geht daher Spaltung grundsätzlich vor kontinuierlicher Reihung.

Diese Behauptung widerspricht wahrscheinlich der allgemeinen Leseer-
fahrung der meisten Hebräischkundigen. Freilich ist diese Erfahrung vor
allem geprägt von Fällen, in denen aufgrund mangelnder anderer Satzglieder gar keine Alternative zur kontinuierlichen Realisierung besteht. In diesem Sinne lenkt ein häufiger Satztyp wie Ex 13,11c: כַּאֲשֶׁר נִשְׁבַּע לְךָ
וְלַאֲבֹתֶיךָ: "wie er *dir und deinen Vätern* geschworen hat" zwar ganz gehö-
rig unsere Erwartungen im Hinblick auf die generelle Kontinuität in der
Formulierung der genannten Adressaten. Trotzdem ist dieser Satztyp völlig
unbrauchbar z.B. für die Beantwortung der Frage, wo bei einem derartigen
Satz ein eventuell vorhandenes Subjekt zu stehen hätte. Weil unsere Erfah-
rungen mit Texten von einer Großzahl derartiger Sätze geprägt werden,
geht für die Behauptung der Grammatizität die Kontinuitätsforderung un-
geprüft in unser grammatisch-syntaktisches Basiswissen mit ein. Dieses vermeintlich sichere Basiswissen leitet aber tatsächlich fehl. Zu dieser Fehllei-
tung tragen noch weitere Belegtypen bei, z.B. solche Fälle, bei denen zwar
weitere Satzglieder vorhanden sind, die aber aus morphosyntaktischen Gründen oder zum Zweck etwa der Fokussierung eine Zwischenstellung dieses
weiteren Satzgliedes, die zur Spaltung der kontinuierlichen Reihung führen
könnte, nicht erlauben. Ersteres ist z.B. der Fall bei einem Beleg wie Gen
50,21: אָנֹכִי אֲכַלְכֵּל אֶתְכֶם וְאֶת טַפְּכֶם: "ich werde *euch und eure Kinder* ver-
sorgen", wo die Vorfeldstellung, d.h. die Voranstellung des pronominalisierten Subjekts vor das finite Verb des Satzes, praktisch obligatorisch ist.[15]

---

[15] Vgl. dazu W. Groß, Die Position des Subjekts im hebräischen Verbalsatz, untersucht an
den asyndetischen ersten Redesätzen in Gen, Ex 1-19, Jos - 2Kön, ZAH 6 (1993),
170-187, hier 177-179.

Ähnlich verhält es sich etwa bei der Satzendestellung des durch zwei Sätze erweiterten direkten Objekts in Jer 36,31: והבאתי עליהם ועל ישבי ירושלם ואל איש יהודה את כל הרעה אשר דברתי אליהם ולא שמעו: "ich werde *über sie und über die Bewohner Jerusalems und über die Leute von Juda* alles Unheil bringen, das ich ihnen gesagt habe und auf das sie nicht gehört haben".

Fokussierung trifft ganz offensichtlich zu etwa bei Dtn 3,2: אל תירא אתו כי בידך נתתי אתו ואת כל עמו ואת ארצו: "fürchte dich nicht vor ihm, denn in deine Hand gebe ich *ihn und sein ganzes Volk und sein ganzes Land*", wo die Vorfeldstellung von בידך dessen beabsichtigte Hervorhebung anzeigt beziehungsweise bewirkt. Ebenso irrelevant für die Evaluation von Hauptfeldstellungen sind alle jene Reihungen aus Pronomen mit kontinuierlicher lexematischer Fortführung, die komplett vor dem finitem Verb, also im Vorfeld, auftreten, vgl. etwa Gen 26,3: כי לך ולזרעך אתן את כל הארצת האל(ה): "denn *dir und deinen Nachkommen* werde ich alle diese Länder geben".[16] Ebensowenig wird man z.B. Fälle mit der Präposition למען oder der Präposition בין heranziehen dürfen. Wenn nicht alles täuscht, gehört bei בין die Kontinuierlichkeit der Reihung aus semantischen Gründen eigentlich zum Lexikoneintrag. Angaben mit למען tendieren, auch wenn sie pronominalisiert sind, generell nicht zur Verbnäherstellung, sondern nehmen die Stellung ein, die auch den lexematischen Realisierungen zukommt (vgl. die o.g. Präpositionen לקראת und מפני). Dann ist eine Spaltung bei lexematischer Fortsetzung der mit Pronominalisierung eröffneten Reihung auch gar nicht zu erwarten.

Berücksichtigt man die vorgenannten Gründe bei der Sichtung des Materials, dann entfällt ein Großteil des kontinuierlichen Belege für die beabsichtigte Evaluation der Satzteilfolgen. Überraschenderweise stellt sich heraus, daß die gespalten koordinierten Belege bei Verbalsätzen und verbalen Konstruktionen[17] keineswegs mehr die Minderheit der Belege ausmachen, sondern eine vergleichsweise gleich starke Gruppe mit zwei Alternativgruppen:

---

16 Diese kleine Gruppe ist allerdings zum Vergleich mit den Spaltungen zwischen Vor- und Hauptfeld heranzuziehen, also bei Belegen der Art Gen 13,15: כי את כל הארץ אשר אתה ראה לך אתננה ולזרעך עד עולם: "denn das ganze Land, das du siehst, *dir* werde ich es geben *und deinen Nachkommen* auf ewig".

17 Letzteres schließt die Partizipialsätze (z.B. Gen 9,9), die Sätze mit Verbum finitum היה (z.B. 1Sam 12,15) und die Infinitivkonstruktionen (z.B. Gen 17,7) mit ein, für die ich in dieser Hinsicht keine anderen Regeln erkennen kann als für die Gruppe der eigentlichen Verbalsätze.

Einer 30er-Gruppe mit gespaltenen Koordinationen im Hauptfeld[18] steht einerseits eine etwa 30er-Gruppe mit kontinuierlichen Reihungen gegenüber, bei denen das pronominalisierte Glied *nicht* auf das finite Verb folgt,[19] andererseits eine 30er-Gruppe, bei denen die kontinuierlichen Reihungen direkt nach dem finiten Verb stehen, ohne vom nachfolgenden Satzteil aufgespalten zu werden[20]. Eine kleine Gruppe mit gut zehn Belegen, und zwar die der sog. Gleitkonstruktionen, verdient getrennt Beachtung.[21] Ohne daß hier genauer differenziert werden kann[22], zeigen doch die Zahlen vorneweg: Bei den gespaltenen Koordinationen mit Pronominalisierung im ersten Glied, die im Hauptfeld auftreten, kann es sich nicht um Ausnahmefälle oder gar um ungrammatische Konstruktionen handeln. Der Typ Spaltung gehört zu den regulären Formulierungen. Angesichts der vergleichsweise großen Stellungsvariabilitäten ist stattdessen nach den Funktionen zu fragen, nicht nach der Grammatizität. Und wenn schon: Statistisch gesehen sind die Gleitkonstruktionen mit gut zehn Fällen die Ausnahme, trotzdem steht deren Grammatizität nicht im Kreuzfeuer der Kritik, dem sich bislang nur die gespaltenen Koordinationen ausgesetzt sehen.

Wenn dem so ist, erweist sich das gerne gefällte Urteil der Literarkritiker der Art "hinkt nach - ist hinzugefügt" von vornherein als von fehlerhaften Basisannahmen hinsichtlich der Satzteilfolge getragen. An einem gewichtigen Beispiel, nämlich Ex 34,27, soll dieses Fehlurteil nebst einer wei-

---

18 Vgl. Gen 17,7 (Infinitiv mit היה)/ 28,14/ 43,18 (Infinitiv)/ 47,23/ Ex 29,3/ 34,27/ Lev 1,12/ 14,12/ Num 13,23/ 13,26/ Num 20,15/ Dtn 7,14 (היה)/ 26,11/ 28,46 (היה)/ Jos 10,28/ 10,30a/ 10,30b/ 10,32/ 10,33/ 10,37/ 10,41/ 1Sam 18,4/ 2Kön 25,24/ Jer 27,7/ 40,9/ Ez 29,4/ Ijob 35,4/ Neh 9,24/ 13,18/ 2Chr 18,2/ 21,7 (Infinitiv)/ 28,23 (היה)/ 2Chr 32,25 (היה).

19 Vgl. Gen 9,9 (Partizip)/ 43,7/ Ex 8,4.5(Infinitiv).7/ Dtn 28,36/ Jos 13,21/ 1Sam 5,7/ 6,5/ 10,14/ 12,15 (היה)/ 23,12/ 2Sam 18,12/ 24,17 (היה)/ 1Kön 2,31/ 2Kön 4,4.5/ 22,13/ Jes 7,17/ 57,18/ Jer 25,5/ 37,19/ Ez 45,22/ 47,22/ Ijob 42,7/ Est 9,27/ Esr 8,21/ 9,2/ 1Chr 21,17 (היה)/ 2Chr 19,10 (היה)/ 34,21.

20 Vgl. Gen 6,21 (היה)/ 17,8/ 20,9/ 47,19/ Ex 8,17 (Partizip)/ 9,15/ 17,3 (Infinitiv)/ 23,32/ Lev 10,15 (היה)/ 20,5/ Num 4,10/ 18,19/ 25,13 (היה)/ Dtn 5,29/ 11,6/ 12,28/ 13,16/ Jos 22,28/ 24,17 (Partizip)/ Ri 14,15/ 15,6/ 2Sam 14,16 (Infinitiv)/ 17,12/ 2Kön 5,27/ Jer 23,39/ 36,31a/ Ez 29,18 (היה)/ 34,26/ Est 2,9/ 9,25/ 2Chr 22,11/ 36,20 (היה).

21 Zu Gleitkonstruktionen vgl. grundlegend T. Thorion-Vardi, Ultraposition. Die getrennte Apposition in der alttestamentlichen Prosa, Judentum und Umwelt 18, 1987, besonders S.75-83. Zu den Gleitkonstruktionen gehören: Gen 28,4/ 41,10/ Ex 30,21 (היה)/ Lev 14,6/ 22,28/ 25,6 (היה)/ Num 31,6/ Jos 7,15/ 2Kön 11,2/ Jer 50,21/ Ez 29,5/ Ps 115,14/ 2Chr 13,5.

22 Weitere Differenzierungen und Einzelnachweise in meiner Dissertation. Dort lautet die hier nicht zu belegende These etwas vergröbert: Die Spaltung ist wo möglich der Normalfall, die kontinuierlichen Reihungen hingegen gehen mit Sonderfunktionen, besonders mit der Fokussierung einzelner Glieder, einher.

teren unzureichenden syntaktischen Argumentation noch etwas näher beleuchtet werden.

Exkurs: Ex 34,27

כי על פי הדברים האלה כרתי אתך ברית ואת ישׂראל

"denn aufgrund dieser Worte schließe ich *mit dir* einen Bund *und mit Israel*"

Ex 34,10-27, d.h. das von den beiden Bundesschlußversen 10 und 27 gerahmte Privilegrecht, hat trotz aller exegetischen Bemühungen das Geheimnis seiner Entstehung noch nicht preisgegeben.[23] Vor allem ist nicht erkennbar, daß sich im Hinblick auf die Zusammengehörigkeit der bundestheologischen Rahmenverse mit dem privilegrechtlichen Kern wirklich ein Konsens abzeichnen würde. Die von Dohmen geäußerte These einer vorgängigen Zusammengehörigkeit von 34,11-27 gegenüber einem späteren 34,10 bleibt jedenfalls bis auf weiteres nur *eine* mögliche Hypothesenvariante. Selbst wenn man dieser These folgt, ist noch nicht sicher, ob und ggfs. wie Ex 34,11-26 mit V.27 ursprünglich eine Einheit gebildet haben soll. Hält man, wie jüngst etwa Crüsemann, die ganze Historisierung des Privilegrechts mit Mose und Sinai aus guten Gründen für sekundär, dann wird man sich ein ursprünglich selbständiges Rechtskorpus vorstellen müssen, das maximal die VV.11-26 umfaßte[24] - wenn man nicht damit rechnen will, daß doch ein Grundbestand von V.27 zum älteren Text gehört. Vor der genannten Historisierung kann das aber höchstens der Rumpfsatz (כתב) לך את הדברים האלה כי) על פי הדברים האלה כרתי אתך ברית gewesen sein, ohne "Israel", das freilich im angesprochenen freien Bauern, dem "du" des Textes, gemeint gewesen sein müßte. Freilich dürfte die Annahme eines so gearteten Wachstums von V.27 (vor allem hinsichtlich des eingeschobenen Redeeinleitungssatzes (ויאמר יהוה אל משה) sich komplizierter darstellen als die Annahme, daß - insgesamt gegenüber 11-26* sekundär - V.27 in einem Zuge verfaßt worden ist. Wenn aber aus einem Zug formuliert, spricht auch aus Kontextgründen wenig dafür, daß ואת ישׂראל einen sekundären Zusatz darstellen sollte. Genau das aber ist mit Verweis auf die gespaltene Koordination immer wieder behauptet worden, in kruder Weise

---

[23] Vgl. dazu zuletzt Chr. Dohmen, Der Sinaibund als Neuer Bund nach Ex 19-34, in: E. Zenger (Hrsg.), Der Neue Bund im Alten. Studien zur Bundestheologie der beiden Testamente, QD 146, 1993, 51-83. Entscheidendes Referenzwerk zum Privilegrecht bleibt bei allen Vorbehalten nach wie vor J. Halbe, Das Privilegrecht Jahwes Ex 34,10-26. Gestalt und Wesen, Herkunft und Wirken in vordeuteronomischer Zeit, FRLANT 114, 1975.

[24] Vgl. F. Crüsemann, Die Tora. Theologie und Sozialgeschichte des alttestamentlichen Gesetzes, 1992, 154.169-170.229.

nach dem Prinzip "hinkt nach - ist sekundär" schon lange[25] und in aus-
drücklicher syntaktischer Argumentation jetzt bei Hossfeld: "Besonderen
Aufschluß gibt V.27b. Die Angabe am Ende des Verses 'und mit Israel'
klappt nach. Wie die Parallelen Ex 23,32 und Jer 31,31 zeigen, werden im
Fall von zwei Präpositionalobjekten diese beide in die Wendung כרת ברית
hineingenommen."[26]

Es sollte aus dem Vorangehenden deutlich geworden sein, daß so zu argumentieren nicht angeht: Wie in Ex 34,27 werden pronominalisiertes und
lexematisches Präpositionalobjekt durch ein lexematisches direktes Objekt
regelhaft gespalten, wenn keine speziellen Fokussierungsabsichten bestehen.[27] Dabei herrschen grundlegende Differenzen bzgl. der Satzteilfolge
solcher gereihter Präpositionalobjekte und gereihter, rein lexematischer
Präpositionalobjekte, die es zu beachten gilt: Gereiht lexematische Präpositionalobjekte *folgen* auf das direkte Objekt, wenn keine Sonderbedingungen
bestehen. Bei der von Hossfeld argumentativ herangezogenen Stelle Jer 31,
31 gibt es jedoch genau solche Sonderbedingungen: Die Nachstellung des direkten Objekts ברית חדשה nach den beiden Präpositionalobjekten hängt
mit dessen starker Kontrastfokussierung zusammen: Die "neue Berit" steht
bei aller Kontinuität bzgl. der Inhalte in scharfem Gegensatz zum gebro-
chenen Sinaibund: ... לא כברית אשר כרתי את אבותם (V.32).[28] Ähnliche,
wenn auch unmittelbar weniger deutliche Sonderbedingungen herrschen in

---

25 Es findet sich allerdings in den älteren Kommentaren nur vereinzelt, etwa bei B.
Baentsch, Exodus - Leviticus - Numeri, HK I/2, 1903, 285 ("ואת ישראל klappt unan-
gemessen nach und sieht fast wie ein Nachtrag aus"), dann, einflußreich, wieder bei M.
Noth, Das zweite Buch Mose. Exodus, ATD 5, ¹1958, 219: "aber die merkwürdige
nachhinkende Stellung dieser Worte erlaubt es kaum, sie für ursprünglich zu halten";
vgl. zuletzt A. Schenker, Les sacrifices d'alliance, Ex XXIV,3-8, dans leur portée narrative et religieuse: Contribution à l'étude de la berît dans L'Ancien Testament, RB 101
(1994), 481-494, hier 486: "probablement ajoutée".

26 F.-L. Hossfeld, Der Dekalog. Seine späten Fassungen, die originale Komposition und
seine Vorstufen, OBO 45, 1982, 208. Er wird praktisch wörtlich rezipiert von E. Zenger, Das Buch Exodus, Geistliche Schriftlesung 7, ²1982, 306-307 und E. Zenger, Israel am Sinai. Analysen und Interpretationen zu Exodus 17-34, 1982, 146-147, ebenso
in der Art der syntaktischen Argumentation von W. Johnstone, The Decalogue and the
Redaction of the Sinai Pericope in Exodus, ZAW 100 (1988), 361-385, hier 380.

27 Gegen W. Beyerlin, Herkunft und Geschichte der ältesten Sinaitraditionen, 1961, 91
Anm. 5, der meint, אתך sei "betont vorangestellt": Gerade an der Position direkt nach
dem finiten Verb kann das pronominalisierte Präpositionalobjekt nicht fokussiert sein,
vgl. dazu Groß, FAT 17, 294: "Pronominalisierte Satzteile können nur in Fernstellung,
d.h. nur in der Position, die ihnen als lexematischen Satzteilen nach der Grundsatzteil-
folge zukäme, fokussiert sein."

28 Vgl. dazu zuletzt W. Groß, Erneuerter oder Neuer Bund? Wortlaut und Aussageinten-
tion in Jer 31,31-34, in: F. Avemarie - H. Lichtenberger (Hrsg.), Bund und Tora. Zur
theologischen Begriffsgeschichte in alttestamentlicher, frühjüdischer und urchristlicher
Tradition, WUNT 92, 1996, 41-66, hier 50-52.

Ex 23,32, wo wie in Ex 34,27 eine koordinierte Reihung von pronominali-
siertem und lexematischem (hier: indirektem) Objekt vorliegt. Ein nur kurzer Blick in die beiden einschlägigen ברית-Artikel in THAT und ThWAT
zeigt, wie problematisch sich die Reihung in Ex 23,32 allein unter semantischen Gesichtspunkten ausnimmt: So meint Kutsch zu denjenigen Belegen,
unter denen er auch Ex 23,32 aufführt: "Der Inhalt solcher *berīt* als 'Selbst-
verpflichtung' ergibt sich aus dem Kontext: '(andere) am Leben lassen'".[29]
Kaum weniger problematisch formuliert Weinfeld zwei Jahre später: "Die
mit כרת ברית gebrauchten Präpositionen sind ל, עם, את und על. Der Ausdruck mit ל wird von einem Höheren, besonders einem Sieger, gebraucht,
der einem Niedrigeren Bedingungen vorschreibt"[30] und führt als ersten Beleg für diese Gruppe Ex 23,32 auf. Es ist offenkundig, daß beide Deutun-
gen die im AT singuläre *Reihung* von menschlichem *und* göttlichem Objekt
semantisch nicht in den Griff bekommen. Dabei ist die *semantisch unausge-
wogene* Reihung nur die eine Hälfte des Problems. Die andere Hälfte dürfte
darin bestehen, daß man die Reihung auch gar nicht in zwei Sätze der Art:
"Du sollst nicht mit ihnen einen Bund schließen und du sollst nicht mit
ihren Göttern einen Bund schließen" hätte auflösen können, und zwar des-
wegen, weil der zweite Satz für sich semantisch nicht akzeptabel gewesen
sein dürfte: Wenigstens ist in vorchronistischen Texten kein Beleg dafür
aufzutreiben, daß menschliche Subjekte in dem Sinne initiativ werden, daß
sie - damit doch wohl als dominierende Partner - mit Göttern oder einem
Gott einen Bund schlössen.[31] Hier dürften, wenigstens in einer vorpriester-
schriftlichen Zeit, die stark von idiomatischem כרת את geprägt gewesen
sein muß, eindeutige Formulierungstabus berührt gewesen sein, selbst dann,
wenn nur mit dem "allgemeinsten Relationis"[32] ל konstruiert wurde. M.a.
W.: Vielleicht ist mit Ex 23,32 wirklich die Grenze dessen erreicht, was
vorchronistisch formuliert werden konnte: Ohne להם ist das zweite indirekte Objekt (ו)לאלהיהם semantisch nicht implementierbar. Fraglich wird
so aber auch, ob syntaktisch gesehen wirklich eine Koordination zweier
Glieder vorliegt: Beide Objekte scheinen eher in einem Bedingungsverhält-
nis zu stehen denn eine koordinative Verknüpfung zu insinuieren: "Wenn
du nämlich mit ihnen einen Bund schließen würdest, dann würdest du ja
auch mit ihren Göttern einen Bund schließen." Anders ist entsprechend

---

[29] E. Kutsch, Art. בְּרִית, THAT I (1971) 339-352, hier 342.
[30] M. Weinfeld, Art. בְּרִית, ThWAT I (1973) 782-808, hier 787.
[31] Nur Esra 10,3 und 2Chr 29,10 formulieren mit ל, vgl. auch Jer 34,15.18 mit לְפֵנִי. Die
Vermessenheit einer menschlichen Initiativwerdung in Sachen Bundesschluß zeigt
schön die Formulierung mit כרת את im ironischen Spottwort Jes 28,15.
[32] Nach E. Jenni, Die hebräischen Präpositionen. Band 1: Die Präposition Beth, 1992, 20
u.ö.

auch die interne Logik von Prohibitiv, פ‎-Satz und den beiden כי‎-Sätzen von 23,33 kaum aufzulösen.[33] Hier liegt mithin keine "normale" koordinative Verknüpfung vor; insofern würde die bei koordinativer Verknüpfung übliche Spaltung vielleicht ein falsches Signal setzen. Selbst wenn alle diese semantischen Überlegungen nicht zutreffen sollten, bleibt eine auf den ersten Blick zwar ungewöhnliche, doch nicht ganz unwahrscheinliche Erklärung für die Voranstellung von ולאלהיהם‎: Die Voranstellung des lexematischen indirekten Objekts ולאלהיהם‎ vor das lexematische direkte Objekt signalisiert dessen Fokussierung, nicht so aber die des vorangestellten pronominalen indirekten Objekts להם‎, das an dieser Stelle nicht fokussiert sein kann.[34] *In diesem Fall ist es daher gerade die kontinuierliche Reihung im Hauptfeld, die Fokusdifferenzen indiziert: Nicht das vor das direkte Objekt vorangestellte Pronomen, nur das vorangestellte lexematische Element ist fokussiert.* Diese Sicht der Dinge mag überraschen, gewinnt aber an Plausibilität, wenn man realisiert, daß Ex 23,32-33 mit Ex 34,12.15 (פן תכרת‎ ברית ליושב הארץ‎: "daß du nicht einen Bund schließt mit dem Bewohner des Landes") eine ältere Vorlage kopiert hat:[35] Dann fällt auf, daß gerade ולאלהיהם‎ in Ex 23,32 gegenüber 34,12.15 als überschüssiges und wohl entscheidendes Element auftritt, um das es dem Redaktor auch gegangen sein dürfte: "Genau entsprechend kompensiert Ex 23,32, indem es erweitert: Verträge sind verboten mit den Landbewohnern und - sachgemäß, die religiösen Implikationen dieser Verträge ansprechend - 'mit ihren Göttern'! Das, wird betont, ist der theologische Sinn."[36]

Mit der Nicht-Ausscheidung von ואת ישראל‎ fällt auch die Hossfeldsche Charakterisierung der vermeintlich ältesten, nämlich protodeuteronomischen Weise sinaitischen Bundesschließens à la Ex 34,27 in sich zusammen: Mose ist nicht (mehr) alleiniger Vertragspartner YHWHs im Bundesschluß. Eine genauere Analyse des Gesamttextes Ex 32-34 vermag sogar zu zeigen, wie prekär eine derartige Bundesschlußszenerie sich vor dem Hintergrund des Vorausgehenden ausnähme bzw. als wie abgründig die Behauptung: "Das sekundäre Interpretament sichert den Aussagegehalt des Grundtextes ab, daß Jahwe mit Mose einen Bund schließt, wobei Mose das ganze Volk ver-

---

33 Vorausgesetzt man eliminiert nicht sowieso 33abc aus dem ursprünglichen Zusammenhang und schließt den letzten כי‎-Satz unmittelbar an 32 an, so aber Y. Osumi, Die Kompositionsgeschichte des Bundesbuches Exodus 20,22b-23,33, OBO 105, 1991, 67.

34 Vgl. dazu o. Anm. 27.

35 So besonders Halbe, FRLANT 114, 108-110 und Osumi, OBO 105, 72.74-75.

36 Halbe, FRLANT 114, 492. Bei Osumi, OBO 105, 68 rahmt das strukturwichtige לאלהיהם‎ in 23,24a und 23,32 den von ihm angenommen älteren Text.

tritt"[37] zu gelten hat. Was passiert, wenn man Ex 34,10.27 auf der Ebene des "Endtextes" von Ex 32-34 liest?

Sieht man auf den Gesamtzusammenhang von Ex 32-34, dann sind es drei *gegen* das abtrünnige Israel gerichtete göttliche Strategien, mit denen Mose als "Fürbitter Israels" konfrontiert wird: Eine ab 32,7 entfaltete Distanzierungsstrategie: "*dein* Volk, das *du* (Mose) aus Ägyptenland heraufgeführt hast", dann eine Substituierungsstrategie: "und machen will ich *dich* (Mose) zu einem großen Volk" (32,10), schließlich eine Dichotomisierungsstrategie, die beides vereint: Nicht mehr "Mose statt Israel", sondern "Mose und Israel", wobei der göttliche Sprecher weiter ganz distanziert spricht von dem "Volk, das *du* (Mose) aus Ägyptenland heraufgeführt hast" (33,1). Gegen alle drei Strategien "verwahrt" sich Mose, um diese drei herum entspinnt sich ein mehrfacher Redegang: Schon im ersten Satz beharrt Mose auf dem "*dein* Volk, das *du* (YHWH) aus Ägyptenland herausgeführt hast ..." (32,11), affirmiert das "*dein* Volk" in einer inclusio um den zentralen Vers 12 herum (letztes Wort: לעמך), in dem er selbst die Ägypter als Zeugen der Herausführung durch YHWH heranzieht. Nach einem Wechselbad der Argumente (zu erwartender Spott der Ägypter und Landschwur an die Väter) erringt Mose mit seiner Gegenargumentation zunächst auf der Erzählerebene den Sieg: Reue YHWHs im Hinblick auf *sein* Volk (לעמו 32, 14). Im nächsten Rededurchgang zieht Mose dann selbst die Substituierungsstrategie durch - und insofern ad absurdum -, indem er sich als exemplarisch zu Strafenden anbietet (32,32). Die göttliche Ablehnung folgt auf den Fuß (32,33). Damit sind die beiden Varianten der Substituierungsstrategie durchgespielt, diese Strategie selbst erschöpft und erledigt: Von ihr wird nicht mehr die Rede sein, wohl aber von ihrer Voraussetzung.

Nach einem kurzen Intermezzo, in dem YHWH in eigener Rede mit את העם, ohne Suffix, auf Distanz bleibt, freilich auch vorläufig nicht mehr pejorativ את העם הזה (32,9) sagt, geht YHWH zur Dichotomisierung über, bei weiterwirkender Distanzierung: ... לך עלה מזה אתה והעם אשר העלית מארץ מצרים: "... *du* (Mose) und das Volk, das *du* aus Ägyptenland heraufgeführt hast" (33,1). Der "Sieg" des Mose im ersten Gang hat zwar zur Abwendung der angedrohten Vernichtung geführt, nicht aber die Distanz abbauen können, die YHWH zwischen sich und Israel veranlaßt war verbal

---

[37] Hossfeld, OBO 45, 208-209 meint folgende vier Szenarien hinsichtlich der Benennung der (menschlichen) Bundespartner identifizieren zu können: Protodeuteronomisch sei Mose der Vertreter des Volkes (Ex 34,27); mit Dtn 5,2f. stünden Mose und Volk einmütig "mit uns" auf der Partnerseite; dann folge die Figur "Mose als Bundesmittler", den YHWH "mit euch" schließt (dafür: Ex 24, 8/ Dtn 4, 13.23/ 9,9/ 31,16); schließlich trete Mose selbst als derjenige auf, der den Bund mit Israel schließt (dafür: Dtn 28,69/ 29,9-14).

aufzubauen. YHWH selbst überbrückt und zementiert zugleich diese gebliebene Distanz, im Rekurs auf das von Mose schon eingebrachte Argument des Landschwurs an die Väter (32,13/ 33,1), mit der Einführung der Führungsfigur des מלאך: פן ... כי לא אעלה בקרבך ... וֹשלחתי לפניך מלאך
אכלך בדרך:"ich werde meinen Boten vor dir her schicken ... denn ich werde nicht in deiner Mitte hinaufziehen ... damit ich dich nicht auf dem Weg vernichte" (33,2-3, vgl. auch 32,5). Erst im nächsten Redegang (32, 12ff) ergreift Mose die Gelegenheit, noch einmal die göttlichen Distanzierungsbemühungen zu konterkarieren und die Dichotomisierungsstrategie zu unterlaufen. In einem indirekten Rekurs auf die positive Motivation der göttlichen Substituierungsstrategie insistiert Mose leitwortartig auf den *Erweis* dessen, daß *er* Gnade in YHWHs Augen gefunden habe: אם נא מצאתי חן בעיניך: "wenn *ich* doch Gnade gefunden habe in deinen Augen" (33,13 [2x], vgl. dann 33,16 und entsprechend die göttliche Antwort 33,17). Von diesem in der Logik der Argumentation YHWHs liegenden Hintergrund aus affirmiert Mose erst noch einmal, noch expliziter, das Verhältnis YHWH-Israel: כי עמך הגוי הזה: "denn *dein* Volk (עם) ist dieses Volk (גוי)". Von dieser Plattform aus geht er dann, in einem rhetorischen Prachtstück, daran, den Keil, den YHWH zwischen Mose und Israel getrieben hat, wieder zu entfernen: Indem er erst ganz unscheinbar via Subjektserweiterung das Volk, als "dein Volk": עמך, in die vorausgehende Gunstformulierung hereinholt: ובמה יודע אפוה כי מצאתי חן בעיניך אני ועמך: "und woran soll folglich erkannt werden, daß *ich* Gnade gefunden habe in deinen Augen, *ich und dein Volk*" (33,16ab), um sich dann in durchlaufender 1.Plural mit Israel zu solidarisieren: ונפלינו - עמנו (33,16cd). Er löst dann zwar diese "Wir"-Verbindung noch einmal in einer Subjektserweiterung auf: ונפלינו אני ועמך: "ausgezeichnet werden *wir* sein, *ich und dein Volk*" (16d), aber doch nur, um auf diesem Weg noch einmal einen entscheidenden Kontrast[38] ins Spiel zu bringen, nämlich den zwischen עמך: *"deinem* Volk" und allen anderen Völkern auf dem Erdboden: כל העם אשר על פני האדמה (33, 16 dR).[39] Hinter *diesem* Kontrast verschwindet auch das mosaische "Ich" sofort wieder, wenn man denn nicht darin einen Rückfall auf die Ebene von 32,10 sehen will.

Wie ist dann die göttliche Antwort von 33,17 zu verstehen? Kann das Gebet des Mose als erhört gelten? Nur wenige Autoren verweisen auf den Stachel: So etwa Blum: "Den Abschluß dieses Gesprächsganges bildet der positive Bescheid *Jhwhs* in 33,17. Freilich, in welcher Weise ergeht die

---

38   Im Sinne der Kontrastbildung sind die Argumente von 32,12 (mit Ägypten) und 33,16 gleichgelagert.

39   Ein solches Spiel mit den Subjektserweiterungen ist singulär in der hebräischen Bibel und erweist die höchst kunstvolle Argumentationsstrategie.

erlösende Antwort! - ausdrücklich und nur als Zugeständnis an den Fürbitter Mose: כי מצאת חן בעיני ואדעך בשם (chiastische Aufnahme von v.
12b!). Dessen Person gewinnt damit eine schier überdimensionale Bedeutung."[40] Noch deutlicher formulierte schon Walkenhorst zu Ex 33,17:
"Mose muß sich dort damit begnügen, daß das Volk durch die Antwort
Gottes wenigstens unerwähnt bleibt und nicht ausdrücklich ausgeschlossen
wird."[41]

Ex 33,17 bietet also keineswegs die erlösende Antwort, die man gerne
gesehen hätte und die die meisten Autoren deshalb auch finden. Zumindest
bleiben deutliche Ambivalenzen, Leerstellen. Und anders ist ja auch kaum
zu verstehen, daß mit 34,9 Mose erneut und mit aller Eindringlichkeit eine
Vergebungsbitte formuliert[42] - und zwar jetzt so, daß er ohne alle Um-
schweife vom Singular des "Ich": אם נא מצאתי חן בעיניך: "wenn *ich* doch
Gnade gefunden habe in deinen Augen" auf das auch in der Sünde solidari-
sche "Wir" umschaltet: ילך נא אדני בקרבנו ... וסלחת לעוננו ולחטאתנו
ונחלתנו: "gehe doch mein Herr in *unserer* Mitte ... und vergib *unsere*
Schuld und *unsere* Sünde und nimm *uns* als deinen Erbbesitz an".[43]

Kommt die erlösende Antwort in 34,10? Gilt jetzt endlich: "Das Volk ist
in einem Gotteswort erst Ex 34,10.27 ausdrücklich erwähnt, und erst damit
kann das Gebet des Mose als erhört gelten."[44] Die Frage muß vor allem lau-
ten: Hat sich mit Ex 34,10.27 die göttliche Distanzierungs- und Dichotomisierungsstrategie denn erledigt?

Wer die Dramatik der Redegänge bis Ex 33,17 verfolgt hat, den/die machen zwei kleine Feinheiten in 34,10.27 eben doch stutzig: Die hartnäckige
göttliche Rede von "deinem Volk": עמך (34,10) einerseits und das "mit dir
... und mit Israel": אתך ... ואת ישראל (34,27) andererseits.

Es ist zwar richtig gesehen worden, daß 34,10 terminologisch auf 33,16
rekurriert und insofern dessen Erfüllung darstellt.[45] Aber gerade im Hinblick auf 33,16.17 und das hartnäckige mosaische Nachsetzen in 34,9 bleibt

---

[40] E. Blum, Studien zur Komposition des Pentateuch, BZAW 189, 1990, 64.

[41] K.-H. Walkenhorst, Warum beeilte sich Mose niederzufallen? - Zur literarischen Einheit
von Ex 34,8f, BZ 28 (1984), 185-213, hier 198.

[42] Auch auf dem Hintergrund von 34,6-7, vgl. dazu W. Brueggemann, Crisis-Evoked,
Crisis-Resolving Speech, Biblical Theology Bulletin 24 (1994), 95-105, hier 96-97.

[43] Man beachte: Mose hat *keineswegs* gesündigt. Ein letztes rhetorisches Aufbäumen - ob
es Erfolg hat?

[44] So Walkenhorst, BZ 28 (1984), 198. Ganz ähnlich wieder Dohmen, QD 146, 78.

[45] Vgl. vor allem ונפלינו und נפלאות, dazu Blum, BZAW 189, 64 und Anm. 80; vgl.
auch J. Schreiner, Kein anderer Gott! Bemerkungen zu Ex 34,11-26, in: I. Kottsieper -
J. van Oorschot - D. Römheld - H.M. Wahl (Hrsg.), "Wer ist wie du, Herr, unter den
Göttern?" Studien zur Theologie und Religionsgeschichte Israels (FS Kaiser), 1994,
199-213, hier 207.

die Rede von "deinem Volk": נגד כל עמך: "vor *deinem* ganzen Volk"
hochsignifikant. Von einer "exakte(n) Einlösung des in 33,16 formulierten
Anliegens"[46] durch 34,10 kann daher mitnichten die Rede sein. 34,10 ist JA
und NEIN zugleich, und vor allem: *YHWH bleibt auf Distanz!* Abgründig
ist auch der Versuch, den Verheißungscharakter des intendierten Bundes
aus der "Partnerlosigkeit" des Bundesschlusses von Ex 34,10 zu konstruie-
ren. Diese Argumentationsfigur ist zwar beliebt,[47] doch ist sie methodisch
gesehen nur ein argumentum e silentio und unter inhaltlichen Gesichtspunkten längst und zu Recht von Halbe kritisiert worden.[48] In Ex 34,10 sucht
man das "Vergeben-Vergessen-Verheißen" mithin vergeblich. Was da tatsächlich steht, ist eine mehr kryptische und mit ambivalenten Leerstellen
versehene Ankündigung, die erst im Folgenden eingelöst wird und bei der
nur eines nicht kryptisch ist: Es bleibt beim distanzierten עמך, "deinem
(des Mose) Volk".

Was heißt das für Ex 34,27? Angesichts der vorausgehenden Ambivalenzen des Textes bis 34,10 wird man auch über 34,27 nicht mehr so leicht
hinweggehen können. Mag auch "Israel" noch so sehr ein Ehrenname sein,
"mein Volk (Israel)" wäre im Hinblick auf die vorausgehende göttliche Di-
stanznahme noch eindeutiger und sicher positiver gewesen. Und angesichts
der vorausgehenden Dichotomisierungs- und Entdichotomisierungsstrategi-
en haftet an der Doppelheit des "mit dir ... und mit Israel" ein mindestens
ebenso ambivalenter Geschmack wie am עמך in 34,10: Der Keil zwischen
Mose und Israel ist nicht entfernt, sitzt vielmehr fest. Etwas von der göttlichen Dichotomisierungsstrategie ab 33,1 bleibt an der Koordination von
34,27 eben doch haften.[49] Aber immerhin: Es ist die Skylla einer Charyb-

---

[46] So aber Blum, BZAW 189, 64.

[47] Eine redaktionsgeschichtliche Anwendung findet sich jetzt bei F.-L. Hossfeld, Art.
      "Bund, II. Im Alten Testament", LThK³ (1994), 781-785, hier 782: "Der B[undes].-
      Schluß v. Ex 34,10a weist singuläre Momente in der adressatenlosen Absolutheit des
      B.-Schließens, in dem performativen Rechtsakt, in der Privatheit der Abmachung zw.
      JHWH u. Mose sowie v.a. in seinem Inhalt (Verheißung v. göttl. Wundertaten vor dem
      Volk des Mose bei der bevorstehenden Landnahme) auf. Diese (jahwistische?) Selbst-
      bindung JHWHs in einem Verheißungs-B. wird v. Jehowisten in Ex 34,10b zu einem
      Verpflichtungs-B. zw. JHWH u. Mose bzw. Israel (Ex 34,11-27*) umgebogen." Ob
      das Partizip כֹּרֵת ursprünglich als Performativ oder als futurum instans zu deuten ist,
      hängt davon ab, wie man den redaktionellen Zusammenhang mit dem Performativ in
      34,27 sieht. Im jetzigen Kontext muß 34,10 als futurum instans verstanden werden.

[48] Vgl. besonders Halbe, FRLANT 114, 231-235. Zustimmung findet Halbe diesbzgl.
      z.B. bei P. Weimar, Genesis 15. Ein redaktionskritischer Versuch, in: M. Görg
      (Hrsg.), Die Väter Israels. Beiträge zur Theologie der Patriarchenüberlieferung im Al-
      ten Testament (FS Scharbert), 1989, 361-411, hier 402 Anm. 146.

[49] Ahnungsweise, wenn auch in einer hinsichtlich der Satzteilfolge doch etwas verqueren
      Argumentation, finden sich derartige Beobachtungen praktisch nur bei E. Aurelius, Der
      Fürbitter Israels. Eine Studie zum Mosebild im Alten Testament, CB.OT 27, 1988, 121:

dis, die, wenn man den Literarkritikern folgte, nur Mose als Bundespartner kennen würde, nicht aber Israel. Eine solche Formulierung nur mit Mose müßte - zumal nach dem kryptischen V. 10 - eine kontextuelle Lektüre befördern, bei der schlafende Hunde wiedergeweckt würden: Die göttliche Substituierungsstrategie à la Ex 32,10.

2. Fokusdifferenzierung

Die zweite große Funktion von Spaltungen, speziell bei Ergänzungen und Angaben, nicht aber bei Subjekten, hängt m.E. damit zusammen, daß es dem Autor mittels der Spaltung gelingen kann, von den gereihten Elementen nur eines bzw. einen Teil davon in den Fokus zu bringen: Nur das gegenüber der Normalfolge verschobene Element trägt dabei den Fokus, d.h. es ist in seinem Informationscharakter im Rahmen des Satzes stärker gewichtet, mit ihm realisiert sich der eigentliche Alternativenbezug innerhalb des Kontextes. Für derartige Fokusdifferenzierungen eignen sich besonders Spaltungen zwischen Vorfeld und Hauptfeld: Das Element im Vorfeld wird als deutlich fokussiert wahrgenommen, nicht aber dasjenige im Hauptfeld.[50] Ein deutliches Beispiel für das genannte Phänomen liegt z.B. in Ri 18,24 vor: את אלהי אשר עשיתי לקחתם ואת הכהן: "*meine Götter, die ich gemacht habe*, habt ihr (weg)genommen *und den Priester*". Trotz der größeren Länge wird את אלהי אשר עשיתי, nicht das kürzere את הכהן vorgezogen: Der Erzähler bringt im Munde Michas nur das plastische Gottesbild mit verräterischer Formulierung ("meine", "ich gemacht")[51] in den Fokus,

---

"... und Jahwe schließt aufs neue 'aufgrund dieser Worte' einen Bund, wie in 24:8 - jetzt aber mit Mose, dem einzigen Gerechten, und erst in zweiter Linie mit dem Volk, das zu diesem Bundesschluß nicht einmal eine Antwort beiträgt (anders als in 24:3,7), sondern nur die passive Rolle des (betroffenen) Zuhörers spielt." Ähnlich auch schon R.W.L. Moberly, At the Mountain of God. Story and Theology in Exodus 32-34, JSOT.SS 22, 1983, 105-106.

50 Diese Hypothese steht in diametralem Gegensatz zu derjenigen von Jacobs, Fokus-Hintergrund-Gliederung. Ebd. 100 meint er, "daß Koordination mit F[okus]H[intergrund]G[liederung] zusammenwirkt. Genauer: Koordinierte Satzteile haben im allgemeinen (s.u.) parallele FHGn". Er führt dann als erstes Beispiel (Nr. 25) eine gespaltene Koordination zweier direkter Objekte an: "Sie hat Ottheinrich eingeladen, und (sie hat) Klaus (eingeladen)". Freilich gesteht Jacobs eine Seite später ein, "daß es neben einer fokussierenden Koordination ... auch eine nicht-fokussierende gibt ... Unter welchen Bedingungen die eine oder die andere Koordinationsart gewählt wird, ist mir gänzlich unklar" (ebd. 101). Diese Unklarheit ist in der Tat nicht restlos zu beseitigen. Nach meinen Untersuchungen am Hebräischen geht Spaltung aber grundsätzlich eher mit Fokus*differenzierung* als mit Fokus*parallelisierung* einher.

51 Vgl. M. Görg, Richter, NEB Lfg. 31, 1993, 93: "Aber auch Michas Antwort ist decouvrierend, zeigt sie doch, welches Gottesverständnis bei ihm vorliegt."

nicht den amtierenden Priester. Dessen Verlust dürfte im Vergleich zum Gottesbild für Micha verschmerzbar gewesen sein, selbst dann, wenn mit der Nennung des Priesters die Orakelausrüstung aus Ephod und Teraphim miteingeklagt werden sollte.[52] Die Formulierung bringt mithin das, was der Autor als Perspektive Michas suggerieren will, auf den Punkt. Vielleicht verrät sie aber ebensoviel auch über den Autor, dem es mehr um das danitische Gottesbild, nicht um den Leviten geht, der denn auch trotz des Angebots von 18,19 והיה לנו לאב ולכהן: "er soll uns Vater und Priester sein" gemäß 18,30 als amtierender Priester am danitischen Heiligtum nicht zum Zuge kommt.[53]

Auf diese Weise lassen sich m.E. etwa ein Viertel aller gespalten Koordinationen bei Ergänzungen und Angaben ganz gut erklären.[54] Akzeptiert man ein derartiges Phänomen Fokusdifferenzierung wenigstens grundsätzlich, dann ergeben sich im Einzelfall interessante Perspektiven auf problematische und bisher heftig umstrittene Stellen. Eine davon ist Ps 11,5.

Exkurs: Ps 11,5

יהוה צדיק יבחן ורשע ואהב חמס שנאה נפשו

"Gerechte prüft YHWH und Frevler, Gewaltliebhaber aber haßt seine Seele"

Nach Richter, BHt bietet Ps 11,5a einen Satz mit doppelter Vorfeldbesetzung aus Subjekt und erstem direktem Objekt, das zweite direkte Objekt ist diskontinuierlich realisiert.[55] Es gibt kaum einen Satzzusammenhang in der

---

[52] So H.M. Niemann, Die Daniten. Studien zur Geschichte eines altisraelitischen Stammes, FRLANT 135, 1985, 102: "Die vom Priester gehandhabte Orakelausrüstung ist vielmehr bei dessen Nennung angedeutet."

[53] Aber vgl. immerhin 18,27, wo die Mitnahme des Priesters auf der Erzählebene konstatiert wird. Überfordern würde man 18,24, wenn man eine zeugmatische Funktion hineinlesen wollte: Micha ahnte oder wußte gar, daß sein Priester gar nicht "genommen" werden mußte, sondern eher freiwillig mitgezogen war: Halb zogen sie ihn, halb sank er hin.

[54] Andere eindrückliche Beispiele, öfters auch mit Spaltungen im Hauptfeld: Gen 22,3 (dort ist allerdings das dem idiomatischen לקח אתו nachgestellte direkte Objekt ואת יצחק fokussiert)/ Gen 24,38/ Num 28,15.24/ Dtn 2,35 (das vorangestellte direkte Objekt ist zusätzlich mit der Fokuspartikel רק markiert)/ 2Kön 8,9 (ähnlich Gen 22,3)/ Ps 106,16 (asyndetische Reihung)/ Klgl 5,6 (asyndetische Reihung)/ 2Chr 21,4 (ähnlich Gen 22,3, wobei die Unerhörtheit der Tat noch durch die Fokuspartikel גם markiert ist). Die Landverheißungen Gen 13,15 und 28,13, mit Pronominalisierung im ersten Glied und Spaltung danach, funktionieren im wesentlichen genauso.

[55] W. Richter, Biblia Hebraica transcripta (BHt). Das ist das ganze Alte Testament transkribiert, mit Satzeinteilungen versehen und durch die Version tiberisch-masoretischer Autoritäten bereichert, auf der sie gründet. 11. Psalmen, ATSAT 33.11, 1993, 34. So auch D.T. Tsumura, Literary Insertion (AXB Pattern) in Biblical Hebrew, VT 33 (1983) 468-482, 476 in Erwägung einiger Alternativen.

Bibel, der umstrittener sein dürfte: Legion sind die Versuche erst der antiken, dann der modernen Autoren, *keine* gespaltene Koordination zu lesen.
Explizite Äußerungen zugunsten der Diskontinuität und Versuche einer sti-
listischen Deutung haben dagegen Seltenheitswert, aber man vgl. immerhin
die Bemerkung von Mannati: "la place des mots est à première vue décon-
certante; il semble bien que la déplacement de ṣaddîq avant le verbe ait été
intentionnel, pour faire jouer en résonance l'expression comme 'YHWH est
juste', que se retrouvera au *v.* 7a."[56]

Die harmlosere Variante der Beseitigung bietet noch Kraus im Biblischen Kommentar, der ganz genau weiß: "Eine Umstellung צדיק ורשע
יבחן ist unerläßlich."[57] Er hätte dafür die LXX heranziehen können, die ebenfalls kontinuierlich liest: κυριος εξεταζει τον δικαιον και τον ασεβη,
freilich unter Voranziehung des finiten Verbs.[58] Die Umstellung ist zwar
nicht nur unnötig und nimmt die Funktion der gespaltenen Koordination
nicht wahr, aber bei Kraus (und LXX) bleibt immerhin der Satzzusammenhang erhalten: "Jahwe prüft den Gerechten und Frevler".

Anders ist das schon bei den auf Dahood basierenden Autoren: Dahood
übersetzt zunächst kommentarlos "Yahweh is the Just One who will indeed
assay the wicked"[59]; wenig später rechtfertigt er seine Übersetzung dann
damit, daß das ו vor רשע zum Verbum finitum zu ziehen, wobei der Plural
ein "plural of majesty" sei.[60] Wie Dahood will Auffret Ps 11,5a als zwei
Sätze interpretieren, meint aber: "Ce *w* devant *ršʿ* peut s'entendre comme em-

---

56 M. Mannati, Le Psaume xi. Un exemple typique de liens entre l'interprétation du genre
littéraire et l'étude de stiques obscurs, VT 29 (1979), 222-228, hier 228 Anm. 17. P.
Auffret, Essai sur la structure littéraire du psaume 11, ZAW 93 (1981), 401-418, hier
404 Anm. 17 ist das freilich zu wenig: Er will nicht "resonance", sondern "correspon-
dance".

57 H.-J. Kraus, Die Psalmen. 1. Teilband: Psalmen 1-59, BK XV/1, 5. grundlegend überarbeitete und veränderte Auflage 1978, 228. Kraus basiert mit diesem Urteil vermutlich
auf B. Duhm, Die Psalmen, KHC IX, 1899, 35, der freilich umgekehrt kontinuierlich
liest: "Mit LXX ist יְבָחֵן vor צָדִיק zu stellen". Vgl. explizit dagegen allerdings schon
R. Kittel, Die Psalmen, Kommentar zum AT XIII, 1. und 2. Aufl. 1914, 38: "eine Umstellung von צדיק und יבחן ist kaum nötig."

58 Die Satzgrenzen in LXX sind eindeutig, weil LXX in 5b Subjekt und Objekt nebst dem
Bezug des εαυτου (nicht αυτου!) vertauscht: ο δε αγαπων αδικιαν μισει την
εαυτου ψυχην.

59 M. Dahood, Psalms I. 1-50, AncB, 1966, 68. Unter fälschlicher Berufung auf Dahood
bietet P.R. Raabe, Deliberate Ambiguity in the Psalter, JBL 110 (1991), 213-227, hier
222 folgende Übersetzungsmöglichkeit an: "Yahweh, the righteous one, tests, and the
wicked and the loving violence his soul hates." So verstanden müßte aber determiniertes
הצדיק stehen.

60 M. Dahood, Psalms III. 101-150, AncB, 1970, 231. Die andere dort genannte Deutung
von יהוה צדיק in sich kann man hier auf sich beruhen lassen, es geht um die gespaltene Koordination.

phatique": Er deutet also ‏ו‎ als "emphatisches" "même".[61] In bezeichnender Abschwächung - es fehlt ein Äquivalent für "même" - wird die Variante von Dahood bzw. Auffret zuletzt wieder von Zenger als "(a)ndere Übersetzungsmöglichkeit" angeboten: "JHWH ist gerecht, so prüft er den Frevler ...".[62] Nun wird sich die Argumentation mit anderer Worttrennung und pluralis-maiestatis-Deutung bei 3. Person (!) kaum halten lassen; und die Theorie eines Wāw-emphaticum ist gegenüber der Annahme einer gespaltenen Koordination die syntaktisch um Längen problematischere Lösung. Die Autoren scheitern mithin am vorhandenen ‏ו‎ vor ‏רשע‎.

Diskutabel, jedenfalls syntaktisch akzeptabel, ist hingegen die zuletzt wieder von Craigie bevorzugte und schon von Hieronymus wie der Masora gebotene Sicht der Satzzusammenhänge: "The Lord tests the righteous, but the wicked and the one loving violence - his soul hates!"[63] Craigie verrät auch sein Interesse an dieser Deutung: "The analysis in the translation above is preferred, for it sets out more clearly the contrast between the *righteous* and the *wicked*, which is pursued further in v 6 (the wicked) and v 7 (the righteous)."[64] Merkwürdigerweise hindern Übersetzung und Erklärung Crai-

---

[61] Auffret, ZAW 93 (1981), 404-405 und Anm. 18.

[62] E. Zenger in F.L. Hossfeld - E. Zenger, Die Psalmen. Psalm 1-50, NEB Lfg. 29, 1993, 90. Die "andere Übersetzungsmöglichkeit" ist wohl die vom Autor bevorzugte.

[63] P.C. Craigie, Psalms 1-50, WBC 19, 1983, 131. Man darf also annehmen, daß die rabbinischen Ratgeber des Hieronymus in der Sache schon die spätere masoretische Akzentuierung (mit ôlê weǰôrēd und Atnach) vertraten. Die Darbietung des Verses nach Vulgata ("Dominus iustum probat impium autem et diligentem iniquitatem odit anima eius") und Masora hat eine lange Tradition, vgl. etwa E.W. Hengstenberg, Commentar über die Psalmen. Erster Band, ²1849, 239; H. Hupfeld, Die Psalmen. Erster Band, ²1867, 314; F. Delitzsch, Biblischer Kommentar über die Psalmen, BC IV,1, ⁵1894, 131. Ausdrücklich gegen die Setzung der masoretischen Akzente wendet sich vor allem Kittel, Kommentar zum AT XIII, 38: "Die Akzentuation ist jedenfalls in Unordnung".

[64] Craigie, WBC 19, 132. Dieser auf Masora und Vulgata beruhende Kontrast "Gute prüfen - Böse hassen" liegt auch einigen älteren text- und literarkritischen Operationen zugrunde: So verstehen etwa F. Baethgen, Die Psalmen, HK II,2, dritte neubearbeitete Auflage 1904, 31 (damit die zutreffende Sicht der zweiten Auflage 1897 korrigierend) und Ch.A. Briggs, The Book of Psalms. Volume I, ICC, 1906, 91.93 ‏ואהב חמס‎ aus metrischen Gründen als Glosse, während H. Gunkel, Die Psalmen, HK II,2, ⁴1926, 40.42-43 ‏ורשע‎ als Glosse streicht und, auf älteren Autoren basierend, ‏בחר‎ statt vermeintlich redundantem ‏בחן‎ lesen will: "Jahwe erwählt den Gerechten, doch wer Gewalttat liebt, ihn haßt seine Seele". Gunkels Vorschlag hat sich schon mit der Kritik von E. König, Die Psalmen, 1927, 584 erledigt. Will man nicht so sehr den Gegensatz zwischen Gerechten einerseits und Ungerechten andererseits betonen, sondern denjenigen zwischen der "Gerechtigkeit" Gottes und den Frevlern, kann man - gegen Vulgata - den masoretischen Text auch so deuten wie M. Buber, Die Schriftwerke, 1962, 21: "ER, als ein Wahrhaftiger prüft er, ..." oder wie D. Michel, Tempora und Satzstellung in den Psalmen, Abhandlungen zur Evangelischen Theologie 1, 1960, 115: "Jahwe prüft als Gerechter, den Frevler und den, der Gewalttat liebt, haßt seine Seele." Dann kann man eigentlich auch gleich, obwohl bisher nicht vertreten, ‏צדיק‎ als Adverb deuten: "YHWH prüft gerecht ...", vgl. etwa 2Sam 23,3/ Ps 7,12.

gie nicht daran, im weiteren so zu kommentieren, als sei auch vom "testing" der "wicked" die Rede gewesen.[65] Nun spricht schon die Metrik von V.5 wohl doch nicht für Craigie.[66] Mit Blick darauf bietet sich eine gegenläufige Satzabgrenzung nicht gerade an, wenngleich die Frage des Verhältnisses von Satz und Kolon noch weit entfernt von aller Klärung zu sein scheint.[67]

Man kann auch aus der Not eine Tugend machen und behaupten, hier liege eine vom Autor beabsichtigte Mehrdeutigkeit ("deliberate ambiguity") vor: "No doubt these types of ambiguity functioned to amuse and sustain the interest of the hearers. They are evidence of the psalmists' mastery of the language. They represent the psalmists' sense of humor and their delight in the creative use of language."[68] Mit Blick auf den Autor von Ps 11 dürfte diese Behauptung einen "interpretive overkill"[69] darstellen. Was sich wirklich wahrnehmen läßt, ist höchstens die Ambiguität des vom Autor in die Autonomie entlassenen Textes bzw. zunächst des Verses; denn der kontextuell, d.h. im Text, verankerte Satz/Vers ist wesentlich eindeutiger, als die Text- und Forschungsgeschichte vermuten ließe: Allzu offensichtlich, auch durch die double-duty-Konstruktion des nachgestellten direkten Objekts in 11,4cd angezeigt, wird die dort genannte "Prüfung (aller) Menschen" ausgefaltet in die Prüfung ihrer zwei Antipoden, der Gerechten und der Frevler.[70] Doch warum die gespaltene Koordination? Werden dadurch Fokusdifferenzen indiziert und wenn ja, wie? Worauf antwortet sozusagen Ps 11,5?

---

[65] Man vgl. Craigie, WBC 19, 134!

[66] Besser liest man ein Bikolon der Art 4+4 denn ein Trikolon der Art 3+3+2.

[67] Zum Problem von Satz- und Kolon-Grenzen im Hebräischen vgl. vorläufig W.Th.W. Cloete, Versification and Syntax in Jeremiah 2-25. Syntactical Constraints in Hebrew Colometry, SBL Diss. Series 117, 1989. Die Frage, ob die אהב חמס-Gruppe mit der רשע-Gruppe ganz oder nur teilweise zu identifizieren ist, gibt m.E. keine letzten Entscheidungshilfen an die Hand, die Frage der Satzgrenzen so oder so zu entscheiden. Sind sie voll identisch, heißt das nur, daß YHWH die Frevler prüft und gleichwohl haßt (V.5), was er umgekehrt auch mit den Gerechten tut: Er prüft sie (5) und liebt doch gerechte Taten (7).

[68] Raabe, JBL 110 (1991), 227.

[69] So die Bezeichnung mit R. Alter, The Art of Biblical Narrative, 1981, 16.

[70] So ausdrücklich schon Baethgen, HK II,2, 31 (2.Aufl.!), im Zusammenhang der Satzgrenzenziehung: "Da hierdurch nicht nur grösseres Gleichmaass der Versglieder erzielt wird, sondern die Thätigkeit des göttlichen Prüfens v.4 Ende ausdrücklich auf die Menschen im Allgemeinen bezogen wurde, so ist diese Abteilung vorzuziehen." Vgl. auch Mannati, VT 29 (1979), 223: "les justes et les pécheurs sont soumis tous deux au regard scrutateur de YHWH (vv. 4-5)." Man kann formal von "Merismus" reden (vgl. Tsumura, VT 33 [1983], 476), sollte sich aber davor hüten, damit die beabsichtigte Differenzierung zu nivellieren: Es geht um die Gerechten und die Frevler jeweils in ihrer Eigenheit und nicht nur als Ausdruck für die Gesamtheit der Menschen, der genauso gut durch andere Merismen ("groß und klein" o.ä.) zu ersetzen wäre.

Nicht fokussiert sein muß das vorangestellte Subjekt YHWH; freilich werden so - syntaktisch variiert - die Sätze 11,4ab mit vorausgestelltem YHWH[71] nachgeahmt, möglicherweise ein ornamentaler Schachzug, mit dem die semantischen Implikationen von 4ab ins Spiel kommen (etwa die Souveränität YHWHs). *Eindeutig* fokussiert ist in 11,5a hingegen vorangestelltes צדיק. Demgegenüber folgt ורשע an der Position im Hauptfeld, die dem direkten Objekt zukommt, eine Hervorhebung desselben, die etwa mit kompletter Vorfeldstellung des zweiteiligen direkten Objekts hätte realisiert werden können (יהוה* צדיק ורשע יבחן) oder auch mit dem Einsatz eines גם vor רשע, ist gerade nicht zu erkennen. D.h. aber: *Die Behauptung, daß auch und gerade der Gerechte von YHWH geprüft wird, ist die kontextuell entscheidende*, und das wird deshalb hervorgehoben. Demgegenüber wird die - offensichtlich als selbstverständlich angenommene, wenigstens nicht problematisierte - Prüfung des Frevlers durch YHWH eben noch miterwähnt, braucht nicht und wird nicht hervorgehoben. Die göttliche Prüfung des Gerechten ist die offensichtlich innovative theologische Antwort auf das hier vorgestellte Theodizeeproblem, Verfolgung, Leid, Ohnmacht des/der Gerechten - ohne daß YHWH eingriffe. Der Satz heißt also nicht: "YHWH prüft den Gerechten, besonders aber den Frevler", sondern genau umgekehrt: "YHWH prüft gerade die Gerechten (und die Frevler sowieso)"![72]

Man kann sich angesichts dieser Zangenbewegung gegen die gespaltene Koordination in Ps 11,5 nicht des Eindrucks erwehren, daß dahinter ein massives theologisches Vor-Urteil steckt, das auf dem Rücken eines "im Hebr syntaktisch schwierigen Verses"[73] zum Zuge kommt: YHWH - der Gerechte - prüft eben nicht Gerechte und Frevler gleichermaßen (warum eigentlich nicht?)[74] oder gar besonders die Gerechten: Hauptsache, YHWHs

---

[71] 4b liegt ein Pendens vor.

[72] Es mag sein, daß unter dem Gesichtspunkt der ornamentalen Textorganisation, der Textphorik, die gespaltene Koordination zugleich in subtiler Weise Gelegenheit bietet, die Gerechten = צדיק auf die Seite YHWHs zu rücken, die Frevler = רשע dagegen von vornherein auf die Seite der "Gewaltliebenden", mit dem Problem, ob die beiden letzteren zu identifizieren sind. Angesichts der zahlreichen Chiasmen im Text ist darüber hinaus denkbar, daß mit der Folge צדיק יהוה in 5a schon ein Anklang, ein Auftakt, vorliegt auf צדיק יהוה in 7a, ähnlich wie schon von Mannati, VT 29 (1979), 228 Anm. 17 behauptet, freilich auch hier in syntaktischer Variation (vgl. 4ab.5a) und erst vom Ende her erkennbar!

[73] So Zenger in Hossfeld - Zenger, NEB Lfg. 29, 90. *So* schwierig ist die Syntax von Ps 11,5 im Rahmen der Psalmen sicher nicht, daß ein solch singuläres Urteil gerechtfertigt wäre.

[74] Er vernichtet (כרת-H) sie ja auch unterschiedslos nach Ez 21,8-9; aber vgl. die Übersetzungen von LXX und Targ mit ihren dogmatischen Korrekturen, dazu W. Zimmerli, Ezechiel. 1. Teilband: Ezechiel 1-24, BK XIII/1, 2. verbesserte, durch ein neues Vorwort und einen Literaturnachtrag erweiterte Auflage 1979, 462! Bekannter ist offensichtlich Gen 18.

Gerechtigkeit wird nicht in Frage gestellt.[75] Es scheint immer noch schwer, den langen Atem des betenden Psalmisten zu bewahren, der es aushält, YHWHs Gerechtigkeit erst im begründenden V.7 zu konstatieren und so, vom Ende her, mit der heute nicht weniger problematischen Antwort von V.5 leben zu können.

3. Syntaktisch-semantischer Teilbezug des sperrenden Elements

Das Phänomen syntaktisch-semantischen Teilbezugs des sperrenden Elements tritt fast immer im Hauptfeld, also nach dem finiten Verb, auf. Es handelt sich um jene Fälle, bei denen sich das sperrende Element nur auf das vorangehende Satzglied bezieht, jedenfalls nicht auf alle gereihten Satzglieder gleichermaßen. Solche Fälle schwanken manchmal zwischen möglicher attributiver Funktion und Satzteilfunktion, doch sind die eindeutig satzbezogenen Fälle häufig und deutlich genug, um diese Funktion als gesichert zu veranschlagen, man vgl. etwa Fälle wie Lev 16,12[76] oder 2Chr 33,15[77]. Die Spaltung ist hier nichts anderes als eine Disambiguierungsstrategie, die der Vereindeutigung der syntaktisch-semantischen Bezüge dient. Auch zu dieser Funktion gehört nach meinen Untersuchungen etwa ein Viertel aller gespaltenen Koordinationen bei Ergänzungen und Angaben. Die Einsicht in derartige Mechanismen vermag z.B. den folgenden hochkomplexen Zusammenhang besser verständlich zu machen.

---

[75] Auffret, ZAW 93 (1981), 404 geht sogar so weit, alle צדיק-Belege im Psalm auf YHWH zu beziehen, inkl. des Belegs in V.3b. Mit dem Verweis auf Ijob 9,24 problematisiert dagegen Zenger in Hossfeld - Zenger, NEB Lfg. 29, 91 den Vers 3b, obwohl er zur divinen Lösung zu neigen scheint.

[76] Nur die Kohlen werden vom brennenden Feuer genommen, der Weihrauch wird hingegen erst V.13 an den brennenden Kohlen entzündet.

[77] Der Separativ מבית יהוה bezieht sich nur auf die dort zu lokalisierenden אלהי נכר und den סמל, die Entfernungshandlung weiter aber auch auf alle auf dem Tempelberg und in Jerusalem insgesamt lokalisierten Altäre. Der syntaktische Teilbezug von מבית יהוה wird durch den אשר-Satz vereindeutigt. Dem Separativ auf Satzebene entspricht mithin der attributive Relativsatz.

Exkurs: Neh 10,36-37

‏36 ... ולהביא את בכורי אדמתנו ובכורי כל פרי כל עץ שנה בשנה לבית יהוה
‏37 ואת בכרות בנינו ובהמתינו ככתוב בתורה ואת בכורי בקרינו וצאנינו
‏להביא לבית אלהינו לכהנים המשרתים בבית אלהינו

36 "zu bringen die Erstlinge unseres Ackerbodens und die Erstlinge aller Früchte von allen Bäumen Jahr für Jahr zum Haus YHWHs 37 und zu bringen *die Erstgeburten unserer Söhne und unseres (unreinen) Viehs*, wie es in der Tora geschrieben steht, und *die Erstlinge unseres Großviehs und unseres Kleinviehs* zum Haus unseres Gottes für die Priester, die im Haus unseres Gottes Dienst tun"

Neh 10,36-37 zeichnet sich durch drei Grundprobleme aus:[78] Das eine besteht in der Definition der Reichweite des Infinitiv constructus in V.36: ‏ולהביא bzw. entsprechend V.37: ‏להביא.[79] Das zweite Problem erfordert eine Verhältnisbestimmung von ‏בהמתינו und ‏בקרינו וצאנינו in V.37. Das dritte geht auf das Verständnis der Modalangabe ‏ככתוב בתורה in 10,35.37. Im Rahmen der jeweiligen Kombinierbarkeit der Grundentscheidungen ergeben sich zwangsläufig die Varianten der Sekundärliteratur.

Folgt man zuletzt Gunneweg, sind beide in V.37 genannten direkten Objekte ... ‏ואת בכרות ... ואת בכורי aramaisierend vor den Infinitiv ‏להביא (V.37) vorangestellt.[80] Da Gunneweg keinen Unterschied zwischen den ‏בכרות בהמתינו und den ‏בכורי בקרינו וצאנינו sieht,[81] muß er zwangsläufig eine Doppelung konstatieren. Er löst sie so auf, daß er "und (dazu) die Erstgeburten unserer Rinder und unseres Kleinviehs" zur "sekundäre(n) Spezifizierung" erklärt.[82] Dann liegt ursprünglich gar keine gespaltene Ko-

---

78 Vernachlässigen kann man hier die kontextuelle Anknüpfung von 36-37 nach vorne. W. Rudolph, Esra und Nehemia samt 3.Esra, HAT 20, 1949, 176.180 etwa votiert für die Umstellung von 10,35 nach 10,40; erwogen wird das auch von K. Galling, Die Bücher der Chronik, Esra, Nehemia, ATD 12, 1954, 241.

79 Man muß offensichtlich mit aramaisierender Voranstellung des direkten Objekts rechnen. Deshalb ist die lobenswert wortgetreue Übersetzung von F.Ch. Fensham, The Books of Ezra and Nehemiah, NICOT, 1982, 238-239 (wie schon LXX und Vulgata) doch irreführend: Fensham zieht alle direkten Objekte in 36-37 zum ersten Infinitiv in V.36. Das zweite, asyndetische ‏להביא V. 37 hängt dann doch etwas in der Luft, wenn man die beiden Vorkommen von ‏להביא nicht mit Hieronymus differenzieren will: "ut adferremus ... ut offerentur in domo Dei nostri ...".

80 Vgl. A.H.J. Gunneweg, Nehemia, KAT 19,2, 1987, 135. So z.B. auch J.M. Myers, Ezra - Nehemiah, AncB, 1965, 172; G. Brin, The Firstling of Unclean Animals, JQR 68 (1977-1978), 1-15, hier 2 und, wenn auch ansonsten ganz falsch, M. Breneman, Ezra - Nehemiah - Esther, New American Commentary 10, 1993, 249.

81 Aber vgl. J. Blenkinsopp, Ezra - Nehemiah. A Commentary, OTL, 1988, 318 und besonders H.G.M. Williamson, Ezra - Nehemiah, WBC 16, 1985, 336: ‏בהמה geht nach Num 18,15 nur auf die unreinen Tiere.

82 So Gunneweg, KAT 19,2, 135. Die Syndese vor ... ‏את בכורי hätte dann die sekundäre und glossentypische Funktion der Explikation.

ordination vor. Bei einem ähnlichen Ergebnis - aramaisierende Voranstellung ohne gespaltene Koordination - landete schon Galling, nur daß er die *erste* Hälfte von V.37 für sekundär hielt, also ואת בכרות בנינו ובהמתינו ככתוב בתורה, literarkritisch eliminierte.[83]

Vom Fixpunkt "בהמתינו gleich וצאנינו בקרינו" ausgehend löste Rudolph die Doppelung auf, indem er den *ganzen* zweiten Teil von V.37 ab ואת בכורי בקרינו für sekundär erklärte. So verschwindet das zweite להביא (V. 37) mit der automatischen Konsequenz, daß die restlichen direkten Objekte in 36-37 alle von ולהביא (V.36) abhängen, realisiert in Sperrstellung, und zwar via שנה בשנה לבית יהוה zwischen V.36 und dessen Fortsetzung in V. 37: "ferner die Erstlinge aller Früchte ... abzuliefern, dazu die Erstgeburten unserer Söhne ..."[84].

Auf der Basis einer Differenzierung von בהמתינו und וצאנינו בקרינו und im Gefolge des Beitrags von Brin[85] argumentiert hingegen Williamson zugunsten der Einheitlichkeit des Kontextes: בהמה meine mit Verweis auf Num 18,15 (ככתוב בתורה) die *unreinen* Haustiere, wodurch die eigene Erwähnung der Behandlung der *reinen* geradezu ernötigt werde, deshalb בקרינו וצאנינו.[86] Das hat einiges für sich, läßt sich aber auf diesem Weg allein nicht absichern, weil ja gerade in Num 18,15 zwischen Vieh generell: בהמה und unreinem Getier mittels des Attributs הטמאה unterschieden wird: הבהמה הטמאה. Das diskriminierende Attribut findet sich aber in Neh 10 nicht.

Die Lösung muß vom Verständnis der Vergleichsangabe ככתוב בתורה in 10,37, vor allem aber in 10,35, ausgehen. Wie funktioniert sie? Geht es nur und vor allem um die Behauptung der "Konformität mit einem ... Gesetz"[87], also um die Übereinstimmung zwischen dem hier mit dem dort Vorgeschriebenen? Das kann in Neh 10,35 freilich zu abgründigen Spekulationen führen: "Die Bestimmung über Holzlieferungen für den Altar (V. 35) hat ... keine Grundlage in einem der Gesetze des AT. Es ist deshalb unklar, auf welche Vorschrift das 'wie im Gesetz geschrieben steht' zu beziehen ist. Auch in dieser Hinsicht lebten die Menschen der Bibel ohne Bibel."[88] Neh

---

83 Vgl. Galling, ATD 12, 241.
84 Vgl. Rudolph, HAT 20, 178.179. Syntaktisch zu ולהביא V.36 zugeordnet werden die ersten beiden direkten Objekte auch von Williamson, WBC 16, 322-323 und Blenkinsopp, OTL, 309. Keiner der genannten Autoren erörtert freilich die Spaltung.
85 Vgl. besonders Brin, JQR 68 (1978-1979), 2. Die dahinterstehenden Erwägungen finden sich allerdings auch bei älteren Autoren, vgl. schon Rudolph, HAT 20, 178 einerseits, die bei Brin, JQR 68 (1978-1979), 2 Anm. 4 genannten mittelalterlichen jüdischen Autoren andererseits.
86 Vgl. Williamson, WBC 16, 336.
87 So etwa im Ausgang von E. Jenni, Die hebräischen Präpositionen. Band 2: Die Präposition Kaph, 1994, 135.
88 So Gunneweg, KAT 19,2, 138.

10,35 funktioniert anders, כתוב בתורה bekräftigt nicht die Konformität
der Bestimmung zur Holzlieferung, sondern ist ein *terminologisch präziser
Kurzverweis auf den weiteren Kontext* von Num 18, also nicht *legitimatorisch*: "Ihr sollt Holz abliefern, wie und weil es in der Tora geschrieben
ist", sondern *evokativ*: "Ihr sollt das Holz auf dem Altar YHWHs brennen
lassen (בער עצים על [ה]מזבח)[89], wie es in der Tora geschrieben ist, also
morgens und abends, beständig, nämlich durch die Priester etc."[90] Hat man
die Funktion von 10,35 so bestimmt, dann leistet dasselbe, nämlich einen
terminologisch präzisen Kurzverweis auf den weiteren Kontext, auch das
כתוב בתורה zwei Verse weiter in 10,37: בכרות את ובהמתינו בנינו geht -
an der Wortwahl erkenn- und in einer Gedächtniskultur wahrnehmbar -
direkt auf Num 18,15,[91] wobei כתוב בתורה genau auf das Surplus geht,
die Auslösungsbestimmungen in 18,15bc:[92] Mit בהמתינו in Neh 10,37 sind
dann tatsächlich die *unreinen* Tiere gemeint.

Bleibt die Frage nach den "Satzgrenzen" der beiden Infinitivkonstruktionen. So viel ist deutlich: Mit בהמתינו und בקרינו וצאנינו liegt keine Doppelung vor; und gerade wegen des syntaktisch-semantischen Teilbezugs von
כתוב בתורה *muß* das - "reine" - Groß- und Kleinvieh eigens folgen. Aber
wohin gehören die בכרות בנינו ובהמתינו? Die masoretische Akzentsetzung
legt es nahe, an V.36 zu denken. Der syntaktisch-semantische Teilbezug der
Zeitangabe שנה בשנה auf die vorgenannten Feld- und Baumfrüchte liegt auf
der Hand: Natürlich sind nur die Früchte "Jahr für Jahr" vorzubringen, die
Erstgeburten aber ad casum.[93] Zieht man die Satzgrenzen so, muß eine ähnliche Teilintegration auch für den Direktiv לבית יהוה geltend gemacht wer-

---

89   בער על, zumal mit den entsprechenden Lexemreferenzen auf עץ und מזבח findet sich
      nur in Lev 6,5 und Neh 10,35; עצים ist in Neh 10,35 kontextgetilgt, deshalb falsch
      HAL I (1967) sub I בער (piel): "abs. Feuer unterhalten".

90   So richtig Myers, AncB, 179; Williamson, WBC 16, 336; Blenkinsopp, OTL, 317;
      Breneman, New American Commentary 10, 249. Erwogen von Rudolph, HAT 20,
      180, mit m.E. unzulänglichen Argumenten verworfen von Gunneweg, KAT 19,2, 138
      Anm. 5.

91   Das wurde von den o.g. Vertretern der Differenzierung von בהמתינו und בקרינו
      וצאנינו immer schon gesehen: Nur so ist die ansonsten analogielose Rede von בכרות
      בהמתינו ... eigentlich überhaupt zu verstehen. Zur Sache vgl. besonders Williamson,
      WBC 16, 337. Man beachte, daß das את von Num 18,15 wegen des Personalsuffixes
      in בנים verschoben werden mußte. Das spricht also nicht gegen den Textverweis. Der
      Plural בכרות in Neh 10 ergibt sich aus der Zusammenziehung von הַאדם בכור und
      בכור הבהמה.

92   Zu unpräzise Rudolph, HAT 20, 179-180: "Daß die Erstgeburt beim Menschen und bei
      den unreinen Tieren auszulösen ist ..., wird als selbstverständlich übergangen."

93   Daher besonders absurd die Einheitsübersetzung: "Ferner bringen wir jährlich zum
      Haus des Herrn die ersten Erträge unserer Felder und die ersten Erträge aller Baum-
      früchte, unsere erstgeborenen Söhne und die ersten Jungen unseres Viehs, wie es im
      Gesetz vorgeschrieben ist."

den: Wegen der Auslösungsbestimmungen Num 18,15 sind die Erstgeborenen von Mensch und unreinem Vieh ja gerade *nicht* zum Haus YHWHs zu bringen, sondern vielmehr deren "Gegenwert"; insofern schließt dieses direkte Objekt nur unscharf an das vorgenannte "Bringen" an, ואת בכרות בנינו ובהמתינו ist syntaktisch als gesperrt realisiertes Zeugma an V.36 angebunden. Zumindest spricht nichts gegen diese Interpretation. Man kann, muß aber nicht so argumentieren.

Wahrscheinlicher ist es doch, V.37 für sich als syntaktische Einheit zu lesen, mit der Konsequenz, daß sich dann die gespaltene Koordination in V. 37 hinein verschiebt (und nicht auf der Grenze von 36/37 verbleibt).[94] Jetzt sperrt die Vergleichsangabe ככתוב בתורה in V.37. Diese ist einerseits, wie beschrieben, in ihrer Funktion sowieso teilbezogen auf das vorausstehende (Teil)Satzglied, was die Sperrung zur Genüge motiviert. Doch kommt ein weiteres hinzu: ככתוב בתורה kann *auch* legitimatorisch als Konformitätsargument funktionieren. Das verbietet eine Stellung, mit der sich die Vergleichsangabe auch auf ואת בכורי בקרינו וצאנינו beziehen könnte:[95] Neh 10,37 (zweite Hälfte) *abrogiert* nämlich mindestens einen Teil der Tora = Pentateuch zugunsten eines anderen, der *affirmiert* wird, konkret: Neh 10,37 kassiert die Regelung von Dtn 15,19-20, zugunsten derjenigen von Num 18,15-18: Nicht Selbstverzehr, sondern Priesterversorgung ist angesagt.[96] Diese Sicht läßt sich mit einer Zusatzbeobachtung bestätigen: Neh 10,37 gebraucht bei dieser Regelung den unüblichen Plural בכורי, wo Dtn 12,6.17/ 14,23 (בקרך וצאנך) בכרות implementieren, Indiz der Distanzierung vom Deuteronomium.[97]

Beide Möglichkeiten zeigen: Neh 10,36-37 ist ein hochkomplexer und konstruierter, syntaktisch aber durchaus akzeptabler Zusammenhang. Wer

---

[94] Eine andere Konsequenz: Dann hätte Rudolph, HAT 20, 179-180 Recht mit seiner Feststellung, daß die Auslösung der Erstgeburt bei Mensch und unreinem Getier "selbstverständlich übergangen" wird: Nachfolgendes להביא לבית אלהינו לכהנים gilt auch für dieselben.

[95] Speziell also z.B. eine Stellung der Vergleichsangabe nach (oder gar vor) beiden direkten Objekten.

[96] So mit Williamson, WBC 16, 337, der sogar der Meinung ist, gerade auf dem zweiten Infinitiv mit seinem לכהנים liege der Akzent ("careful emphasis"). Diesen Teilbezug von ככתוב בתורה realisiert z.B. Breneman, New American Commentary 10, 249 mit seiner harmonisierenden Übersetzung nicht: "As it is also written in the Law, we will bring the firstborn of our sons and of our cattle, of our herds and of our flocks to the house of our God, to the priest ministering there."

[97] Deshalb ist auch der Wechsel von üblichem בכרות zu unüblichem בכורי kein brauchbares literarkritisches Argument zur Scheidung in 10,37, der Wechsel impliziert keine terminologische Spannung, sondern ist vielmehr hochmotiviert, wenngleich sublim. בכורי geht im Pentateuch immer auf die vegetabilen Erstlinge, die Pluralbildung בכרות findet sich nur in den drei Dtn-Stellen.

den Verweischarakter der בתורה ככתוב-Formulierung ernstnimmt, wird
Subtilitäten im Text entdecken, die einem zu forschen literarkritischen
Blick verborgen bleiben müssen. Jedenfalls wird man mit derlei Subtilitäten
in späten Texten, die sich auf derartige - disparate - Vorlagen beziehen,
rechnen müssen.

4. Weitere Funktionen

Diesem kurzen Beitrag ist nicht daran gelegen, *alle* möglichen Funktionen
gespaltener Koordinationen zu belegen und zu diskutieren. Daß es Fälle
gibt, die nach wie vor literarkritisch zu beanstanden sind, wurde oben bereits angezeigt.[98] Sie sind gleichwohl insgesamt weniger zahlreich als bisher
angenommen. Zwei weitere wichtige Funktionen, die die Spaltungen von
Subjekten und die Spaltungen in der Poesie betreffen, sollen aber doch noch
kurz angesprochen werden.

Ohne dies hier noch belegen zu können, fungieren *Spaltungen von Subjekten* in hebräischer Prosa generell als textsyntaktisch hochrelevante Signale für die Gewichtung der Akteure in der Erzählung wie für die Entwicklung des Plots.[99] Bei den Hauptkonstruktionstypen mehrteiliger Subjekte, nämlich gespaltenen Subjekten (Typ: *Noah* ging in die Arche *und seine
Söhne*), Gleitkonstruktionen (Typ: *Noah* ging in die Arche, *er und seine
Söhne*) und Komitativformulierungen (Typ: *Noah ging in die Arche und
seine Söhne mit ihm*)[100] sind die Funktionen gespaltener Subjekte am eng-
sten eingegrenzt: Es handelt sich beim abgespaltenen Element nie um den
dominanten, sondern um einen zweitrangigen oder gar drittrangigen Ak-
teur (vgl. Gen 26,26/ Ex 12,38/ Num 16,27). Durch dessen Hinzutreten
wird entweder der erste oder der zweite Hauptakteur amplifiziert, zugleich
der Plot entwickelt (ähnlich, ohne drei Hierarchiestufen, bei 2Chr 34,30
und Jes 7,5). Was bei Komitativformulierungen und Gleitkonstruktionen
möglich ist, nämlich daß die differenzierten Akteure im Folgenden gleich-
rangig auftreten (bei Gleitkonstruktionen ist sogar Verdrängung des erstge-
nannten Subjekts möglich), erlauben die gespaltenen Koordinationen von
Subjekten in Prosa nicht. Eine gespaltene Koordination gab daher dem kom-

---

[98] Vgl. o. Anm. 7.

[99] Vgl. zu dem Phänomen "Participant Reference" in hebräischer Prosa zuletzt den wichti-
gen Beitrag von C.H.J. van der Merwe, Discourse Linguistics and Biblical Hebrew
Grammar, in: R.D. Bergen, (ed.), Biblical Hebrew and Discourse Linguistics, 1994,
13-49.

[100] Zum Komitativ vgl. besonders J. Kunze, Einige Betrachtungen zum Komitativ und zu
verwandten Konstruktionen, in: I. Zimmermann - A. Strigin (Hrsg.), Fügungspotenzen
(FS Bierwisch), 1992, 111-131.

petenten Leser deutliche textsyntaktische Signale im Hinblick auf die Interaktion der in einer Erzählung auftretenden Handlungsträger.

Der zweite größere Bereich von Spaltungen betrifft die *Poesie*, wo ganz offensichtlich Fälle auftreten, die sich an der Grenze zwischen allgemeiner Satzmodulation und innerpoetischen Parametern, vor allem der notorisch schwierigen Metrik, bewegen bzw. im Schnittfeld beider determiniert werden. Das ist bei einem Beleg wie Spr 24,30 ziemlich eindeutig der Fall: עַל שְׂדֵה אִישׁ עָצֵל עָבַרְתִּי וְעַל כֶּרֶם אָדָם חֲסַר לֵב: "*am Feld eines faulen Mannes* ging ich vorüber *und am Weinberg eines Menschen ohne Herz*". Einerseits scheinen ausweislich der Voranstellung des einen עַל-Gliedes die Direktive fokussiert, andererseits läßt die zu vermutende metrische Gebundenheit des Verses mangels ausreichenden Satzmaterials die Komplettvoranstellung beider Direktive kaum zu. Freilich bewegt man sich hier argumentativ auf ziemlich schwierigem Gelände, mehr als eine tentative Aussage kann (und soll) hier nicht gewagt werden. Es bleibt zu hoffen, daß die weitere Erforschung satzsyntaktischer und poetisch-stilistischer Parameter hier einiges zur Klärung beizutragen vermag.

ḥæsæd wæ'ᵃmæt

von Diethelm Michel, Mainz

Vom Thema her ist ein Vorgehen in drei Arbeitsschritten erforderlich:

1. Bemerkungen zur Bedeutung von חֶסֶד (ḥæsæd),
2. Bemerkungen zur Bedeutung von אֱמֶת ('ᵃmæt),
3. Bemerkungen zur Bedeutung der Wendung חֶסֶד וֶאֱמֶת (ḥæsæd wæ'ᵃmæt).

Klar ist, daß im Rahmen dieses Vortrages zu den einzelnen Punkten nur kurze Bemerkungen gemacht und keine gründlichen Untersuchungen angestellt werden können.

1. Bemerkungen zu Herkunft und Bedeutung von חֶסֶד (ḥæsæd)

Etymologisch ist ḥæsæd ein Rätsel - vor allem deshalb, weil weder im Akkadischen noch im Kanaanäischen diese Wurzel bekannt ist. Auch das (biblische) Aramäisch bietet eine Fehlanzeige. - Dieser auffällige Befund ist meiner Kenntnis nach nirgends erörtert worden. Ich meine, man muß zu seiner Erklärung die alte Theorie von Bauer[1] heranziehen, das biblische Hebräisch sei eine Mischsprache aus kanaanäischen und von Einwanderern mitgebrachten (aramäischen, midianitischen? kenitischen?) Elementen - die dann freilich einen anderen Dialekt gesprochen haben müssen, als wir ihn im Biblischen Aramäisch haben.

Nelson Glueck hat in seiner Dissertation "Das Wort ḥesed im alttestamentlichem Sprachgebrauche als menschliche und göttliche gemeinschaftsgemäße Verhaltensweise"[2] die in dem Titel bereits ausgedrückte These vertreten. Nach ihm soll das hebräische Wort am besten durch "Loyalität" wiedergegeben werden. - Zobel hat in seinem Artikel im ThWAT[3] auf Glueck aufgebaut und Weiterführendes gesagt. Nun haben beide sicherlich Wesentliches und Richtiges gesehen; die Frage aber bleibt dennoch, ob man hier nicht noch mehr sagen kann. Und an diesem Punkt scheint mir die eben erwähnte Theorie von Hebräisch als einer Mischsprache aus kanaanäischen

---

[1] Vgl. H. Bauer - P. Leander, Historische Grammatik der hebräischen Sprache des Alten Testaments, Halle 1922 (= Nachdruck Hildesheim 1965) S. 19f.

[2] BZAW 47, 1927.

[3] H.-J. Zobel, חֶסֶד ḥæsæd. ThWAT Bd. III, Sp. 48-71.

und von den einwandernden Hebräern mitgebrachten Sprachelementen wei-
terzuhelfen. Spielen wir diese Möglichkeit einmal durch.
     Diese Einwanderer sind vermutlich als eine Art Nomaden zu sehen. Für
(halbseßhafte) Nomaden ist typisch, daß sie außerhalb des Rechtsschutzes
der Seßhaften stehen; deshalb haben z.b. die Keniter zu ihrem Schutz die
besondere Art der siebenfachen Blutrache entwickelt (vgl. Gen 4,15), die
an dem besonderen Kainszeichen für jeden erkennbar wird[4]. Und sie haben
wohl auch eine besondere Art von Loyalität gegenüber denen entwickelt, die
ihnen in schwierigen Situationen einmal beigestanden haben. Als Musterbei-
spiel könnte Jael gelten. Ihre Sippe hatte zwar Schalom "Frieden" mit Jabin,
dem König von Hazor (Jdc 4,17), weshalb dessen Feldhauptmann Sisera auch
zuversichtlich ins Zelt von Jael trat, um dort Schutz zu finden. Die Sippe des
Keniters Heber aber, dessen Frau Jael war, hatte noch stärkere Bindungen
an die Israeliten, und deshalb tötete Jael den Sisera. Welcher Art diese stärke-
ren Bindungen waren, wird als bekannt vorausgesetzt und deshalb nicht erwähnt. Aber man kann sie aus einem anderen Text erschließen:
     1 Sam 15,6 schickt Saul, als er einen Feldzug gegen die Amalekiter be-
ginnt, eine Botschaft an die in deren Gebiet wohnenden Keniter: "Auf, zieht
fort, verlaßt das Gebiet der Amalekiter, damit ich euch nicht zusammen mit
ihnen vernichte; denn ihr habt ja *hæsæd* getan an den Israeliten, als sie aus
Ägypten heraufzogen." Die in der Vergangenheit erwiesene Unterstützung
der Keniter hat zu einem wechselseitigen Verhältnis geführt, in dem auch
Saul *hæsæd* zu tun hat - ebenso wie es Jael getan hat.
     Wie ein solches Verhältnis zustande kommen kann, zeigen andere Texte:
Jdc 1,24 "Da erblickten die Wächter einen Mann, der aus der Stadt heraus-
ging, und sie sagten zu ihm: Zeige uns doch den Zugang zur Stadt, entsprechend tun wir (dann) *hæsæd* an dir." Die erbetene Hilfe des Mannes begründet also ein Verhältnis, in dem die Israeliten ihrerseits zu *hæsæd* ver-
pflichtet sind[5]. Worin dieser *hæsæd* besteht, wird aus der Fortsetzung deutlich: V.25 "Da zeigte er ihnen den Zugang zur Stadt und sie schlugen die
Stadt mit der Schärfe des Schwertes; den Mann aber und seine ganze Sippe
ließen sie gehen."
     Wir wollen dieses Verhalten anders als Glueck ("gemeinschaftsgemäße
Verhaltensweise") lieber nennen: "respondierendes Verhalten" - denn darum

---

4   Zu diesen Problemen vgl. schon B. Stade, Das Kainszeichen: ZAW 14 (1894) S. 250-
     318.
5   E. Kellenberger, häsäd wäᵃ̓mät als Ausdruck einer Glaubenserfahrung (AThANT 69)
     1982, S. 41, will hier "etwas Besonderes" finden, "das über das Ordnungsgemässe hi-
     nausgeht".

geht es: auf eine erwiesene Wohltat hat man (als stolzer Nomade) entsprechend zu antworten.

Daß man solch ein respondierendes Verhalten als typische Verhaltensweise bei Israeliten in Rechnung stellen konnte, zeigt der eigenartige Text 1 Reg 20. Benhadad ist geschlagen, sein Schicksal ist nach orientalischen Maßstäben der Tod. V.31 "Da sagten seine Sklaven zu ihm: Schau, wir haben gehört, daß die Könige von Israel Könige von *ḥæsæd* sind. Wir wollen Trauergewänder um unsere Hüften legen und Stricke um unsere Köpfe (=Hälse?) und zum König von Israel gehen. Vielleicht läßt er dich am Leben." Der Sinn kann nur sein, daß durch die Unterwerfungsgeste ein Tatbestand geschaffen wird, der dem so Angesprochenen nahelegt, nicht zu töten, sondern als respondierenden *ḥæsæd* das Leben zu gewähren. Die Fortsetzung zeigt, daß der König von Israel noch größeren *ḥæsæd* zu tun bereit ist: V.32 "Da gürteten sie sich mit Trauergewändern, legten Stricke um ihren Kopf (Hals?), kamen zum König von Israel und sagten zu ihm: Dein Knecht Benhadad spricht: Meine Nephesch möge am Leben bleiben! Und er sagte: Lebt er (denn) noch? Er ist mein Bruder!" - Vermutlich liegt in dem Satz אָחִי הוּא ein Koinzidenzfall vor. - (V.33) "Die Männer nahmen (das Wort) als gutes Zeichen (!!??), beeilten sich, darauf einzugehen (??!!) und sagten: Er ist dein Bruder." -

Der *ḥæsæd* liegt darin, daß der König von Israel auf die Unterwerfungsgeste reagiert - so wie heute noch ein Hund nicht in die Kehle eines unterworfenen Rivalen beißt, wenn dieser sich auf den Rücken legt und zur Unterwerfung alle Viere von sich streckt. Das Besondere am *ḥæsæd* des Königs von Israel liegt darin, daß er seinen Nebenbuhler nicht nur, wie dieser erfleht hat, am Leben läßt, sondern ihn zu "seinem Bruder" ernennt - womit dieser sein Königsamt behält - und ihn auf seinen Königswagen steigen läßt. Auf diese Großzügigkeit reagiert Benhadad angemessen: V.34 "Und Benhadad sprach zu ihm: Die Städte, die mein Vater deinem Vater genommen hat, will ich (dir) zurückgeben, und Märkte kannst du dir in Damaskus einrichten, wie es mein Vater in Samaria getan hat. >Und Ahab sprach:< Ich will dich in einem Bund freilassen. Dann schloß er mit ihm einen Bund und ließ ihn frei."

Gen 20,13 Abraham rechtfertigt sich vor Abimelech: "Als mich aber Gott aus dem Hause meines Vaters ins Ungewisse ziehen ließ, sagte ich zu ihr: Folgendes ist dein *ḥæsæd*, den du um meinetwillen tun mußt: An jedem Ort, zu dem wir kommen werden, sage von mir: Er ist mein Bruder." Der (persönliche, cf. Suffix) *ḥæsæd* gilt auch zwischen Ehepartnern.

Der wechselseitige, respondierende Charakter des *ḥæsæd* wird sehr schön Gen 21,23 deutlich: "Und nun schwöre mir bei Gott hier [oder: folgendes??]: Ganz gewiß wirst du nicht trügerisch handeln an mir (אִם־תִּשְׁקֹר לִי),

meinen Nachkommen oder meinem Geschlecht. Entsprechend dem *ḥæsæd*, den ich an dir getan habe, wirst du auch an mir tun und an dem Land, in dem du als Gast weilst."

Der respondierende *ḥæsæd* soll sich auch auf die Nachkommen erstrek-ken. Gegenbegriff ist hier שֶׁקֶר.

Auch Gott handelt, indem er respondierenden *ḥæsæd* tut: Ex 20,5-6 "Du sollst nicht vor ihnen niederfallen und ihnen dienen, denn ich, Jahwe, dein Gott, bin ein eifersüchtiger Gott, der die Schuld der Väter heimsucht an Kindern bis ins dritte und vierte Glied, (V.6) der aber *ḥæsæd* tut an Tau-senden bei denen, die mich lieben und meine Gebote halten."

ḥæsæd heißt hier eindeutig nicht "Gnade" oder "Gunst", sondern respon-dierendes Verhalten: Jahwe tut *ḥæsæd* an Tausenden bei denen, die ihn lie-ben und seine Gebote halten.

2 Sam 7,14-15 "Ich will für ihn Vater sein und er wird für mich Sohn sein. Wenn er sich verfehlt, werde ich ihn nach Menschenart mit Ruten und Schlägen züchtigen. (V.15) Mein *ḥæsæd* soll nicht von ihm weichen, wie er von Saul gewichen ist, den ich vor deinen Augen verstoßen habe."

1 Reg 3,6 "Da sagte Salomo: Du hast an deinem Knecht, an David, großen *ḥæsæd* getan entsprechend dem, daß er vor dir gewandelt ist in *ʾæmæt* und *ṣedāqāh* und *jišrat lēbāb* bei dir, und so hast du ihm diesen grossen *ḥæsæd* getan und ihm einen Sohn gegeben, der auf seinem Thron sitzt, wie es heute geschieht." Jahwes *ḥæsæd*-Tun an David ist also respon-dierendes Handeln Jahwes als Reaktion auf Davids Handeln.

Ps 143,12 "In deinem *ḥæsæd* mögest du meine Feinde vertilgen,/ indem du alle meine Gegner untergehen läßt,/ denn ich bin dein Knecht." Duhm: "Durch seine Gnade möge Jahwe des Verf.s Feinde vernichten! Man sollte fast בַּחֲמָתְךָ in deinem Grimm, als ursprünglich vermuten, die Gnade wirkt in solchem Zusammenhang abscheulich. Aber leider kann man diesem Au-tor viel zutrauen."[6] - Aber *ḥæsæd* bedeutet weder Gnade noch Gunst, son-dern respondierendes Verhalten, das sich wie bei Jael auch gegen einen Feind dessen richten kann, mit dem man durch *ḥæsæd*-Handeln verbunden ist. In diesem Sinn hat *ḥæsæd* hier nichts "Abscheuliches".

Auf die weiteren Belege von Gottes *ḥæsæd* kann hier nicht eingegangen werden, hingewiesen sei nur auf Ps 6,5; 23,6 und 59,10-11, außerdem auf die im Psalter oft vorkommende Wendung "denn (ja,) sein *ḥæsæd* währt ewiglich".

Auch ein methodisches Problem kann nur als marginale Notiz erwähnt werden: Bei einem theologisch so gefüllten Begriff wie *ḥæsæd* stellt sich die

---

6   B. Duhm, Die Psalmen (Kurzer Hand-Kommentar zum Alten Testament XIV). Tübin-gen ²1922. S. 469.

Frage, ob der theologische Gebrauch mit Gott als Subjekt des ḥæsæd-Tuns ursprünglich ist oder der profane mit Menschen als Subjekt. Und hier sind, wie man bei einem wissenschaftlichen Problem erwarten kann, beide Theorien vertreten worden: Nach Zobel ist das Tun von ḥæsæd unter Menschen der ursprüngliche Gebrauch, die Vorstellung, daß Gott ḥæsæd tut, der übertragene. Anders Clark[7]: "The use of the word in the Hebrew Bible indicates that חֶסֶד is characteristic of God rather than human beings; it is rooted in the divine nature, and it is expressed because of who he is, not because of what humanity is or needs or desires or deserves." ... "Yahweh expects his people to emulate this quality that he so frequently demonstrates, even though people's expression of it can be only a pale reflection of Yahweh's." Wir können das Problem hier nicht diskutieren - aber es sei wenigstens festgestellt, daß mir Zobels Position sehr viel wahrscheinlicher ist.

2. Bemerkungen zu אֱמֶת ('æmæt)

Hier scheint die Etymologie zunächst klar: 'æmæt ist eine Ableitung von der Wurzel אמן. Aber das ist nur eine scheinbare Lösung - denn diese hebräische Wurzel אמן "ist bisher weder im Akk. noch im Ugar. bzw. Kanaan.-Phön. mit Sicherheit nachzuweisen. ... Doch hat das Aram.-Syrische die Wurzel auch unabhängig vom Hebr., aber, wie es scheint, vor allem zur Bezeichnung zeitlicher Dauer; ... Danach ist wohl auch der älteste [7.-6. Jh. aus Saqqara, Mi] aramäische Beleg (KAI 266,3) besser zu übersetzen: 'Wie die Tage des Himmels *beständig* (sei der Pharao oder sein Thron).'"[8] - Ähnlich Wildberger[9]: "Die Wurzel '*mn* »fest, sicher, zuverlässig sein« ist im Akk., Ug., Phön. und Altaram. nicht belegt, dagegen seit den zwar seltenen Vorkommen im Reichsaram. bzw. Bibl.-Aram. im Aram. und in den südsem. Sprachzweigen." Wer gerne spekuliert, sei darauf hingewiesen, daß vielleicht eine Beziehung zu der ägyptischen Wurzel *mn* »fest sein, bleiben« besteht[10] - aber das kann hier nicht weiter verfolgt werden.

Auf jeden Fall aber ist das Fazit des Sprachvergleichs, daß ebenso wie ḥæsæd auch 'æmæt ein Wort ist, das für das Hebräische charakteristisch ist.

Bei 'æmæt wird häufig eine Vielfalt von deutschen Bedeutungen für dieses eine hebräische Wort angegeben, genannt sei z.B. aus dem Wörterbuch

---

7   G.R. Clark, The Word *Hesed* in the Hebrew Bible (JSOT Supplement Series 157) 1993, S. 267.

8   A. Jepsen, Art. אָמַן: ThWAT Bd. I, Sp. 313-348. 314.

9   H. Wildberger, אמן '*mn* fest, sicher: THAT Bd. I, Sp. 177-209. 178.

10 Vgl. H. Wildberger, אמן '*mn* fest, sicher: THAT Bd. I, Sp. 178.

von Gesenius-Buhl[11]: "Beständigkeit", "Bestand", "Zuverlässigkeit", "Gewißheit", "Sicherheit", "Ehrlichkeit", "Treue", "Wahrheit".

Für den Linguisten ist dies nichts als eine unbefriedigende Sammlung von Übersetzungsvorschlägen. Denn die Frage muß doch gestellt werden: Handelt es sich hier um ein Wort, für das sich in allen Verstehens- und Übersetzungsmöglichkeiten ein einheitliches Kriterium angeben läßt - oder muß man (etwa aufgrund einer fortgeschrittenen Sprachentwicklung) Homonyme annehmen, wie z.B. im Deutschen bei dem Wort "Schloß", das bei gleicher Lautform einmal das Schloß an der Türe, das andere Mal das Schloß auf dem Berg bedeuten kann.

Wenn man nicht wie bei Schloß Homonyme annehmen will, muß man nach einer Bedeutung fragen, die als Grundbedeutung allen von uns empfundenen Verstehensmöglichkeiten zugrundeliegt.

Wir können hier natürlich nicht alle Belege von ʾ*æ*mæt diskutieren - das habe ich schon an anderer Stelle getan[12]; hier sei grob das Ergebnis vorgeführt:

Zuvor aber noch zwei Bemerkungen: a) Der häufigste Gegenbegriff ist שֶׁקֶר "Lüge"; b) ʾ*æ*mæt ist am häufigsten als Objekt eines Verbs des Sagens belegt (Objekt von "tun" nur an der wahrscheinlich verderbten Stelle Ez 18,9 und den späten Stellen Neh 9,33; 2 Chr 31,20).

Bedeutungen:

i) In seiner Grundbedeutung bezeichnet ʾ*æ*mæt die Richtigkeit von Aussagen = "stimmen".

1 Reg 10,6 אֱמֶת הָיָה הַדָּבָר אֲשֶׁר שָׁמַעְתִּי בְּאַרְצִי עַל־דְּבָרֶיךָ וְעַל־חָכְמָתֶךָ
"ʾ*æ*mæt (= zutreffend, stimmend) war die Rede, die ich in meinem Land über deine Sprüche und deine Weisheit gehört habe."

Dtn 13,13-15 "Wenn du hörst, in einer deiner Städte, die dir Jahwe, dein Gott, geben wird, um darin zu wohnen, (V.14) seien Leute, nichtswürdige Menschen, aus deiner Mitte hervorgetreten und hätten die Bewohner ihrer Stadt verführt, indem sie sagten: Laßt uns hingehen und anderen Göttern dienen, die ihr nicht kennt, (V.15) so sollst du dich erkundigen und nachforschen und gründlich untersuchen. וְהִנֵּה אֱמֶת נָכוֹן הַדָּבָר Wenn es ʾ*æ*mæt = Wahrheit ist, wenn die Behauptung zu recht besteht, ..."

---

[11] Wilhelm Gesenius, Hebräisches und aramäisches Handwörterbuch über das Alte Testament, bearbeitet von Frants Buhl, unveränderter Neudruck der 1915 erschienen 17. Auflage, Berlin, Göttingen, Heidelberg 1962, S. 52.

[12] Vgl. Diethelm Michel, Begriffsuntersuchung über sädäq-sᵉdaqa und ʾämät - ʾämuna, (unveröffentlichte) Habilitationsschrift Heidelberg 1964; Ders., ʾÄMÄT. Untersuchung über "Wahrheit" im Hebräischen, in: Archiv für Begriffsgeschichte XII (1968) S. 30-57.

Jes 43,9 אֱמֶת וְיֹאמְרוּ וְיִשְׁמְעוּ "... sie sollen hören und sprechen: ⁾ᵃᵉmæt = es stimmt". Hier geht es darum, daß die Aussage von Zeugen stimmt. Weitere Belege: Dtn 17,4; 22,20; 1 Reg 22,16; 1 Reg 17,24; Dan 8,26; 10,1.21; 11,2 u.ö.

ii) ⁾ᵃᵉmæt kann "Echtheit" bedeuten: Prv 11,18 "Der Frevler schafft sich Gewinn von Lüge, aber wer Gerechtigkeit sät, Lohn von ⁾ᵃᵉmæt." Vgl. weiter Jer 2,21; Ez 18,8 u.ö.

iii) Auch von göttlichen Verheißungsworten kann gesagt werden, sie seien ⁾ᵃᵉmæt . In diesem Fall liegt u.U. das "Stimmen" in der Zukunft: 2 Sam 7,28 "Du bist der Gott, deine Worte sind (werden sein?) ⁾ᵃᵉmæt." Vgl. weiter Ps 132,11; Ps 31,6; Ps 71,22; Ps 30,10; Ps 91,4; Ps 54,6-7; Ps 43,2-3; Jer 23,28.

iv) Auch göttliche Gebote können als ⁾ᵃᵉmæt qualifiziert werden: z.B. Ps 19,10 "Die Rechtssätze Jahwes sind ⁾ᵃᵉmæt, erweisen sich insgesamt als gerecht." Gemeint ist anscheinend, daß sie deshalb ⁾ᵃᵉmæt sind, weil Jahwe die an sie geknüpften Verheißungen oder Strafandrohungen eintreten läßt; in diesem Sinne "stimmen" sie. Vgl. weiter Ps 146,6b-7; Ps 86,1; 119,160 (!) u.ö.

v) Bei menschlichen Handlungen kann ⁾ᵃᵉmæt das Erfüllen von Verpflichtungen oder das Halten von Geboten bezeichnen; dann "stimmt" die Handlung mit vorgegebenen Verpflichtungen überein.

vi) In diesem Sinne kann die Wendung *ḥæsæd wæ⁾ᵃᵉmæt* verwendet werden.

3. Bemerkungen zu חֶסֶד וֶאֱמֶת (*ḥæsæd wæ⁾ᵃᵉmæt*)

a) Die 23 mal belegte Wendung *ḥæsæd wæ⁾ᵃᵉmæt*[13] scheint eine feste Wortfolge zu haben (lediglich in lockerer Verbindung Hos 4,1 und Mi 7,20 ist die umgekehrte Reihenfolge belegt). Häufig wird die Meinung vertreten, bei der Wendung handle es sich um ein Hendiadyoin (Hendiadys), also um eine sprachliche Wendung, bei der ein Tatbestand durch zwei bedeutungsgleiche oder bedeutungsähnliche Wörter ausgedrückt werde. Die eben skizzierte Bestimmung des mit *ḥæsæd* und ⁾ᵃᵉmæt Gemeinten hat aber ergeben, daß deutliche Unterschiede in der Bedeutung bestehen - so deutliche, daß ein Hendiadyoin auszuschließen ist.[14]

---

[13] Insgesamt kommen *ḥæsæd* und ⁾ᵃᵉmæt 51 mal nebeneinander vor, vgl. G.R. Clark, The Word *Hesed* in the Hebrew Bible (JSOT.S 157) 1993, S. 235.

[14] So gegen eine weitverbreitete Deutung, z.B. Zobel: " ... *ḥæsæd wæ⁾ᵃᵉmæt* ... wird zurecht allgemein als Hendiadysverbindung verstanden, in der das nachgestellte Nomen ⁾ᵃᵉmæt (...) die Festigkeit, Zuverlässigkeit und andauernde Gültigkeit des *ḥæsæd* - Erweises oder -Versprechens betont." (H.-J. Zobel, חֶסֶד *ḥæsæd*. ThWAT Bd. III, Sp.

b) Aufschluß kann von einigen Texten gewonnen werden, an denen nacheinander *ḥæsæd* und *ḥæsæd wæ'æmæt* vorkommen.

Jos 2,12-14: "(V.12) Und nun schwört mir doch bei Jahwe, daß, da ich euch *ḥæsæd* getan habe, ihr auch an meiner Familie *ḥæsæd* tun wollt, und gebt mir damit ein Zeichen der *'æmæt* (V.13) und laßt so meinen Vater, meine Mutter, meine Schwestern und alle, die zu ihnen gehören, am Leben und errettet unser Leben vom Tode. (V.14) Da sprachen die Männer zu ihr: Unser Leben soll als Bürgschaft für euch dem Tode verfallen sein, vorausgesetzt, daß ihr unsere Angelegenheit nicht verratet. Wenn Jahwe uns das Land gibt, werden wir an dir *ḥæsæd wæ'æmæt* tun." Quell war mit seiner Deutung von "Zeichen der *'æmæt*" auf dem richtigen Wege: "ein Pfand für die Rechtsgültigkeit eines Versprechens"[15]; nach den vorhergehenden Ausführungen können wir präziser sagen: ein Zeichen dafür, daß man das Versprechen einlösen will (Wahrheit als Versprechenserfüllung). Es ist zu beachten, daß Rahab in V.12 nur davon redet, daß sie *ḥæsæd* getan hat - sie hat ja nichts versprochen. Nachdem die Männer mit dem Schwur das Zeichen der *'æmæt* gegeben haben, daß sie ebenfalls *ḥæsæd* tun wollen, können sie in V.14 sagen, daß sie *ḥæsæd wæ'æmæt* tun wollen. *'æmæt* ist also hier dem Kontext nach ein Hinweis auf die Versprechenserfüllung, grammatisch ist *wæ'æmæt* als explizierende Apposition aufzufassen: *ḥæsæd* und zwar als Versprechenserfüllung. Im Deutschen kann man dieses Apposition vielleicht am besten durch ein attributives Adjektiv wiedergeben; "wir werden an dir den versprochenen *ḥæsæd* tun".

Um die Wendung in Gen 24,27 richtig verstehen zu können, müssen wir wieder den Kontext beachten:

24,12-14 "Und er sprach: Jahwe, Gott meines Herrn Abraham, laß es mir doch heute begegnen und tue *ḥæsæd* an meinem Herrn Abraham. (V. 13) Siehe, ich stehe jetzt an der Wasserquelle, und die Töchter der Stadtbewohner kommen heraus, um Wasser zu schöpfen. (V.14) Das Mädchen nun, zu dem ich sage: Neige deinen Krug, daß ich trinke, und das dann sagt: Trinke, und auch deine Kamele will ich tränken, das hast du für deinen Knecht Isaak bestimmt, und daran will ich erkennen, daß du meinem Herrn *ḥæsæd* erweist." - Jahwe soll also an Abraham *ḥæsæd* tun und zum Erweis des *ḥæsæd* soll ein Zeichen geschehen.

---

53) Vgl. weiter Clark : "... but it is frequently asserted that this is an example of a hendiadys, a complex semantic unit." [The Word *Hesed* in the Hebrew Bible (JSOT.S 157) 1993, S. 235]

[15] Gottfried Quell, Der atl. Begriff 'ämät, in: ThWNT Bd. 1, 1933, S. 233-237, hier: S. 234.

Erst als dieses eingetreten ist, taucht im dankenden Lobpreis die Wendung *ḥæsæd wæ'æmæt* auf:

24,26-27 "Da neigte sich der Mann und betete Jahwe an (V.27) und sprach: gepriesen sei Jahwe, der Gott meines Herrn Abraham, der seinen *ḥæsæd* und seine *'æmæt* meinem Herrn nicht entzogen hat. Jahwe hat mich ja geradewegs in das Haus der Brüder meines Herrn geführt. - Nachdem also das Zeichen eingetreten ist, nachdem es, wie man sagen möchte, *'æmæt* geworden ist, wird aus dem bloßen *ḥæsæd* das Paar *ḥæsæd wæ'æmæt*. *'æmæt* bedeutet hier am wahrscheinlichsten "Wahrheit im Sinne von Zeichenerfüllung". - Abrahams Knecht schließt seinen Bericht mit den Worten (24,48): "Und dann segnete ich Jahwe, den Gott meines Herrn Abraham, der mich auf dem Wege der *'æmæt* geführt hat, die Tochter des Bruders meines Herrn für seinen Sohn zu nehmen." Nach üblicher Deutung[16] soll Weg der *'æmæt* hier "rechter Weg" o.ä. bedeuten; wahrscheinlicher erscheint mir dem Zusammenhang nach konkret: "Weg der Zeichenerfüllung". Wenn der Knecht dann fortfährt: (24,49) "Und nun, wenn ihr *ḥæsæd wæ'æmæt* an meinem Herrn tun wollt, so sagt es mir; wenn nicht, dann sagt es mir auch, daß ich mich zur Rechten oder Linken wende", dann liegt es nahe, *ḥæsæd wæ'æmæt* mit "Gunst als Zeichenerfüllung" zu übersetzen, d.h. Laban und Bethuel sollen sich mit ihrem Handeln in das Geschehen des Zeichens einfügen und damit dem Zeichen zustimmen. Diese Interpretation wird m.E. durch 24,50 gestützt: "Da antworteten Laban und Bethuel und sprachen: Von Jahwe kommt diese Angelegenheit. Wir können dir (also) weder Böses noch Gutes tun." Sie beugen sich also dem ergangenen Zeichen und erkennen es als *'æmæt* an.

2 Sam 2,5-6 Die Männer von Jabesch in Gilead haben Saul bestattet. Daraufhin schickt David Boten zu ihnen und läßt ihnen sagen: "Gesegnet sollt ihr sein von Jahwe, die ihr diesen *ḥæsæd* an Saul, eurem Herrn getan habt. (V.6) Nun also möge Jahwe an euch *ḥæsæd wæ'æmæt* tun, und auch ich will an euch ebensolches Gute, wie ihr in dieser Angelegenheit getan habt, erweisen." - Aufgrund des *ḥæsæd*, den die Männer von Jabesch getan haben, segnet David sie. Wenn Jahwe jetzt ebenfalls *ḥæsæd* an ihnen tut, dann erfüllt er diesen Segen; *ḥæsæd wæ'æmæt* hat also hier den Sinn von *ḥæsæd* als Segenserfüllung.

---

16 So z.B. u.a. H. Gunkel, Genesis (Göttinger Handkommentar zum Alten Testament Bd. I, 1) Göttingen 61964 und G. von Rad, Das erste Buch Mose: Genesis (ATD Bd. 2/4) Göttingen 111981.

Gen 47,29 "Da nahten sich die Tage, da Israel sterben sollte, und er rief
seinen Sohn Joseph und sprach zu ihm: Wenn ich Gnade/Gunst (*ḥen*)[17] vor
dir finde, dann lege deine Hand unter meine Lende und tue mir *ḥæsæd*
wæ'*æmæt*: begrabe mich nicht in Ägypten! - (Zur Schwurgeste vgl.
Gen 24,2 "lege deine Hand unter meine Lende" שִׂים־נָא יָדְךָ תַּחַת יְרֵכִי)[18] -
'*æmæt* bedeutet hier "Eideserfüllung"; *ḥæsæd wæ*'*æmæt*: eidlich zugesagtes
respondierendes Verhalten

F a z i t : In der Wendung *ḥæsæd wæ*'*æmæt* bezieht sich '*æmæt* auf die
Erfüllung eines Versprechens, einer Verheißung, eines Eides, eines Segens
oder eines Zeichens. Die beiden Wörter stehen in dieser Wendung also
nicht parataktisch und damit gleichbedeutend, sie sind also kein Hendiadyoin. Vielmehr ist *wæ*'*æmæt* als qualifizierende Apposition zu *ḥæsæd* zu deuten. Die feste Reihenfolge der Wörter ist also sachlich begründet.

Im Deutschen können wir in diesem Fall die "Stoffbezeichnung als Apposition" am besten durch ein Adjektiv wiedergeben: versprochener, zuge-
schworener, verheißener o.ä. *ḥæsæd*.

Einer weiteren Untersuchung bedarf die Erkenntnis, daß sowohl *ḥæsæd*
als auch '*æmæt* und damit natürlich besonders die Wendung *ḥæsæd wæ-*
'*æmæt* keine Parallele im Kanaanäischen (Ugaritischen) und Akkadischen
haben. Ob hier greifbar wird, was nach Kanaan einwandernde Gruppen an
Vorstellungen mitgebracht haben?

---

[17] Nach H.J. Stoebe, Die Bedeutung des Wortes ḤÄSÄD im Alten Testament: VT 2
(1952), S. 244-254, bezeichnet Chäsäd einen Gunsterweis, der nicht wie das bedeu-
tungsverwandte *ḥen* am Objekt, sondern am Subjekt des Erweises orientiert ist.

[18] Vgl. Friedrich Horst, Der Eid im Alten Testament: EvTh 17 (1957) S. 366-384 = Ders.,
Gottes Recht (TB 12) 1961, S. 292-314: "Ein Kontaktgestus, um den Eid mit dem Sitz
von Lebenskraft und starkem Seelenstoff in Verbindung zu bringen, damit er dadurch
gültig und fest werde, liegt deutlich aber dort vor, wo der Eidleistende das Zeugungs-
glied des Eidfordernden, beidemale (Gen 24,3ff., 47,29ff.) das des pater familias, beim
Schwur zu berühren hat." (EvTh, S. 379; TB, S. 308). Vgl. auch Otto Böcher, Der
Judeneid: EvTh 30 (1970) S. 671-681: "Der Schwur beim Zeugungsglied spielt im
Alten Testament eine wichtige Rolle (Gen 24,2f. von Abraham und seinem Knecht,
Gen 47,29 von Jakob und Joseph); die Berührung des Penis als des Zentrums von
Lebenskraft und Seelenstoff soll wohl die Gültigkeit des Eides bestärken, zugleich aber
auch den Meineidigen der schädigenden Macht der Sexualdämonen aussetzen." (S.
674f.)

Formgeschichte und Textgrammatik
am Beispiel der alttestamentlichen "Lehrrede" in Prov 1-9

von Achim Müller, Mainz

I.

Die traditionelle Grammatik beschreibt die Sprache nur bis hinauf zur Ebene des Satzes. So umfassen die "Standardgrammatiken" von Gesenius/Kautzsch, Joüon/Muraoka, Meyer im wesentlichen die Bereiche Orthographie und Phonetik, Morphologie und Syntax. Die Syntax widmet sich meist einzelnen Wortarten im Satz (so auch Waltke/O'Connor), geht auf den Unterschied von Verbalsatz und Nominalsatz ein und bespricht verschiedene Satzarten, wie den verneinten Satz, den Konditionalsatz etc. Auch die Grammatik von Wolfgang Richter endet mit Bd. III "Der Satz". Allein Wolfgang Schneider behandelt ausdrücklich die "Orientierung im Sinngefüge von Texten".[1]

Dieser Aufbau der Grammatiken verdeckt, daß auch die traditionelle Grammatik einen Horizont hat, der den einzelnen Satz überschreitet. Die Wortklasse der Deixis und Anapher (הֵז und הוּא) zum Beispiel ist ohne diese Horizonterweiterung nicht verstehbar.[2] Schon dieser Hinweis deutet an, daß das Funktionieren der Sprache mit dem Satz als höchster Beschreibungsebene noch nicht ausreichend erfaßt ist. Die sprachliche Einheit, die oberhalb des Satzes liegt, nennen wir Text. Auch seine Struktur unterliegt, wie die des Satzes, bestimmten Regeln, die sich beschreiben lassen. Ist es schon schwierig zu definieren, was ein Satz sei, so ist das Problem für den Text nicht geringer. Der Text ist mehr als eine "grammatisch verknüpfte Satzfolge";[3] er ist eine "komplexe sprachliche Handlung, mit der Sprecher oder Schreiber eine bestimmte kommunikative Beziehung zum Hörer oder Leser herzustellen versucht."[4] Der Aufbau eines Textes folgt bestimmten Regeln, die

---

[1] Cf. W. Schneider, Grammatik des biblischen Hebräisch, München (1974) [6]1985, pp.231ff.

[2] Cf. K. Ehlich, Verwendungen der Deixis beim sprachlichen Handeln, 2 Tle., Forum Linguisticum 24, Frankfurt u.a. 1979.

[3] K. Brinker, Linguistische Textanalyse, Grundlagen der Germanistik 29, Berlin (1985) [3]1992, p.15.

[4] Brinker, Textanalyse, p.15.

seine grammatische und thematische Kohärenz gewährleisten.[5] Dabei bilden sich typische Muster heraus, die konventionell bestimmten Aufgaben der Textverwendung (Situationen) zugeordnet sind, die Gattungen.[6]

In der alttestamentlichen Forschung hat Hermann Gunkel die Frage nach den Textgattungen etabliert. Er fragte nach dem "Sitz im Leben, aus dem Inhalt und Form erst verstanden werden können".[7] Da es sich beim Alten Testament um die Literatur einer längst vergangenen Epoche handelt, ist die Gattungsforschung dort besonderen methodischen Schwierigkeiten ausgesetzt. Während den Zeitgenossen die soziale Konvention von Gattungsmustern 'selbstverständlich' ist, beginnt das Problem mit dem historischen Abstand, der uns von der Welt der im AT versammelten Texte trennt. Wir Heutigen kennen die Lebensbedingungen nicht mehr, aus denen diese Gattungen hervorgegangen sind. Nur selten wird in den Redezitaten der alttestamentlichen Erzählwerke eine Gattung, die wir von anderswoher kennen, so situiert, daß wir ihren Sitz im Leben deutlich vor Augen haben. Oft sind wir bei Rekonstruktionen der Verwendungssituation auf Rückschlüsse aus Form und Inhalt des Textes angewiesen.[8] Diese beiden Schwierigkeiten hängen mit einem weiteren Problem zusammen: der Geschichte der Gattungen. Gunkel sieht die Gattungen gerne aus mündlichen Vorstufen hervorgehen:[9]

> "Wie noch heute die Predigt auf die Kanzel gehört, das Märchen aber den Kindern erzählt wird, so singen im alten Israel die Mädchen das Siegeslied dem einziehenden Heere entgegen [...] am Weisheitsspruch erfreuen sich die Alten im Tore; usw."[10]

Die mündliche Gebrauchsliteratur sei erst sekundär verschriftlicht worden. Die literarische Tätigkeit versteht Gunkel dabei als Sammlung. Der ehemals selbständige Charakter der gesammelten Texte ist in einigen atl. Werken seiner Ansicht nach noch sehr gut erhalten, wie z.B. in Proverbia, im Psalter oder in einigen Prophetenbüchern. Daneben stehen vor allem die geschichtlichen Werke; dort seien die Einzelüberlieferungen in einen übergreifenden Geschehenszusammenhang integriert. Doch über die bloße Sammeltätigkeit hinaus lebten die Formen fort und würden literarisch produktiv:

---

[5] Cf. Brinker, Textanalyse, p.21.

[6] Cf. Brinker, Textanalyse, p.132.

[7] Cf. H. Gunkel, Die israelitische Literatur, Kultur und Literatur der Gegenwart I.7, Leipzig 1925, ND Darmstadt 1963, p.57, dazu A. Wagner, Gattung und 'Sitz im Leben', in Texte - Konstitution, Verarbeitung, Typik, edd. S. Michaelis u. D. Thopinke, Edition Linguistik 13, München und Newcastle 1996, p.124.

[8] Cf. Wagner, Gattung, pp.125-127.

[9] Cf. Wagner, Gattung, p.121.

[10] H. Gunkel, Die Grundprobleme der israelitischen Literaturgeschichte (1906), in: id.: Reden und Aufsätze, Göttingen 1913, pp.29-38; hier p.33.

"Dann aber entstehen Schriftsteller: Sänger, Erzähler, Propheten, die sich des vom Volk ausgebildeten Stils bedienen und ihn für ihre individuellen Zwecke verwenden; so entsteht die Dichtung der Künstler aus der Dichtung des Volkes."[11]

Gunkel schwebt eine Literaturgeschichte vor, die von den reinen Formen des Volkslebens über die Aneignung durch große Dichterpersönlichkeiten hin zu "mattere[n] Nachahmungen" führt.[12] Doch dieses Schema ist uns fremd. Allein die Beobachtungsgrundlage ist weiterhin gültig: daß ein gut Teil der atl. Texte nicht unmittelbar seinem "Sitz im Leben" entstammt, sondern eine literarische Verwendung und Umformung der Gattung darstellt.

Am Beispiel der Textsorte der alttestamentlichen "Lehrrede" soll versucht werden nachzuzeichnen, wie eine Gattung aus ihrem ursprünglichen "Sitz im Leben" in die Literatur eintritt. Was Literatur ist, ist schwierig zu bestimmen, wenn man den Begriff nicht im allgemeinsten Sinn als schriftlichen Text im Gegensatz zum mündlich überlieferten bestimmt. Als Literatur verstehen wir vielmehr Texte, die nicht zu unmittelbaren Gebrauchszwecken bestimmt sind oder darin aufgehen.[13] In diesem Sinne sind Literatur alle Texte, die nicht allein einen praktischen Zweck verfolgen (Gebrauchsliteratur), sondern durch ihre künstlerische Gestalt darüber hinaus wirken. Dies bedeutet, daß die Formgesetze, die diese Texte bestimmen, nicht unmittelbar auf einen Gebrauchskontext schließen lassen. Von diesem Aspekt eines Textes und seines Verständnisses unberührt bleibt die Frage nach den soziologischen Bedingtheiten der Literaturproduktion einer bestimmten historischen Epoche. Da diese Frage über das an den Texten, die der vorliegenden Untersuchung zugrundeliegen, Feststellbare hinausreicht, muß sie unbehandelt bleiben. Wichtig ist jedoch die Unterscheidung von unserem Verständnis historischer Texte, das nicht der originalen Gebrauchssituation entspricht. Für uns ist Literatur Zeitvertreib - doch ist diese Art der Textverwendung historisch gewachsen[14] und setzt neben Bildung auch Muße voraus.

---

[11] Gunkel, Grundprobleme, p.35.

[12] Cf. exemplarisch die Gliederung von Gunkel, Literaturgeschichte; ihm folgt Begrichs zusammenfassende "Geschichte der Psalmendichtung" in: H. Gunkel und J. Begrich, Einleitung in die Psalmen, Göttingen (1933) [4]1985, pp.431-433. Dort findet sich der Dreischritt: Anfänge - Blüte - Erlahmen der Kraft.

[13] Cf. P. Wappnewski, Literatur heute, in: Meyers Enzyklopädisches Lexikon, Bd. 15, Mannheim u.a. 1975, p.157: "Literatur ist jeder zusammenhängende Text, der seiner Natur und Intention nach öffentlich und nicht unmittelbaren Gebrauchszwecken zubestimmt ist."

[14] Cf. A. Hauser, Sozialgeschichte der Kunst und Literatur, 2 Bde, München 1953, Bd.1, pp.236-238; Bd.2, pp.44-47.

II.

Zu den Gattungen der Weisheitsliteratur schreibt Gunkel recht allgemein:
"Die Weisheitsliteratur bestand ursprünglich in der Form einzelner Sprüche."[15] Bei der Grundform Spruch unterscheidet die weitere formgeschichtliche Forschung Aussagewort, Mahnwort und Frage.[16] Die Ausbildung kom-
plexerer Einheiten, wie sie auch in Prov 1-9 vorliegen, wird so erklärt, daß
sich ausgehend vom einzeiligen Volksspruch über den im Parallelismus ge-
stalteten literarischen Spruch mehrzeilige Gebilde entwickelt hätten.[17] Dabei
werden zwei Verfahren unterschieden, nach denen die Ausweitung stattfinde:
Einmal würden Sprüche zusammengestellt, die sachliche, klangliche oder lexematische Gemeinsamkeiten haben. Sie bildeten dann eine Reihe. Die andere Möglichkeit bestehe in der hypotaktischen Unterordnung.[18] Dieses Verfahren eigne sich besonders für die Mahnrede, indem Mahnungen begründet
werden.[19] Damit sind die Formen Mahn- und Aussagespruch durch die Art
ihrer Verkettung unterschieden.

Diese Unterscheidung von Mahn- und Aussagewort hat dann Gerstenberger (1961) aufgegriffen und zur Grundlage seiner Typologie weisheitli-
cher Textsorten gemacht.[20] Er weist darauf hin, daß beide Textsorten ihre
Schwerpunkte in unterschiedlichen Sammlungen des Sprüchebuches haben:
Die Mahnworte finden sich vornehmlich in cc.1-9 und in der an Amenemope

---

15 Gunkel, Grundprobleme, p.34.
16 Cf. W. Baumgartner, Die literarischen Gattungen in der Weisheit des Jesus Sirach,
    ZAW 34, 1914, pp.165-168, wo eine etwas feinteiligere Unterscheidung eingeführt
    wird, die noch weitere Textgruppen unterscheidet. R. Bultmann, Die Geschichte der
    synoptischen Tradition, Göttingen (1921; [2]1931) [9]1979, p.73f., formuliert paradigma-
    tisch: "Konstitutive Motive nenne ich solche, die die Form eines Spruches konstituie-
    ren; und zwar muß ein Wort notwendig in einer [p.74] der durch sie bedingten Formen
    erscheinen. Sie sind mit der logischen Form des Satzes gegeben, und ich unterscheide
    drei Grundformen, deren Untergruppen sich dann von selbst ergeben, nämlich 1.
    Grundsätze (Form der Aussage), 2. Mahnworte (Form des Imperativs), 3. Fragen."
    Baumgartner, Weisheitsliteratur, p.274, folgt der Bultmannschen Unterteilung ebenso
    wie J. Schmidt, Studien zur Stilistik der alttestamentlichen Spruchliteraturen, ATA
    13,1, Münster 1936, pp.53-55; W. Zimmerli, Zur Struktur der alttestamentlichen Weis-
    heit, ZAW 51, 1933, p.184, unterscheidet nur Mahnwort und Aussagewort.
17 Cf. Gunkel, Literatur, p.41; daneben: Schmidt, Stilistik, pp.12-36; Baumgartner, Weis-
    heitsliteratur, pp.270-272; J. Hempel, Die althebräische Literatur und ihr hellenistisch-
    jüdisches Nachleben, Handbuch der Literaturwissenschaft, ed. O. Walzel, Potsdam
    1930, p.49; O. Eißfeldt, Einleitung in das Alte Testament, Tübingen [1]1934, pp.88-94.
    - Zimmerli, Struktur, p.185, meint sogar, daß sich das Mahnwort aus dem Aussage-
    wort erst entwickelt habe.
18 Cf. Hempel, Literatur, p.49f.; Baumgartner, Weisheitsliteratur, p.271.
19 Cf. Schmidt, Stilistik, p.30. - Cf. Zimmerli, Struktur, p.185.
20 Cf. E. Gerstenberger, Wesen und Herkunft des "apodiktischen Rechts", WMANT 20,
    Neukirchen 1965, p.120; er nennt sie "Weisung" und "Sentenz".

angelehnten Sammlung Prov 22,17-24,22 sowie in 31,1-9.[21] Sitz im Leben der 'Weisung' sei "die Situation des 'Unterrichts' durch den Vater oder das Familienoberhaupt."[22] Zu ganz analogen Ergebnissen kommt Richter (1966). Er betont - im Unterschied zu Gerstenberger -, daß der eigentlichen Mahnung immer eine Motivation folgt, und diese als zweites konstitutives Element des Mahnspruches anzusehen sei.[23] Zwar erkennt er, daß diese Sprachform eine der Alltagssprache sei, doch die in Prov vorliegenden Mahnungen könnten aufgrund des dort vertretenen Ethos nur auf eine Beamten-Schule zurückgehen.[24]

Auch Kayatz (1966) unterstreicht die fundamentale Differenz von Aussageprüchen, die sich zu "einfachen Sammlungen" zusammenfänden, und den längeren Einheiten, wie Prov 1-9, wo Einzelsprüche zwar auch vorkommen - aber in den Kontext integriert.[25] Die Mahnworte dieser Texte seien ebenfalls nicht isoliert, sondern zu komplexen Einheiten zusammengeschlossen.[26] Obwohl sie durch ihren Ansatz bei den komplexeren Einheiten die formgeschichtliche Fixierung auf den Einzelspruch überwindet, gelingt ihr keine weitergehende Einsicht in das Funktionieren der Textsegmente in Prov 1-9, da ihre Unterscheidungen ganz formal bleiben. Sie unterscheidet zwischen der "einfachen Form", welche "nur die notwendigen Formelemente enthält", "und solchen Formtypen, die verschiedene weitere mögliche Formelemente enthalten."[27] Ihr entgehen so die Differenzierungen der Mahnworte, die als "Aufmerksamkeitsruf" oder 'inhaltliche' Mahnung unterschiedliche Funktionen im Textaufbau wahrnehmen.

Wichtig an diesem Zweig der formgeschichtlichen Forschung ist vor allem das Herausarbeiten der beiden fundamentalen Gattungen Aussagewort und Mahnwort. Sie unterscheiden sich einmal in ihrer Verteilung im Proverbienbuch und zum andern in ihrer unterschiedlichen Pragmatik. Zwar enthält auch das Aussagewort eine Handlungsaufforderung, doch ist diese indirekt, indem sie "zu Überlegung und selbständigem Entscheid" anregt.[28] Eine di-

---

21 Darauf hatte auch schon Zimmerli, Struktur, pp.183f., hingewiesen.

22 Gerstenberger, Wesen, p.101.

23 Cf. W. Richter, Recht und Ethos, StANT 15, München 1966, pp.39. Auch C. Kayatz, Studien zu Proverbien 1-9, WMANT 22, Neukirchen 1966, pp.32f.; P.J. Nel, The Structure and Ethos of the Wisdom Admonitions in Proverbs, BZAW 158, Berlin und New York 1982, p.68.

24 Cf. Richter, Recht, p.145; ähnlich H.J. Hermisson, Studien zur israelitischen Spruchweisheit, WMANT 28, Neukirchen 1968, p.85, der zudem das Mahnwort als Kunstspruch nicht in Israel entstehen sieht, sondern aus der Umwelt übernommen.

25 Cf. Kayatz, Studien, p.4.

26 Cf. Kayatz, Studien, p.15.

27 Kayatz, Studien, p.15.

28 Zimmerli, Struktur, p.183.

rekte Aufforderung enthält nur das Mahnwort, das aber freilich argumentativ auf ein Aussagewort zurückgreift, um sich zu begründen. Damit wird ein dritter Grund sichtbar, diese beiden Gattungen zu trennen: Beide werden in unterschiedlicher Art und Weise vertextet. Das *instruction genre* - so der Begriff von McKane[29] - erweist sich zudem auch im altorientalischen Vergleich als selbständige Gattung.

Wie sich aus dem hier beschriebenen formgeschichtlichen Ansatz weiterführende Einsichten für das Verständnis der Gattung von Prov 1-9 ergeben, sei an Richter exemplarisch deutlich gemacht:

> "Spr 1-9 sind ganz durchsetzt vom Imperativ/Vetitiv-Stil. Es finden sich aber nicht mehr knappe und selbständige kleine Einheiten wie in den übrigen Sammlungen, sondern die Vetitive/Imperative werden beliebig in der Komposition verwendet, oder dienen ganz zur Gliederung eines größeren Abschnittes. Etwa als Einleitung (Aufmerkeruf wie in der 'Schicht'), als Auftakt einer [p.47] Spruchgruppe gleichsam zu deren Abhebung, zur Gliederung innerhalb eines Abschnittes ohne besondere Hervorhebung."[30]

Richter erkennt zwar die besondere Funktion der Form "Aufmerkeruf", aber er schreibt ihm nur gliedernde Funktion zu, d.h. er grenzt innerhalb eines bestimmten Kontinuums einzelne Segmente aus. Die besondere Form der so bestimmten Einheiten erkennt er nicht - sondern er stellt nur fest, daß "Vetitive/Imperative ... beliebig in der Komposition verwendet" werden. Insgesamt wird zwar die Besonderheit von Prov 1-9 erkannt, die Eigenart der hier vorherrschenden Textgattung aber nicht zutreffend erfaßt.

Diese besondere Eigenart als Reden ist in den Arbeiten von Scott und Whybray erkannt. Sie verstehen die Texte ähnlich Delitzsch[31] als Reden, streichen aber die festen Formmerkmale stärker heraus. Scott beschreibt (1965) die Merkmale dieser Textgattung so:

> "The ten discourses in Proverbs i-vii vary in length but have a common structure - a summon to attention, a statement of motive, an [p.16] exhortation to embrace wisdom and/or to avoid folly, and a prediction of the consequences of doing one or the other."

Damit sind wesentliche Eigenschaften der Textsegmente in Prov 1-9 erkannt: Sie sind kleine abgeschlossene Einheiten, deren Charakter als Reden zu bestimmen ist; dieser Charakter zeigt sich vor allem in den einleitenden Struktursignalen, der Aufforderung zu hören o.ä. - Darüber hinaus weist Scott auch auf ihre thematischen Gemeinsamkeiten hin.

---

29 Cf. W. McKane, Proverbs, OTL, London 1970, p.7. Er schließt sich ausdrücklich an die Arbeit von Kayatz an (p.6).
30 Richter, Recht, pp.46f.
31 Cf. F. Delitzsch, Spruchbuch, (Leipzig 1873) Gießen und Basel 1985, p.12 spricht von "Maschalliedern", die stärker rhetorisch als poetisch seien. Daher auch "Maschalreden, maschalartige Lehrdichtungen", p.13, und "Spruchrede", z.B. p.50.

Unabhängig von ihm hat Whybray (1965) ganz ähnliche Einsichten gewonnen. Er will aufgrund der formgeschichtlichen Bestimmung der Grundtexte von Prov 1-9 als "discourses" 10 "Reden" ausgliedern. Die einzelnen Abschnitte seien durch ihre einleitenden Formeln - Aufmerksamkeitsrufe - klar zu erkennen. Insgesamt findet er sechs Merkmale, die für einen "discourse" typisch seien:

1. Erstes Wort בְּנִי;
2. Aufruf zu hören o.ä.;
3. Betonung der Autorität des Lehrers und
4. der Nützlichkeit der Lehre;
5. gebe es keine Autorität über dem Lehrer (etwa Gott);
6. werde Weisheit als rein menschliches Vermögen verstanden.[32]

Ein großes Problem seines Vorschlages besteht in der Art der Merkmale. Es dominieren inhaltliche Kriterien (Nr.n 3-6). Dabei ist gegen die Verwendung solcher Kriterien bei der Bestimmung einer Gattung nichts einzuwenden, hatte doch schon Gunkel die Gattung auch durch ihre "Stoffe" definiert.[33] Allein die Art der von Whybray benutzten Merkmale geht über das eines "Inhalts" oder eines "Themas" hinaus, wenn er in den Merkmalen 5 und 6 als Kriterium einführt, es dürfe keine Autorität über dem Lehrer geben (z.B. Gott) und es müsse Weisheit als rein menschliches Vermögen verstanden sein. Hier trägt er traditionsgeschichtliche Annahmen ein, die in einer Analyse der Gattung nichts zu suchen haben. Sein Verdienst ist sicherlich, auf die Form der Reden und ihre ägyptischen Formverwandten hingewiesen zu haben. Doch bleibt er hier sehr allgemein:

> "These introductions, similiar in form and content and of roughly equal length, so strongly resemble the introductions to the pedagogical instructions in Egyptian (and to some extent Babylonian) wisdom literature that the resemblance can hardly be accidental. The closest parallel is with *Amen-em-opet*, which also has the form of the instruction of a father to his son".[34]

Dann zitiert er als Beispiel das erste Kapitel von Amenemope. Hiermit weist er die Untersuchung auf den richtigen Weg, den Vergleich mit den altorientalischen Lehren; den hat ausführlich dann D. Römheld durchgeführt.

Ähnlich wie Whybray bestimmt auch B. Lang (1972) die Form der Reden in Prov 1-9. Seine Bezeichnung als "Lehrrede" hat sich in der deutsch-

---

[32] Cf. R.N. Whybray, Wisdom in Proverbs, SBT 45, London 1965, pp.34f.

[33] Cf. Gunkel, Grundprobleme, pp.32f.; cf. C. Hardmeier, Texttheorie und biblische Exegese, BevTh 79, München 1978, p.25. Auch die linguistische Texttheorie hat diese Einsicht der 'thematischen Merkmale' jeder Gattung aufgehoben (cf. z.B. Brinker, Textanalyse, p.132).

[34] Whybray, Wisdom, p.35.

sprachigen Forschung weithin durchgesetzt.[35] Analog zur klassischen Rhetorik[36] gliedert er die Reden in drei Teile, wie es auch schon Baumgartner für ähnliche Texte bei Ben Sira getan hatte[37].

a) Einleitung: Das Proömium besteht aus drei Konstituenten: der Anrede des Schülers mit בני, der Aufforderung zu hören und einer Motivation.

b) Hauptteil: Der Hauptteil ist "meist im Imperativ und Vetitiv" gehalten und "im einzelnen sehr frei und nicht an ein festes Schema gebunden." (p.33)

c) Abschluß: Die Peroratio schließt den Text ab mit einem "Hinweis auf die Folgen weisen oder unweisen Verhaltens" (pp.33f.); hier wechselt die Anrede gern in den unpersönlichen gnomischen Stil der dritten Person; vielleicht ist traditionelles Spruchgut aufgenommen. Ein solcher Schluß kann jedoch auch fehlen.[38]

Den Sitz im Leben dieser Texte sieht er - wie Richter - in der Schule:

"Jede Lehrrede dürfen wir als kunstvolle Unterrichtseinheit verstehen; sie galt es niederzuschreiben und zu memorieren. Primäres Unterrichtsziel ist das Beherrschen der Schrift, jedoch wurde gleichzeitig in das rechte Verhalten der Erwachsenen eingeführt: der junge Mann wurde mit den Regeln bekannt gemacht, die in dieser Gruppe der 'Gerechten' gültig sind. [...] Lediglich das Bild von der Weisheit als Schmuck des Schülers, das vermutlich auf die ägyptische Beamtenehrung zurückgeht, verrät uns die höfische Herkunft der Lehrreden. Aber die Lehre zielt nicht auf die Karriere des Beamten, sondern vermittelt elementares ethisches Wissen um das rechte Sexualverhalten, das 'Wissen um Gott' und seine Vergeltungsordnung, das Wissen darum, daß jede Handlung ihre Folgen in sich trägt."[39]

Einen neuen Ansatz der formgeschichtlichen Bestimmung der Eigenart von Prov 1-9 hat Römheld (1989) vorgetragen. Er setzt nicht beim Einzelspruch ein, sondern sozusagen am anderen Ende, auf der Buchebene.[40] Da unter-

---

35 Den Begriff "Lehrrede" hat Lang von Eißfeldt, Maschal, pp.36, übernommen (cf. B. Lang, Die weisheitliche Lehrrede, SBS 54, Stuttgart 1972, p.29 n.12). Danach: R. Smend, Die Entstehung des Alten Testaments, Stuttgart u.a. (1978) [4]1989, p.211; O. Kaiser, Einleitung in das Alte Testament, Gütersloh (1969) [5]1984, p.375; A. Meinhold, Die Sprüche, ZBK 16, Zürich 1991, p.20. O. Plöger, Sprüche Salomos, BK 17, Neukirchen 1984, pp.23f., bevorzugt den Begriff "Mahnrede". Ähnlich schon Baumgartner, Gattungen, pp.163-165 für Texte bei Ben Sira.

36 Cf. Plöger, Sprüche, p.23.

37 Baumgartner, Gattungen, p.163.

38 So schon Zimmerli, Struktur, pp.185: "Noch in Prov 1-9 scheint es geradezu Stilregel zu sein, daß den Mahnungseinheiten, die hier zum Teil großen Umfang angenommen haben, der Erfahrungssatz als wirksamer Abschluß angehängt wird." Im Blick auf 1,19 spricht B.S. Childs, Isaiah and the Assyrian Crisis, SBT II.3, London 1967, p.132, von "summary appraisal".

39 Lang, Lehrrede, pp.39f.

40 Wesentlich pauschaler K.A. Kitchen, Proverbs and Wisdom Books of the Ancient Near East, TynB 28, 1977/78, 64-114; id., The Basic Literary Forms and Formulations of Ancient Instructional writings in Egypt and Western Asia, in: Studien zu Altägyp-

scheidet er bei den aus dem ganzen alten Orient überlieferten Weisheitsschriften zwei Arten, zum einen solche, bei denen Sprüche nur gesammelt
und mit einer Überschrift versehen sind (Sammlung),[41] und zum anderen solche, bei denen die Sammlung durch einen erzählerischen oder als Anrede ge-
stalteten Rahmen in eine fiktive Lehrsituation hineingestellt ist (Lehre).[42]
Die Lehre enthalte wesentlich mehr appellative Texte als die Sammlung.[43]
Die darstellenden Sprüche dienten in der Lehre "meist nur der Verdeutl-
chung und Begründung."[44] Damit greift er die Unterscheidung von Kayatz
und McKane auf, führt sie aber an einem entscheidenden Punkt weiter, indem er die formalen Unterschiede beider Textsorten in ihren Rahmenele-
menten bestimmt. Die Rahmung der Lehre nämlich nimmt deren appellative
Grundstruktur auf und verallgemeinert sie dahingehend, daß die "Lehrsituation, in der der Weisheitslehrer seine Worte an den Schüler richtet, [...] zur
Entscheidungssituation für das Leben des Schülers wird".[45] Das formale
Kennzeichen solcher Rahmung, v.a. im Prolog, ist die Aufforderung zu hören
o.ä.

Angesichts seiner Funktion als Rahmenelement für die "Lehre" stellt sich
ein Problem, wenn der Aufmerksamkeitsruf innerhalb des Korpus auftaucht,
so neben Prov 1-9 auch in Prov 23,12.19.26 sowie den ramessidischen Schulmiszellaneen.[46] In diesen stark anthologisch geprägten[47] Schultexten des
Neuen Reiches finden sich keine Regeln für die weisheitliche Lebensführung, sondern sie sollen, wo sie nicht bloße Schreibübung sind, für den Unterricht selbst werben.[48] Sie enthalten neben den unterschiedlichsten Textsorten vor allem als Briefe stilisierte Texte.[49] So folgen diese Miszellaneen, obwohl sie sich selbst als "Lehre" (*sbꜣj.t*) bezeichnen, nicht den Gesetzen die-

---

tischen Lebenslehren, edd. E. Hornung und O. Keel, OBO 28, Fribourg und Göttingen
1979, pp.235-282.

[41] Cf. K.F.D. Römheld, Die Weisheitslehre im Alten Orient, BN Beihefte 4, München
1989, pp.2f.

[42] Cf. Römheld, Weisheitslehre, pp.4-6.

[43] Cf. Römheld, Weisheitslehre, pp.10f.

[44] Römheld, Weisheitslehre, p.11.

[45] Römheld, Weisheitslehre, p.10.

[46] Römheld, Weisheitslehre, pp.12f. Die Texte der ramessidischen Miszellaneen sind
veröffentlicht von A.H. Gardiner, Late-Egyptian Miscellanies, BAeg 7, Brüssel 1937;
eine Übersetzung bei R.A. Caminos, Late Egyptian Miscellanies, Brown Egypto-
logical Studies 1, London 1954 = LEM. Zur Charakterisierung der Texte H. Brunner,
Altägyptische Erziehung, Wiesbaden 1957, pp.17f.91f.

[47] Römheld, Weisheitslehre, p.66; cf. Brunner, Erziehung, pp.17f.

[48] Römheld, Weisheitslehre, p.65; cf. Brunner, Erziehung, p.91.

[49] Cf. Brunner, Erziehung, p.92.

ser Form.[50] Anhand des Papyrus Lansing[51] zeigt Römheld, "wie 'Aufmerksamkeitsrufe' und ähnliche ihnen nahestehende Wendungen in den Mittel-
punkt des thematischen Interesses rücken und daher nicht mehr ausschließlich zur Texteinleitung und zur Rahmung dienen".[52] Er erklärt dies damit,
daß diese Wendung direkt aus dem erzieherischen Lebensvollzug genommen
und als Thema in die Literatur eingeführt wurde.[53]

Auch in Prov 1-9 sieht Römheld den Aufmerksamkeitsruf als Textthema.
Dies sei eine Gemeinsamkeit der neuägyptischen Schultexte, die Lang als
Vergleich zu Prov 1-9 heranzieht,[54] mit Prov 1-9.[55] Doch gibt es auch deutliche Unterschiede. Das Ziel der Erziehung ist in beiden Textgruppen unter-
schiedlich: Stellten die Miszellaneen den Beamten heraus, so wollen Prov 1-
9, daß der Schüler weise wird.[56] Prov 1-9 lassen eine übergeordnete Struktur
erkennen,[57] während die Miszellaneen dies nicht tun, sondern diverse Schreib-
übungen ganz unterschiedlicher Gattungen enthalten.[58] Sie sind auch nicht
als Reden strukturiert, sondern haben häufig einen Briefrahmen. Aufgrund
des planvollen Aufbaus von Prov 1-9 sieht Römheld in Prov 1-9 keine Sammlung oder Lehre; der Text ist für ihn vielmehr ein "Weisheitsbuch",[59] eine
literarische Weiterentwicklung der "Lehre".[60] Über den Sitz im Leben dieser
Literatur macht Römheld keine Angaben.

Der Gang durch die Forschungsgeschichte hat verschiedene Möglichkeiten für den Sitz im Leben ergeben: häusliche Erziehung der Eltern (Gerstenberger); Schule (Richter, Lang); Handbuch für den Lehrer (Plöger); Literatur (Römheld). Da wir keine archäologischen Zeugnisse haben oder Hin-

---

[50] Cf. Römheld, Weisheitslehre, p.66. - Doch wird der Begriff *sbȝj.t* vielfältiger gebraucht als Römheld unterstellt: "It follows that the term *sbȝy.t* indicates a literary
genre covering a variety of compositions, which differ from each other in form and
content but all share a common aim - to transmit knowledge. All of these works serve
as textbooks in Egyptian schools." (N. Shupak, Where can Wisdom be Found, OBO
130, Fribourg und Göttingen 1993, p.32).

[51] Cf. Gardiner, Late-Egyptian Miscellanies, pp.99-116; Caminos, LEM, 371- 428.

[52] Römheld, Weisheitslehre, p.74.

[53] Cf. Römheld, Weisheitslehre, p.78.

[54] Cf. Lang, Lehrrede, p.28.

[55] Cf. Römheld, Weisheitslehre, p.123, cf. pp.65.79. Auch thematisch sieht er eine Gemeinsamkeit in der Warnung vor schändlichen Vergnügungen, v.a. mit der Fremden
Frau (p.80). Schon Lang, Lehrrede, p.28, hat, ohne es weiter zu vertiefen, auf die Ähn-
lichkeit hingewiesen; allerdings sah er die Gemeinsamkeit darin, daß es sich bei beiden Textgruppen um "ein unsystematisch kompiliertes Stück Schulliteratur" handele.

[56] Cf. Römheld, Weisheitslehre, p.80.

[57] Cf. Römheld, p.123, n.25, im Anschluß an Plöger, Sprüche, pp.4-6.

[58] Cf. Römheld, Weisheitslehre, p.65; Brunner, Erziehung, pp.17f.91f.

[59] Cf. Römheld, Weisheitslehre, p.123.

[60] Cf. Römheld, Weisheitslehre, p.131.

weise aus Erzählwerken, die die Verwendung der Lehrreden von Prov 1-9 erhellen könnten, sind wir auf Rückschlüsse aus Form und Inhalt angewiesen.
Dabei werde ich die Untersuchung exemplarisch auf ein Moment der Texte
beschränken, die Höraufforderung. Sie hat, als markantes Signal des Textan-
fanges, bisher schon die Aufmerksamkeit auf sich gezogen: Die Beschreibungen der Gattung "Lehrrede", die den zwei- bzw. dreiteiligen Aufbau betonen, legen das Schwergewicht der Aufmerksamkeit auf die markanten Signale des Textbeginns, Anrede und Aufmerksamkeitsruf (so besonders Whybray), während die Frage nach der Strukturierung des Redekorpus auf die
Feststellung beschränkt bleibt: "diese Lehre wird meist im Imperativ und Vetitiv vorgetragen, doch die Gestaltung des Hauptstückes ist im einzelnen sehr
frei."[61] Kann man darüber hinaus noch weiteres sagen?

III.

Es fällt auf, daß außer in den Proömien der Lehrreden in drei Fällen Höraufforderungen auch innerhalb der Reden selbst stehen (Prov 5,7; 7,24; 8,32).
Hat die Aufforderung an beiden Positionen die gleiche Funktion, oder variiert sie mit der Stellung?

Das Proömium soll nach den Aufgaben, welche die antike Rhetorik ihm
stellt, die Aufmerksamkeit des Zuhörers erregen (*attemtum parare*), ihn günstig stimmen (*benevolum parare*) und das Thema leicht faßlich erscheinen
lassen, wofern es schwierig ist (*docilem parare*). Zu Beginn einer Rede soll
also 1. der Kontakt zwischen Redner und Hörer hergestellt werden, 2. der
Hörer für das, was gesagt wird, interessiert werden und für das eigene Anlie-
gen günstig gestimmt werden und 3. er auch inhaltlich auf das Thema vorbe-
reitet werden. Diese Anforderungen erfüllen die Proömien in Prov 1-9. Kontakt und Aufmerksamkeit wird durch Anrede und Höraufforderung ganz direkt hergestellt. Die stets beigefügte Motivation soll das Interesse am Gesag-
ten wecken; gleichzeitig wird eine erste inhaltliche Näherbestimmung getroff-
en, Prov 4,10:

שְׁמַע בְּנִי וְקַח אֲמָרָי וְיִרְבּוּ לְךָ שְׁנוֹת חַיִּים
Höre, mein Sohn, und nimm meine Worte an,
dann werden dir die Lebensjahre viel sein.

In der Funktion der Texteröffnung ist die Höraufforderung nicht an die
Gattung der Lehrrede - oder auch nur weisheitliche Textsorten - gebunden.[62]

---

61 Lang, Lehrrede, p.33.
62 Das spricht gegen den Vorschlag von H.W. Wolff, Dodekapropheton 1, Hosea, BK
   14,1, Neukirchen 1961, p.123, diese Aufforderung "Lehreröffnungsformel" zu nennen.

Diese Aufforderung begegnet vielmehr in ganz verschiedenen Textsorten des
AT.[63] Die Herkunft dieser Wendung ist sicherlich die Alltagssprache[64] und
von dort ist sie in literarische Formkonventionen eingegangen. Reden beginnen mit der Formel, so z.b. 2 Kge 18,28 "Hört die Worte des Großkönigs,
des Königs von Assur!" oder Am 4,1: "Hört dieses Wort, ihr Basanskühe auf
dem Berg von Samaria!", Lieder, z.b. das Deborah-Lied: "Höret zu, ihr Könige!" (Ri 5,3), und Gebete, z.b. Ps 17,1: "Höre, Herr, eine gerechte Sache
…". Auch ein Jussiv ist belegt, am Beginn der Petition von Jabne Jam: "Möge
mein Herr Beamter hören …!".[65] Diese Formel ist also nicht für eine einzelne Textsorte typisch, sondern eher für Gattungen, die der mündlichen Kommunikation angehören, bzw. eine solche Gattung nachahmen.[66] Sie konzen-
triert die Aufmerksamkeit des Hörers auf die nun folgende Äußerung.

Eine andere Funktion haben die Höraufforderungen, die nicht am Text-
anfang stehen. Dies ist durch ihre veränderte Formulierung deutlich: Die Fü-
gung שׁמע + ל meint nicht den akustischen Aspekt des Hörens, sondern ein
"Hören auf", ein "Gehorchen". So dient die Formel zur Einleitung einer
Mahnung; in Gen 27,6-9 finden wir ein instruktives Beispiel:

6 Da sprach Rebekka zu Jakob, ihrem Sohn:
הִנֵּה Siehe, ich habe deinen Vater mit Esau, deinem Bruder, reden hören: 7 Bringe mir
ein Wildbret und mach mir ein Essen, daß ich esse und dich segne vor Jhwh, ehe ich
sterbe.
וְעַתָּה בְנִי שְׁמַע בְּקֹלִי לַאֲשֶׁר אֲנִי מְצַוָּה אֹתָךְ 8
So höre nun, mein Sohn, auf mich hinsichtlich dessen, was ich dich heiße:[67]
9 Geh hin zu der Herde und hole mir zwei gute Böcklein, daß ich deinem Vater ein
Essen davon mache, wie er's gerne hat.

Rebekka gibt ihrem Sohn einen Befehl, wie er an den Erstgeburtssegen
seines Vaters herankommen könne. Sie spricht explizit von ihrem Befehlen,
צוה. Um diesen Befehl zu erläutern, teilt sie ihrem Sohn zuerst die Sachlage
mit; auf diese Sprechhandlung weist הנה hin. Vor dieser Ausgangslage wird

---

[63] Gegen L. Köhler, Deuterojesaja stilkritisch untersucht, BZAW 37, Giessen 1923,
p.111, "Zweizeugenruf".

[64] Cf. I. Lande, Formelhafte Wendungen der Umgangssprache im Alten Testament,
p.53f.; S.E. Löwenstamm, The Address 'Listen' in the Ugaritic Epic and the Bible, in:
The Bible World, FS C.H. Gordon, edd. G. Rendsburg u.a., New York 1980, pp.123f.;
P.K.D. Neumann, Hört das Wort Jahwes, Diss. Hamburg 1975, p.15.

[65] G.I. Davies, Ancient Hebrew Inscriptions, Cambridge u.a. 1991, Nr. 7.001.1.

[66] Cf. Hardmeier, Texttheorie, p.274.

[67] Übers. J. Arambarri, Der Wortstamm 'hören' im Alten Testament, SBB 20, Stuttgart
1990, p.58.

die folgende Aufforderung verständlich. Auch Bitten können so eingeleitet werden,[68] so sagt zum Beispiel Sara zu Abraham, Gen 16,2:

הנה Siehe, der Herr hat mich verschlossen, geh doch zu meiner Magd.

Lagehinweis → Bitte

Im ersten Beispiel Gen 27 ist in v.8 die Aufforderung, die aus der Lageschilderung resultiert, eigens eingeleitet:

וְעַתָּה בְנִי שְׁמַע בְּקֹלִי לַאֲשֶׁר אֲנִי מְצַוָּה אֹתָךְ

So höre nun, mein Sohn, auf mich und tu, was ich dir befehle.

Hier sagt Rebekka an der Nahtstelle von Lageschilderung und Befehl, daß nun das Entscheidende, ihr Befehl, kommt. In gleicher Weise ist die Verwendung der Formel auch in Prov 5,7; 7,24 und 8,32 zu deuten. Auch hier markiert sie einen Übergang zwischen einem darstellenden Teil und den folgenden Direktiven. In Prov 5,3-8 wird zuerst das Wesen der Fremden Frau geschildert und dann der Schüler angewiesen, wie er sich verhalten soll:

Ja (deiktisches כִּי), Honigseim triefen die Lippen der Fremden,
glatter als Öl (ist) ihr Gaumen,
während ihr Ende bitter wie Wermut (ist),
scharf wie ein Schwert mit zwei Schneiden.
Ihre Füße steigen zur Unterwelt hinab,
die Scheol ergreifen ihre Schritte.
Den Weg des Lebens beachtet sie 'nicht'
ihre Straßen wanken, sie weiß es (nur) nicht.
Und nun, ihr Söhne, hört auf mich,
und weicht nicht von den Worten meines Mundes!
Halte fern von ihr deine Wege
und nähere dich nicht der Tür ihres Hauses!
(Folgen weitere Mahnungen)

Damit ist die Differenzierung der Formel deutlich. Für das Korpus der Lehrrede heißt dies, daß es zwei grundsätzlich unterschiedene Muster gibt, nach denen die Lehrreden in Prov 1-9 strukturiert sind:

1. In c.5, auch cc.7 und 8, folgt die Mahnung aus der Darstellung eines Sachverhaltes; diese ist in c.5 wie gehört recht kurz, kann aber in c.7 und v.a. c.8 sich zu gewichtiger Breite entwickeln.[69]

---

68 Cf. E. Gerstenberger, Der bittende Mensch, WMANT 51, Neukirchen 1980, p.33. Ähnliche Beispiele bei Schneider, Grammatik, pp.262-264.

69 Dieses formgeschichtliche Urteil steht der Annahme entgegen, daß 5,7 und 7,24 nur lose in ihrem Kontext verankert seien und wegen der pluralischen Anrede gegenüber der singularischen der Textumgebung (5,1.8; 7,1.25) sekundär seien (cf. Whybray, Wisdom, pp.47.50; C. Maier, Die Fremde Frau in Proverbien 1-9, OBO 144, Fribourg und Göttingen 1995, pp.113f.180f.; R.N. Whybray, Proverbs, New Century Bible Commentary, London und Grand Rapids 1994, pp.87.111). Als Einleitung der Mahnung haben sie eine wichtige Funktion für den Textaufbau. Ob mit den LXX in den Singular geändert werden muß (cf. C.H. Toy, The Book of Proverbs, ICC, Edinburgh (1899) ⁵1959, pp.108.157; A. Barucq, Le livre des Proverbes, SBi, Paris 1964,

2. In den übrigen Lehrreden von Prov 1-9 bilden Mahnungen mit ange-
schlossenen Motivationen das Korpus der Rede; diese können in verschiedener Weise angeordnet sein; aber immer geht die Mahnung ihrer Begründung voraus. Diesem Muster folgen die meisten Mahnungen des Proverbienbuches.[70]

IV.

Die formalen Merkmale enthalten eigentlich eindeutige Hinweise auf die
Situation: In den Anreden sind Söhne bzw. Schüler genannt; der Sprecher ist
also der Vater oder Lehrer. Die Rollen der Kommunikationsteilnehmer sind
deutlich festgelegt. Die Höraufforderungen lassen auf eine mündliche Kommunikation schließen. Die Texte enthalten Mahnungen, die begründet werden, aber diese Argumentation widerspricht nicht der Tatsache, daß zwischen
dem Redner und dem Hörer ein deutliches hierarchisches Gefälle herrscht.
Anders als bei dem Beispiel mit Rebekka wird auch kein Befehl erteilt, der
im Anschluß gleich befolgt werden könnte. Inhalte sind eher allgemeine Le-
bensmaximen; Ziel ist ein gelingendes Leben. Die Lehrreden sind nicht wie
der Befehl Rebekkas aus der erzählten Welt der Genesis als in einer alltägli-
chen Situation zu denken. Ein unmittelbarer situativer Anlaß ist - im Gegensatz zu Gen 27 - nicht erkennbar. Hier gibt ein Älterer seine Lebensweisheit
an einen Jüngeren weiter. Die Frage ist also, wo eine solche allgemeine Weisheit ihren Ort hatte.

Ob es in Israel die Institution einer Schule gab, und wenn ja, wie diese
aussah, ist ein Frage für sich, die mit den hier untersuchten Lehrreden nicht
zu beantworten ist. Die Form der Texte enthält jedenfalls keine Hinweise,
mit denen man die Frage nach der gesellschaftlichen Organisationsform der
altisraelitischen (Schreib-)Ausbildung erhellen könnte. Allenfalls der Vergleich mit gattungsähnlichen Texten aus der Umwelt (Mesopotamien und
v.a. Ägypten), die im Rahmen der Schreiberausbildung verwendet wurden,
legt es nahe, für die hebräischen Pendants eine analoge Verwendung anzunehmen. Vergleichbar mit den Lehrreden sind jedoch nicht die ramessidi-

---

pp.70.86; R.B.Y. Scott, Proverbs. Ecclesiastes, AncB 18, New York (1965) 1985,
pp.53; 64; Römheld, Weisheitslehre, pp.128.129) oder vielleicht andere Erklärungen
für den Numeruswechsel der Anrede möglich sind, kann hier offen bleiben.

70 Cf. Nel, Structure, p.20: "Apart from the regular sequence of admonition-motivation,
attention is also given to those admonitions in which the motivation appears as a
secondary command, to those in which the motivation precedes the imperative form of
the admonition". Als Mahnungen mit vorausgehendem "Lagehinweis" (in Form einer
Sentenz) sieht er Prov 17,14; 20,18.19; 28,17; cf. p.53.

schen Schulmiszellaneen (Lang), wie wir oben gesehen haben, sondern die Prologe der ägyptischen Lehren (Whybray, Römheld). Auch die ägyptischen Prologe sind von Aufmerksamkeitsforderungen und der Ausgestaltung des Motivs des Lobes der Lehre geprägt, wie es vor allem in Prov 4,10-19.20-27 zu finden ist. Als Beispiele seien die ägyptische "Lehre eines Mannes für seinen Sohn" und die Lehre des Amenemope zitiert:

Die Lehre eines Mannes für seinen Sohn[71]

I.1:   Beginn der Lehre, die ein Mann für seinen Sohn gemacht hat. Er sagt:
2:      Höre meine Rede, übergehe sie nicht und lasse dein Herz nicht ab von dem, was ich dir sagen werde.

Die Lehre des Amenemope[72]

III,8. Er sagt: Erstes Kapitel
9.   Gib deine beiden Ohren! Höre mein Gesagtes!
10.   Gib dein Herz, um es zu verstehen!
11.   Gut (ist), der diese in dein Herz gibt,
12.   (doch) wehe dem, der an ihnen vorbeigeht.
13.   Gib ihr Ruhen im Kasten deines Leibes,
14.   dann werden sie ein Schloß in deinem Herzen (aus)machen.
15.   Wenn dann ein Sturmwind der Worte entsteht
16.   dann werden sie einen Landepflock in deiner Zunge (aus)machen.
17.   Wenn du machst deinen Lebensweg, indem du dieses in dein Herz (legst),
18.   dann wirst du es finden als einen Fall des Erfolges,
IV,1.   dann wirst du finden meine Worte als Vorratshaus für das Leben (gen.obj.),
2.   und dein Körper wird heil (gesund) sein auf der Oberfläche der Erde.

Ähnliche Texte gibt es auch in Mesopotamien, so die Lehre des Schuruppak 9-13:

Mein Sohn, ich will (dir) raten, mein Rat möge angenommen werden,
Ziusudra, ein Wort will ich dir s[agen], es möge darauf geachtet werden!
Meinen Rat sollst du nicht loslassen,
das Wort, das ich gesprochen habe, nicht ändern,
der Rat eines Vaters ist etwas Kostbares, ihm *möge* dein Nacken *gebeugt sein*.[73]

Diese Form der gerahmten Lehre findet sich ja auch in Israel, in der Sammlung Prov 22,17ff., die Amenemope rezipiert:

17 Neige dein Ohr und höre 'meine Worte'
    und richte dein Herz auf meine Belehrung.
18 Denn angenehm sind sie, wenn du sie bewahrst in deinem Innern;
    sie werden allesamt zur Verfügung stehen auf deinen Lippen.
19 Um dein Vertrauen auf Jahwe zu setzen,
    gebe ich (sie) dir heute bekannt, 'ja gerade dir'.

---

71 Nach W. Helck, Die Lehre des Djedefhor und Die Lehre eines Vaters an seinen Sohn, Kleine Ägyptische Texte, Wiesbaden 1984.
72 Das Weisheitsbuch des Amenemope, ed. H.O. Lange, Kopenhagen 1925; Übers. A.M.
73 Übers. W.H.Ph. Römer, TUAT III,1, p.50.

[20] Fürwahr ich habe dir dreißig aufgeschrieben
    an Ratschlägen und Belehrung,
[21] damit du Worte der Wahrheit wahrheitsgemäß mitteilen,
    wahrhaftige Antworten geben kannst denen, die dich gesandt haben.[74]

Die Lehrreden in Prov 1-9 stellen demgegenüber eine Weiterentwicklung dar. Die Proömien leiten keine Sammlung ein, sondern relativ kurze Mahnreden zu verschiedenen Themen. Erkennbar ist die kunstvolle literarische Komposition, die die einzelnen Reden untereinander und mit weiteren Textsorten (3,13-20; 6,1-19) verbindet. Dieses Verfahren der Kumulation einzelner Reden zu einem längeren 'Monolog' ähnelt dem in den Elihureden (Hi 32-37), wo eine "in Form von fünf Einzelreden gestaltete weisheitliche Abhandlung"[75] vorliegt. Die Vielzahl der Themen in Prov 1-9 reduziert sich bei Auflösung der metaphorischen Bedeutungen auf einen Diskurs über die gute Lehre, die auf den rechten Lebensweg führen soll.[76] So steht die Warnung vor der Fremden Frau im Gegensatz zu den Einladungen der Weisheit[77] als Personifikationen des Guten und des Schlechten Weges (Prov 4,10-19). Die Bösen Buben (Prov 1,8-19) sind Parallelgestalten zur Fremden Frau.[78] Auf die Redezitate der Bösen Buben (Prov 1,11-14) und der Fremden Frau (Prov 7,14-20) antwortet jeweils die Frau Weisheit in einer großen Rede (Prov 1,20-33; c.8). Diese 'Rededuelle' bilden den Rahmen um den inneren Kreis von Prov 1-9. Die ethisch ausgerichteten Abschnitte (Prov 3,21-25; 6,1-19) exemplifizieren das dem Schüler ans Herz gelegte richtige Verhalten im Leben. Das so grob skizzierte Thema von Prov 1-9 als literarischer Komposition zeigt, daß in der Einheit des Themas ein Unterschied zur bloßen Sammlung liegt. Ob dies aber darauf hindeutet, daß Prov 1-9 eine ehemals selbständige Schrift war (Römheld: "Buch"), ist damit allerdings noch nicht erwiesen. Die Weiterentwicklung der literarischen Form des Prologes und die Stellung des Textes als Einleitung des heutigen Proverbienbuches machen es sicherlich ebenso wahrscheinlich, in Prov 1-9 die Einleitung in das Proverbienbuch (oder eine Vorform desselben) zu sehen.

---

[74] Übers. Plöger, Sprüche, p.258. Zur Abhängigkeit dieses Prologes von Amenemope, cf. D. Römheld, Wege der Weisheit, BZAW 184, Berlin und New York 1989, pp.62-71.

[75] Cf. H.-M. Wahl, Der gerechte Schöpfer, BZAW 207, Berlin und New York 1993, p.154.

[76] Cf. Murphy, Wisdom and Eros in Proverbs 1-9, CBQ 50, 1988, 600-603; ausf. meine diss.

[77] Cf. v.a. G.A. Yee, 'I Have Perfumed My Bed with Myrrh', JSOT 43, 1989, 53-68.

[78] Cf. Aletti, Séduction et parole en Proverbes I-IX, VT 27, 1977, 129-144.

V.

Der Vergleich der Lehrreden in Prov 1-9 mit Texten, die formale Analogien aufweisen, hat uns die Vorgeschichte der Lehrrede deutlich gemacht:
a) Ausgangspunkt: häusliche Unterweisung, cf. z.b. Gen 27.
b) Prolog von Lehren, z.b. Amenemope, Prov 22,17f.
c) Literarische Komposition: Prov 1-9.
Damit bestätigt sich Gunkels Schema von mündlichen Ursprüngen, literarischer Verwendung in einer Sammlung (genauer zu deren Rahmung) und dem literarischen Fortleben. Dieses Fortleben jedoch als Degeneration zu begreifen, ist nicht angebracht. Es zeigt sich umgekehrt eine Steigerung der literarischen Komplexität.

Die Form der Texte erlaubt keinen sicheren Rückschluß auf ihre Verwendung, da sie einer gemeinaltorientalischen Konvention folgt. Die Aufnahme von Formen und Inhalten[79] aus der "Weisheit" als altorientalischer Bildungstradition legt es freilich nahe, auch Prov 1-9 dieser Tradition zuzuweisen und eine Verwendung des Textes im Bereich der Schreibausbildung zu suchen. Wie diese Verwendung aber ausgesehen oder wie der Unterricht soziologisch organisiert war, läßt sich aus der Form der Texte allerdings nicht ermitteln.

Für die Frage nach dem Sitz im Leben, der für die formgeschichtliche Forschung wesentlich ist, bedeutet dies:
- Rücknahme der Betonung der mündlichen Verwendung zugunsten der Frage nach den literarischen Formkonventionen. Dies darf nicht mit dem *rhetorical criticism* im Sinne Muilenburgs[80] verwechselt werden, da dort die Spezifika des Einzeltextes im Vordergrund stehen.
- Sitz im Leben kann nur für Alltags- und Gebrauchs-Texte aus der im Text kenntlichen Pragmatik gewonnen werden; Texte, die literarischen Charakter haben, wie die Lehrreden, können nicht einfach ihrem "fiktiven" Setting als Sitz im Leben zugeordnet werden. Dieses mag literarischer Formkonvention geschuldet sein.
- Die Frage nach dem Sitz im Leben müßte bei den literarischen Texten abgelöst werden von einer Literatursoziologie, die Produktion und Rezeption von Texten untersucht.
Mit den oben gemachten Vorschlägen will ich das Gunkelsche Konzept vom Sitz im Leben eines Textes nicht verwerfen, sondern - seine Annahmen

---

79 Cf. N. Shupak, The "Sitz im Leben" of the Book of Proverbs in the Light of a Comparison of Biblical and Egyptian Wisdom Literature, RB 94, 1987, 98-119. Sie geht auf terminologische Gemeinsamkeiten ein; cf. dazu ausführlicher id., Where Can Wisdom Be Found?, OBO 130, Fribourg und Göttingen 1993.
80 Cf. J. Muilenburg, Form Criticism and Beyond, JBL 88, 1969, 1-18.

über die Gattungsgeschichte aufgreifend - lediglich modifizieren, indem ich zwischen dem stärker gebrauchsfunktionalen "Sitz im Leben" einer Gattung und einer literarischen Formkonvention unterscheide, die einen solchen Rückschluß aufgrund textinterner Kriterien nicht so bruchlos zuläßt. Solcherart literarische Texte schweben aber nicht frei in der Luft, sondern unterliegen einer gesellschaftlich und historisch spezifischen Literaturproduktion, auf die die Form der Texte allerdings keinen unmittelbaren Rückschluß erlaubt.

Zu einigen ungewöhnlichen Partikelfunktionen

von Hans-Peter Müller, Münster

Mit diesem Referat beziehe ich mich auf zwei frühere Artikel, den einen zum nicht-junktiven *Wāw*, den ich auf dem SBL-Congress 1993 in Münster vortrug und der unter dem Titel "Nicht-junktiver Gebrauch von *w*- im Althebräischen" in ZAH 7, 1994, 141-174, erschienen ist, und den anderen zum Beth existentiae, der in der Festschrift für Wolfram von Soden 1995 publiziert wurde[1]. In der ersten Arbeit glaube ich aufgewiesen zu haben, daß nicht-junktive Funktionen von *w*- sich von einer existenzanzeigenden Funktion von *w*- her verstehen lassen, ohne daß ich dabei freilich eine lückenlose Metonymie aller nicht-junktiven Funktionen von *w*- aufzeigen wollte: arabisches *wa*- bedeutet in wenigen Fällen nicht "und" oder "aber", sondern entspricht geradezu einem "ist vorhanden" o.ä., womit sich eine Reihe anderer nicht-junktiver Funktionen im Semitischen verbindet. Dieselbe existenzanzeigende Funktion kann, wie ich in dem zweiten Artikel aufzuweisen suchte, vor allem auch *b*- wahrnehmen[2], so daß etwa der Ausruf der Mutter, von dem die Ätiologie des Namens "Gad" Gen 30,11 erzählt, nämlich '*beḡad*'[3], durch "es ist ein Glück(sfall)" übersetzt werden muß; vgl. *beʾošrî* "es ist mein Glück(sfall)" V.13. Dabei sind weder neue Lemmata wie *w- II bzw. *b- II anzusetzen[4]; noch ist umgekehrt zwischen *w*- und *b*-, weil sie beide eine existenzanzeigende Funktion und andere untereinander parallele Sonderfunktionen verwirklichen können, ein lautgeschichtlicher und damit

---

[1] Das Beth existentiae im Althebräischen, in: M. Dietrich - O. Loretz (edd.), Vom Alten Orient zum Alten Testament. FS W. von Soden (AOAT 240), 1995, 361-378. - Zu den meisten der dort von mir gegebenen Beispiele ist E. Jenni, Die hebräischen Präpositionen. Band 1: Die Präposition Beth, 1992, zu vergleichen.

[2] Vgl. Jenni, aaO. (Anm. 1), 79-89, der den konventionellen Terminus 'Beth essentiae' verwendet, ferner unter den Lexika außer den von mir in FS von Soden 361 genannten Werken noch D. Cohen - J. Cantineau, Dictionnaire des racines sémitiques on attestées dans les langues sémitiques 2, Paris 1976, 39b s.v. *B* 1.

[3] MT hat *bāḡād* in Pausa; vgl. zur hier vorgeschlagenen Vokalisation Ἐν τύχῃ LXX und *beʾošrî* V.13.

[4] So etwa zu *b*- B. Hartmann, "Es gibt keine Kraft und keine Macht außer bei Gott". Zur Kopula im Hebräischen, OTS 14, 1965, 115-121, bes. 121.

etymologischer Zusammenhang herzustellen[5]. Vielmehr ist bei kleinen vor-begrifflichen Einheiten, insbesondere bei den 'logischen Partikeln' oder (besser:) Funktoren, dazu bei anderen Konjunktionen und Präpositionen, ein umfangreiches Funktionenpotential anzunehmen, wobei deren logisch fest-legbare Funktionen nur teilweise mit ihren Funktionen und Bedeutungen in natürlichen Sprachen übereinkommen[6]. Dieses Phänomen wiederum ist wie einschlägig vergleichbare grammatische Erscheinungen, etwa die Multi-funktionalität der Konjugationsthemen, paradigmatisch für die unscharfe Logik (fuzzy logic) natürlicher Sprachen[7] - und zwar nicht nur der sog. ar-chaischen bzw. der fälschlich sog. primitiven Sprachen -, zumal sich ein Großteil der betreffenden Funktionen oder Bedeutungen aus einem jeweili-gen Handlungszusammenhang des Sprechens ergibt; Sprechen ist insofern selbst als ein Handeln verständlich, und zwar aufgrund einer Unterbrechung des kollektiven (interaktionellen) Handlungskontinuums zwecks interindivi-dueller Kommunikation. Zu einem solchen handlungsorientierten Sprechen - und Denken - aber bedarf es des festumgrenzten Begriffs und der streng logisch strukturierten Syntax ursprünglich nicht, was vollends auf anthro-pologische d.h. humanbiologisch-ethologische Befindlichkeiten wie den dis-sipativ-tastenden Charakter unserer mentalen und praktischen Einnistung in die Umwelt zurückverweist, wie er sich auch in non-verbalen (somatischen) Einnistungsstrategien, etwa dem zufälligen Mutationsgeschehen, darstellt. Polysemie von Begriffen und Vielfalt der Verwendungsfähigkeit von Funk-toren, die selbst nicht das Niveau des Begrifflichen erreichen, sind für alte und moderne Sprachen - vor allem im Alltagsgebrauch, worin der Abstand zwischen der Sprechsituation und dem Gesprochenen gering ist - dann be-sonders charakteristisch, wenn beide zu den ältesten Lexemen der betref-fenden Sprachen und Sprachgruppen gehören.

---

5   Ganz vereinzelt ist im Akkadischen der lautgeschichtlich allenfalls sekundäre Wechsel *w > b*, etwa in *biblum* "Getragenes" oder der N-Stamm-Bildung *ibbabil* statt **iwwabil* von *wabālu(m)* "tragen", falls es sich nicht nur um ungewöhnliche Schreibungen han-delt; vgl. W. von Soden, Grundriß der akkadischen Grammatik (AnOr 33), ³1995, §§ 21c; 103i.j.p.x mit weiteren Beispielen. Einen ebenfalls seltenen Wechsel *w > b* gibt es m.W. nur noch im neusüdarabischen Jibbāli; vgl. T.M. Johnstone, Jibbāli Lexicon, Oxford 1981, p. XIV, ferner D. Cohen - F. Bron - A. Lonnet - J. Cantineau, Diction-naire des racines sémitiques ou attestées dans les langues sémitiques 6, Leuven 1996, 471, wo u.a. noch auf eine Parallele im Tigriña hingewiesen wird.

6   Vgl. J. Cohen, Die logischen Partikeln der natürlichen Sprachen, in: G. Meggle (ed.), Handlung, Kommunikation, Bedeutung, 1979, 395-418, speziell zu den Präpositionen *min-*, *b^e-* und *l^e-* R. Althann, Approaches to Prepositions in Northwest Semitic Studies, JNWSL 20, 1994, 179-191, bes. 183.

7   Vgl. Vf., Ergative Constructions in Early Semitic Languages, JNES 54, 1995, 261-271, zu "fuzzy logic" 271.

Die Absicht der folgenden Darlegung ist es, die Evidenz (I.) für das nicht-junktive *w-* unter Einbezug entsprechender Verwendungsweisen von akkadischem *-ma* und sogar von altgriechischem καί zu vermehren und zu differenzieren, dazu (II.) das *Lamed* vocativum zu erörtern sowie für die nicht-präpositionalen Funktionen von *b-* Parallelen im Gebrauch von *l-* aufzuweisen und aus dem in I. und II. Behandelten sowie Vergleichbarem (III.) einige weitere linguistische Folgerungen zu ziehen.

I. Nicht-junktives *Wāw*

1. Die parallele Verwendung von *wa-* und *bi-* in den arabischen Schwurformeln *wa-llāhⁱ* und *bi-llāhⁱ* "so wahr Allāh existiert" > "bei Allāh" bezeugt einen Gebrauch von semitischem *wa-* in Holophrasen, in dem *wa-* (und *ta-* in *ta-llāhⁱ* gleicher Bedeutung) eine Rektion ausübt, als wäre es wie *bi-* eine Präposition; *wa-* als Existenzanzeiger ist also von der Kategorie der späteren Präpositionen noch nicht getrennt, wie man denn wohl auch einen semantischen von einem funktorischen Gebrauch hier noch nicht unterscheiden kann.

Holophrastisch ist auch *wᵉʾajjô* "und wo ist er?" Ex 2,20, worin kolloquialsprachliches *wᵉ-* einerseits als emphatisierende Fragepartikel gebraucht zu sein scheint, andererseits aber zugleich die Frage als Worthandlung mit dem vorangehenden verbalen Kommunikationsvorgang, dem Bericht der Töchter Jethros über Moses Hilfsbereitschaft am Brunnen, verbindet.

Auf eine entsprechende alltagssprachliche Verwendung von akkadischem *-ma*, wie sie sich aus Briefbelegen erschließen läßt, hat A.F. Rainey aufmerksam gemacht[8]; freilich ist die betreffende Holophrase dabei in beiden Fällen in einen rhetorisch lockeren syntaktischen Zusammenhang eingegangen. Ich zitiere die Beispiele mit Rainey's englischer Übersetzung:

šattišamma ēma ašakkanuka ul atkalakku, niziqtumma
"Every year, wherever I place you, I couldn't trust you; (it's) a nuisance!"

kima teštenemme; nukurtumma
"As you keep hearing, (it is) war."

Rainey gibt ferner Beispiele, in denen *-ma* das logische Prädikat im Gegensatz zum grammatischen markiert; in diesen Fällen handelt es sich um Wendungen nach anderen Satzeinheiten, etwa nach Bedingungssätzen. Logisches Prädikat kann etwa das grammatische Subjekt sein wie in

---

8 Enclitic *-ma* and the Logical Predicate in Old Babylonian, Israel Oriental Studies 6, 1976, 51-58; freundlicher Hinweis von J. Huehnergard, Harvard University.

šūma ilikšu illak
"It is he who will fulfill the (besser: his) *ilku*"[9],

oder auch ein Adverbial wie in

ina ša ramānišūma lū išām
"It was definitely from his own means that he purchased (them)"
und in

inanna Gimillum šū, ina nuḫatimmīma illak
"Now, as for this G., it is with the cooks that he will serve".

2. Für die Verwendung von *w-* beim Hendiadyoin zweier Substantive, von denen das zweite im Genitiv zu übersetzen ist, gibt jetzt D.J.A. Clines (ed.)[10] neben Gen 3,16 ein weiteres, freilich ein wenig angestrengtes Beispiel: *ḥäsäd wä'ᵃmät* "loyalty of truth" Gen 24,49. Immerhin liegt in der Wendung ein synthetisches Hendiadyoin vor, wozu aber auch der Beitrag von D. Michel in diesem Band zu vergleichen ist. - Noch problematischer erscheint mir Clines' Ansetzung eines vokativischen *w-* II für einen emendierten Text wie *weʾēl ʾᵃdônaj ʾäthannān* im Sinne von "O El, my Lord, I plead for mercy" Ps 30,9[11]: die masoretische Lesung *ʾäl-ʾᵃdônaj* ist wegen des parallelen *ʾēlâkā* in V.9a beizubehalten; *ḤNN* hitp steht auch sonst häufig mit der Präposition *ʾäl* "zu"[12]. Daß die Anrede *JHWH* 9a in 9b keine Parallele hat, ist unauffällig.

Ein in ZAH 7 noch nicht genanntes, weiteres Beispiel für *Wāw* explicativum liegt vor in *wajjiqberûhû bārāmā ûbeʿîrô* "und sie begruben ihn (Samuel) in Rama, seiner Stadt" 1 Sam 28,3.

3. Ich gebe nun einige Beispiele, bei denen καί nicht-junktiv verwendet wird. Obwohl die meisten dieser Texte aus dem Neuen Testament stammen, muß es sich dabei nicht durchweg um Semitismen handeln, sondern vielmehr oft um das Ergebnis einer Konvergenz zwischen innergriechischer, besonders kolloquialsprachlicher, Entwicklung und Einfluß aus einer semitischen Sprache. Semitische Entsprechungen werden, wo sie sich ergeben, beigefügt.

a. Ein schönes Beispiel für die funktorische Verwendung von καί als Aufmerksamkeitserreger beim Objekt, wofür ich in ZAH 7, 154, keinen se-

---

9   Vgl. auch G. Buccellati, On the Use of Akkadian Infinitive after "*ša*" or Construct
    State, JSS 17, 1972, 1-29, hier 6.
10 The Dictionary of Classical Hebrew II: ב-ו, 1995, 596b sub h. - Ein schönes griechi-
    sches Beispiel dagegen ist περὶ ἐλπίδος καὶ ἀναστάσεως νεκρῶν "wegen der Hoff-
    nung der (d.h. auf die) Auferstehung der Toten" Act 23,6; vgl. F. Blass - A. Debrunner
    - F. Rehkopf, Grammatik des neutestamentlichen Griechisch, ¹⁴1976, § 442,8d.
11 AaO. (Anm. 10), 598a.
12 Vgl. KBL³ 321b.

mitischen Beleg nennen konnte, ist Joh 1,16: ὅτι ἐκ τοῦ πληρώματος αὐτοῦ ἡμεῖς πάντες ἐλάβομεν καὶ χάριν ἀντὶ χάριτος, worin der Pleonasmus χάριν ἀντὶ χάριτος "Gnade um (nicht: anstatt[13]) Gnade" noch einmal durch καί hervorgehoben oder gerechtfertigt wird. Im Deutschen können wir die Hervorhebung nur durch Betonung wiedergeben; eine Übersetzung von καί als epexegetischer Partikel mit "und zwar" würde dem ἐλάβομεν das unmittelbare Objekt nehmen[14].

Um καί + Dependens anstelle eines Objektsatzes handelt es sich in Jak 4,15, wo dazu ein weiteres καί wie Wāw apodoseos verwendet wird: ἐὰν ὁ κύριος θελήσῃ καὶ ζήσομεν καὶ ποιήσομεν τοῦτο ἢ ἐκεῖνο "wenn der Herr will, daß wir leben, so werden wir dieses oder jenes tun". Faktisch Objekt des ersten ist das zweite der beiden durch καί nebeneinandergeordneten finiten Verben in einer alltagssprachlichen Formulierung wie Ἡσαίας δὲ ἀποτολμᾷ καὶ λέγει "Jesaja erkühnt sich zu sagen" Röm 10,20[15].

Als Aufmerksamkeitserreger für einen zu emphatisierenden Satz wird καί Lk 24,23 gebraucht. καί hat hier die Funktion, eine indirekte Rede einzuführen: ...καὶ μὴ εὑροῦσαι τὸ σῶμα αὐτοῦ ἦλθον λέγουσαι καὶ ὀπτασίαν ἀγγέλων ἑωρακέναι, οἳ λέγουσιν αὐτὸν ζῆν "...ohne seinen Leichnam gefunden zu haben, indem sie sagten, sie hätten eine Erscheinung von Engeln gesehen, welche sagten, daß er lebe"[16]; καί fehlt bezeichnenderweise in einigen bei Nestle - Aland angegebenen Textzeugen, denen die betreffende Funktion der Partikel wohl nicht mehr geläufig war. Man könnte hierzu mit J. Hoftijzer - K. Jongeling[17] den phönizischen Briefeingang KAI 50,2 vergleichen: ʾmr.ʾḥtk.bšʾ.wšlm ʾt "So spricht deine Schwester B.: 'Bist du in Ordnung?'"; in ZAH 7, 163, hatte ich mit W. Röllig an die Funktion von w- anstelle einer Fragepartikel (hier beim Prädikat) gedacht, wie es

---

[13] Vgl. R. Bultmann, Das Evangelium des Johannes, [13]1953, 531.

[14] Zu Bultmann, aaO. (Anm. 13), 51[6]; vgl. Blass - Debrunner - Rehkopf, aaO. (Anm. 10), § 442,6a. Ein im eigentlichen Sinne "emphatisierender" Gebrauch von καί wie in Joh 1,16 ist insbesondere wahrscheinlich, wenn καί schon ursprünglich ein "hinzufügendes Adv(erb)", meist mit verstärkender und steigernder Funktion, entsprechend dt. auch/sogar" ist; K.-H. Pridik, Art. καί, in: H. Balz - G. Schneider, Exegetisches Wörterbuch zum Neuen Testament II, 1981, 557-560, hier 560.

[15] Vgl. W. Bauer - K. und B. Aland, Griechisch-deutsches Wörterbuch zu den Schriften des Neuen Testaments und der frühchristlichen Literatur, [6]1988, 795 sub 1e. - Alltagssprachlich ist wohl auch eine Wendung wie καὶ εἶδον ὅτε ... καὶ σεισμὸς μέγας ἐγένετο "und ich sah, als ..., daß ein großes Erdbeben geschah" Apc 6,12; vgl. Blass - Debrunner - Rehkopf, aaO. (Anm 10), § 442,4c.

[16] L. Radermacher (Neutestamentliche Grammatik [HNT 1], [2]1925, 222) wollte dagegen λέγουσαι auf das vorangehende μὴ εὑροῦσαι τὸ σῶμα αὐτοῦ beziehen.

[17] Dictionary of the North-West Semitic Inscriptions I: ʾ - L, 1995, 296 sub 8, auch zum folgenden.

sich für das emphatische $w^{e\circ}ajj\hat{o}$ "und wo ist er?" Ex 2,20 empfiehlt. Zur Emphatisierung von Fragesätzen wird καί Mk 10,26; Joh 9,36 sowie mit unsicherem Text Joh 14,22 gebraucht. Als Zitationsanzeiger wollen Hoftijzer - Jongeling auch w- in der Briefeinleitungsformel $w^{e\varsigma}att\bar{a}$ verstehen; vgl. zum Zitatanfang beim mündlichen Botenauftrag 1 Sam 25,7aα.

b. Eine Entsprechung zu semantischem, nicht nur funktorischem Gebrauch von w-, nämlich zum $W\bar{a}w$ concomitantiae, liegt vor in ὡς δὲ ἐβαπτίσθη καὶ ὁ οἶκος αὐτοῦ ... "als sie sich aber *mit* ihrem Haus taufen ließ" Act 16,15[18]. Ein solches καί kann sogar pleonastisch nach μετά oder σύν stehen, etwa in μετὰ καὶ Κλήμεντος Phil 4,3 oder σὺν καὶ Φορτουνάτῳ 1 Clem 65,1[19].

Nach Analogie des $W\bar{a}w$ adaequationis wird καί klassisch nach ὁ αὐτός, ὁμοίως u.ä. gebraucht, nicht dagegen im Neuen Testament[20].

c. $W\bar{a}w$ relativum liegt noch in ' ' $^{\circ}\bar{e}\check{s}$ ... $w^{e\circ}\bar{a}k^e l\bar{a}$ '" 'Feuer ..., das frißt" Am 5,6cj vor. Wie eine Relativpartikel scheint ebenso aramäisches w^e- in $w^eqarn\bar{a}$ $dikk\bar{e}n$ $w^{e\varsigma}aj^en\hat{i}n$ lah "und (über) jenes Horn (wünschte ich Genaueres zu erfahren), *das* Augen hatte" Dan 7,20 verwendet. Die Partikel zu streichen, besteht also kein Anlaß[21], zumal auch Θ und V relativisch anschließen: κέρας ἐκεῖνο, ᾧ οἱ ὀφθαλμοί ...; de cornu illo quod habebat oculos ... .

Daß auch καί in legerer Diktion ein Relativpronomen vertreten kann, zeigt καὶ ὤφθη αὐτοῖς Ἠλίας σὺν Μωϋσεῖ, καὶ ἦσαν συλλαλοῦντες τῷ Ἰησοῦ "da erschien(en) ihnen Elia und Mose, die mit Jesus im Zwiegespräch begriffen waren" Mk 9,4[22]; die Inkongruenz von ὤφθη mit zwei nachfolgenden Subjekten wirkt hier allerdings semitisch. Mt 17,3 hat eine strengere Partizipialkonstruktion verwendet: καὶ ἰδοὺ ὤφθη αὐτοῖς Μωϋσῆς καὶ Ἠλίας συλλαλοῦντες μετ' αὐτοῦ; noch weiter geht die Gräzisierung, wenn auch die Inkongruenz aufgehoben und in einem Teil der Textüberlieferung ὤφθησαν statt ὤφθη gelesen wird.

---

18 Vgl. Blass - Debrunner - Rehkopf, aaO. (Anm. 10), § 442,6b.

19 Vgl. Blass - Debrunner - Rehkopf, aaO. (Anm. 10), § 442,7b mit weiteren Beispielen, ferner die Belege zu nachgestelltem καί bei Pridik, aaO. (Anm. 14).

20 Vgl. A. Debrunner, Friedrich Blaß' Grammatik des neutestamentlichen Griechisch, 1931, § 442,11.

21 So zuletzt KBL³ 1699.

22 Radermacher, aaO. (Anm. 16), 223. - Vgl. ὁ δυνατὸς καὶ ἅγιον τὸ ὄνομα αὐτοῦ, "der Mächtige, dessen Name heilig ist" Lk 1,49, welche Wendung bei Debrunner (aaO. [Anm. 20], § 442,6) als "hebraisierend (und vulgär nachlässig)" bezeichnet wird.

καί kann Lk 24,22 aber auch die Fortsetzung eines Relativsatzes markieren, die dann zum selbständigen Satz wird[23]; ähnlich setzt eine Wendung mit καί 2 Joh 2 ein Partizip fort[24].

Zu dem in ZAH 7, 160, genannten epigraphischen, also wohl kolloquialsprachlichen Beispiel, wonach relativisches *w*- eine begründende Konnotation annimmt, ist die auf attischen Trinkschalen bezeugte Formel zu stellen: χαῖρε καὶ πίει, was als Hysteron-Poteron soviel bedeutet wie "freue dich, *weil* du trinkst"[25]; aus dem Neuen Testament ist χαίρων καὶ βλέπων Kol 2,5 zu vergleichen[26]. Zwei epigraphische Beispiele kann ich jetzt auch aus dem Ṣafā'ischen bzw. Nabatäischen beibringen, nämlich ṣaf. (altnordarabisch) *lqdmt bn km ḏ'l š'm wrᶜj 'b'r* "von Q., dem Sohn des K., von der Sippe Š., der (weil er) bei den Brunnen weidete" bzw. nabat. *lqdmt br kwmw wrṣᶜ* "von Q., dem Sohn des K., der (weil er) weidete(?)"[27].

d. Ein Beispiel für καί apodoseos fanden Blaß - Debrunner schon in Ilias 1, 478[28]; bei den griechischen Klassikern ist es selten. Wir erinnern für das neutestamentliche Griechisch an die oben zitierte Stelle Jak 4,15; vgl. auch καὶ ὅτε ἐπλήσθησαν ... καὶ ἐκλήθη "und als ... erfüllt waren, da wurde ... genannt" Lk 2,21[29] oder ὀργίζεσθε καὶ μὴ ἁμαρτάνετε "mögt ihr zürnen, so sündigt (doch) nicht!" Ps 4,5; Eph 4,26. Zur Emphatisierung eines fragenden Teilsatzes erscheint καί vor τίς zugleich wie ein *Wāw* apodoseos nach einem Bedingungssatz: εἰ γὰρ ἐγὼ λυπῶ ὑμᾶς καὶ τίς ὁ εὐφραίνων με "wenn nämlich ich euch betrübe, wer ist es dann, der mich erfreut" 2 Kor 2,2. Mit *Wāw* apodoseos vergleichbar ist *wᵉ*- bzw. καί auch da, wo es - wie in *wᵉ'ajjô* "(und) wo ist er?" Ex 2,20 bzw. καί in Mk 10, 26; Joh 9,36; 14,22 (?) - eine selbständige Frage als Worthandlung mit einem vorangehenden verbalen Kommunikationsvorgang verbindet, der nun die Prothesis vertritt[30].

---

[23] Radermacher, aaO. (Anm. 16), 218.222.

[24] Debrunner, aaO. (Anm. 20), § 442,6; 468,3.

[25] Bei Radermacher, aaO. (Anm. 16), 222.

[26] Vgl. Bauer - Aland, aaO. (Anm. 15), 795 sub 1e.

[27] F. Khraysheh, Eine safaitisch-nabatäische bilingue Inschrift aus Jordanien, in: N. Nebes (ed.), Arabia Felix. Beiträge zur Sprache und Kultur des vorislamischen Arabien. Festschr. W.W. Müller, 1994, 109-114.

[28] AaO. (Anm. 20), § 442,7.

[29] Vgl. hierzu und zu 2 Kor 2,2 Blaß - Debrunner - Rehkopf, aaO. (Anm.10), § 442,5a. bα. - D hat in Luk 2,21 statt καὶ ἐκλήθη, offenbar um ein eher literarisches Griechisch zu bieten, ὠνομάσθη, läßt καί also fort. - Vgl. zum καί apodoseos noch K. Beyer, Semitische Syntax im Neuen Testament I: Satzlehre, 1962, 66-72.

[30] Zum existenzanzeigenden *Wāw* sei abschließend die freilich etwas spekulative Frage erlaubt, ob es mit der Verwendung von -*u*/-*w* mit fem. -*wa* als Determinationsmorphem im Amharischen in einem Zusammenhang steht: zumindest -*w* und -*wa* lassen sich schwer aus einem Pronominalsuffix -*hū* ableiten, wie meist angenommen wird; die Ge-

II. *Lamed* vocativum; *l-* und *b-*

1. In meinen beiden o.g. Artikeln habe ich bereits, wie auch oben schon gesagt, auf die weitreichende Parallelität der nicht-junktiven Funktionen von
w- mit den nicht-präpositionalen Funktionen von *b-* aufmerksam gemacht.
Mit dem bislang sogenannten emphatischen *Wāw* ist darüber hinaus das
schon von F. Nötscher[31] erörterte *Lamed* emphaticum zu vergleichen.
Ebenso können die explikativen Funktionen von *w-* zu solchen von *l-* gestellt werden; dazu kommt die Verwendung von *l-* zur Markierung eines
Casus pendens. Sowohl für das *Lamed* emphaticum, als auch für das *Lamed*
explicativum und die Verwendung von *l-* beim Casus pendens hat Nötscher
Beispiele gegeben, die hier nicht wiederholt zu werden brauchen.

Ohne Analoga bei *w-* und *b-* ist das *Lamed* vocativum. Sind sonst aber
nicht-junktive *w-*Funktionen mit Funktionen von *b-* und *l-* vergleichbar, so
wäre auch eine Parallelität von nicht-präpositionalen Verwendungen von *l-*
und *b-* zu vermuten. Ohnehin ist *l-* im klassischen Hebräisch der "allge-
meinste Relationalis, der sich je nach dem Kontext ... in seinen unterschiedlichen Funktionen entfaltet"[32].

2. Althebräisches *Lamed* vocativum[33] liegt nach J. Huehnergard[34] am ehesten vor in

rann^enû ṣaddîqîm b-JHWH
laj^ešārîm nā'wā t^ehillā
"jubelt, ihr Gerechten, vor JHWH,
ihr Redlichen, lieblich ist Lobgesang" Ps 33,1,

worin *laj^ešārîm* wahrscheinlich als parallel zu dem Vokativ *ṣaddîqîm* aufzufassen ist, obwohl *nā'wā* in Spr 17,7; 19,10; 26,1 mit *l-* der Person verbunden wird, und vor allem in

'ēt la^'aśôt l-JHWH
"es ist Zeit zum Handeln, o JHWH" Ps 119,126,

---

nese ist offenbar komplizierter. Das determinierende amharische *-u* erinnert umgekehrt
auch an *-u* als Subordinativmorphem in akkadischen Relativsätzen, die ebenfalls ihr
Bezugsnomen determinieren; der altakkadische Subordinativ auf *-a* mag in einem
entsprechenden Verhältnis zum determinierenden *-ā* im Aramäischen stehen. Allerdings
läßt sich *-na* auf diese Weise nicht erklären.

31   Zum emphatischen Lamed, VT 3, 1953, 372-380.
32   Jenni, aaO. (Anm. 1), 24, vgl. 31f.
33   M.J. Dahood, Psalms III (AB 17a), 1970, 406-408; vgl. dagegen P.D. Miller, Vocative
     Lamed in the Psalter: A Reconsideration, UF 11, 1979, 617-637.
34   Asseverative *la and hypothetical *lū/law in Semitic, JAOS 103/3, 1983, 569-594, hier
     591.

wo zwischen den Anreden an JHWH im Kontext eine Aussage "es ist Zeit zum Handeln für JHWH" deplaziert wäre. Will man die althebräische Evidenz für das *Lamed* vocativum dennoch für ebenso zweifelhaft halten wie die phönizische[35], so ist seine Existenz zumindest im Ugaritischen sicher zu belegen[36]. Ein hebräisches *Lamed* vocativum scheint sich aber hinter dem Dativ in ὡσαννὰ τῷ υἱῷ Δαυίδ Mt 21,9.15 zu verbergen. Zumindest solange man an *hôšîʿā-nnā* oder *hôšaʿ-nnā* (vgl. zu *hôšaʿ* Ps 86,2) noch die Bedeutung "hilf doch!" von Ps 118,25 wahrnahm, hat man die griechische Wendung als Fehlübersetzung statt "hilf doch, *du* Sohn Davids!" zu verstehen[37], wobei die Anrufung des Messias - der vorausgesetzten Situation beim Einzug in Jerusalem entsprechend - die JHWHs in Ps 118,25 ersetzt, was den Zorn der jüdischen Hierarchen verständlicherweise wachruft (V. 15f.), zumal Ps 118 später auch eschatologisch-messianisch gedeutet wurde (MidrPs 118,22). Daß der ursprünglich mündliche Erzähler bei Mt 21,9.15 nämlich Ps 118, 25 im Ohr hatte, mag dem Tatbestand entsprechen, daß dem Ruf in Mt 21,9, zumal LXX *hôšîʿā-nnā* mit σῶσον δή wiedergibt, ein Zitat von Ps 117,26 LXX (= Ps 118,26 MT) folgt; so ist immerhin wahrscheinlich, daß ὡσαννά zunächst im Sinne von σῶσον δή verstanden wurde. Mt aber hat, wie das darauf folgende ὡσαννὰ ἐν τοῖς ὑψίστοις nahelegt, ὡσαννὰ τῷ υἱῷ Δαυίδ - wie auch die anderen Evangelisten und vor allem Mk - als Akklamationsruf mißverstanden, wobei ἐν τοῖς ὑψίστοις, auf Gott bezogen, aus Ps 148,1 (vgl. Hi 16,19) stammt. - Da ὡσαννά auf ein hebräisches Vorbild, nicht auf ein aramäisches zurückgeht[38], ist das Fehlen eines *Lamed*

---

35 Hier allenfalls *lʿpt* in der Bedeutung "o Fliegerin" KAI 27,1; vgl. Huehnergard, aaO. (Anm. 34), 592.

36 UT § 12,6; 19.1340; K. Aartun, Die Partikeln im Ugaritischen 1 (AOAT 21/2), 1974, 38f.; St. Segert, A Basic Grammar of the Ugaritic Language, 1984, 190. - Zu *la-* als Vokativpartikel im Tigrē vgl. *la-meläje* "o, mein Herr"; E. Littmann - M. Höfner, Wörterbuch der Tigrē-Sprache, 1962, 30a. Eine Vokativpartikel *la-* mit Genitiv findet sich vielleicht in dem ammuritischen Personennamen *La-a-mu-ri-im* "o (Gott) Amurru" oder "für Amurru" neben *La-la-bu-[* "o Löwe(ngottheit)"; vgl. Huehnergard, aaO. (Anm. 34), 579[89].581.

37 Nach E. Lohse (Art. ὡσαννά, ThWNT IX, 1973, 682-684, hier 684[21].682; vgl. auch W. Rebell, Art. ὡσαννά, EWNT III, 1983, 1217f.) muß der Bedeutungswandel des Hosianna vom Hilfe- zum Jubelruf "allerdings schon im vorchr(istlichen) Jud(en)t(um) eingetreten sein"; "an dem Wandel des Laubhüttenfestes vom Bitt- zum Freudenfest nahm auch das Hosianna teil u(nd) wurde aus einem Hilfe- zu einem Jubelruf." Wie auch immer: eine solche Entwicklung (vgl. Str.-B. II 805-807, ferner I 845-849) schließt nicht aus, daß die Formel gleichzeitig weiter in ihrer ursprünglichen Bedeutung verwendet wurde, insbesondere wo eine Funktion des als Dativpartikel mißverständlichen *l-* als Vokativanzeiger noch gegenwärtig war. - Zu *hôšîʿā* mit dem Vokativ des Königs (*[ʾadônî] hammäläk*) vgl. 2 Sam 14,4; 2 Kön 6,26.

38 Vgl. G. Dalman bei Lohse, aaO. (Anm. 37), 683[14].

vocativum im Aramäischen, soweit wir bisher wissen, kein Gegenargument; Huehnergard vermutet aber wohl mit Recht, daß *Lamed* vocativum im Hebräischen am ehesten als ein "uncommon (dialectal?) element" anzusehen ist[39]. Hinter Mt 21,9.15 steht formelhafter Sprachgebrauch; wo dieser nicht vorliegt, wie in Mt 9,27, verwendet Mt υἱὸς Δαυίδ bzw. in einer ganzen Reihe von Handschriften υἱὲ Δαυίδ als Anrede an Jesus.

3. Wir kommen nun zu Paradigmen einer Parallelität von nicht-präpositionalen Verwendungen von *l-* und *b-* (sowie *w-*); unter das nicht-präpositionale *le-* rechnet hier freilich auch dessen Verwendung als Bekräftigungspartikel, für die KBL[3] im hebräischen Teil und andere ein eigenes Lemma *le-* II ansetzen[40]. a. Der Verwendung von *bi-* und *wa-* in den o.g. arabischen Schwurformeln entspricht zunächst die von *la-* in *la-ʿamruka* "bei deinem Leben"; *la-* als Partikel der Bekräftigung ist im Arabischen von der Präposition *li-* durch den Vokalismus unterschieden.

b. Der Verwendung von *b-* (und *w-*) als Subjektanzeiger[41] entspricht die von *l-* im Sinne von "wahrlich" in:

kî l-JHWH māginnēnû
weliqdôš jiśrā ʾēl malkēnû
"Ja, wahrlich, JHWH ist unser Schild;
wahrlich, der Heilige Israels ist unser König" Ps 89,19[42],

lemišpāṭåkā ʿāmedû hajjôm
"wahrlich, deine Rechtsordnungen bestehen (noch) heute" Ps 119,91

und

kî-lekäläb ḥaj hûʾ ṭôb min-hāʾarjê hammēt
"Ja, wahrlich, ein lebender Hund, er ist besser als der (?) tote Löwe" Koh 9,4[43].

c. Als Markierung eines nominalen Prädikats erscheint *l-* wie *b-* (und *w-*)[44] ugaritisch in *jm.lmt* "Jamm ist wahrlich tot"[45]; hebräisch entspricht ihm *le-*

---

39 AaO. (Anm. 34), 591.
40 KBL[3] s.v. vereinigt die emphatische und die vokativische Funktion von nicht-präpositionalem *le-* unter einem Lemma, gibt aber für *Lamed* vocativum nicht eigentlich Beispiele.
41 Vgl. zu *b-* als Subjektanzeiger Vf., FS von Soden (Anm. 1), 364f., zu *w-* als Subjektanzeiger das. 373f. und ZAH 7, 151-153. - Zu *le-* vor Nomina vgl. Huehnergard, aaO. (Anm. 34), 591.
42 Vgl. KBL[3] s.v. *le-* II mit Hinweis auf O. Eißfeldt.
43 Zu dem von Nötscher (aaO. [Anm. 31], 379) und KBL[3] s.v. *le-* II genannten *lekol-nādîb* vgl. dagegen W. Rudolph, Chronikbücher (HAT I 21), 1955, 190.
44 Vgl. zu *b-* als Prädikatsanzeiger Vf., FS von Soden (Anm. 1), 365-371, zu *w-* als Prädikatsanzeiger das. 374f. und ZAH 7, 147-151. Es handelt sich auch bei *b-* und *w-* fast durchweg um nominale Prädikate, also um Prädikative.
45 UT 19.1339 zu *l* III; Aartun, aaO. (Anm. 36), 33-35(25).

vor einer Analogiebildung zum arabischen Elativ[46] in *le'akzār* "ist wahrlich sehr grausam" Klgl 4,3, das freilich mit dem *bat-'ammî* von MT oder mit *benôt 'ammî* nach LXX in bezug auf das Genus disgruiert. Emphatisierend vor einem Imperativ steht *le-* in JHWH *lehôšî'ēnî* "JHWH, rette mich wahrlich!" Jes 38,20; beim Infinitiv, nämlich in zweimaligem *lihjôt*, erscheint *le-* in Mi 5,1[47]. Dagegen sind die Beispiele für *le-* vor Afformativ- und Präformativkonjugationen im Hebräischen zweifelhaft[48]; im Ugaritischen dagegen begegnet *l-* (= *lû* ?) sowohl vor Afformativ- wie vor Präformativkonjugationen[49].

d. In dem aramäischen Satz Esra 6,7 wird, wenn der Text korrekt ist, das zweite von beiden Subjekten mit *le-* markiert: *paḥat ... ûle śābê jehûdājê'* "der Statthalter ... und die Ältesten der Juden"[50]. Ein zusammenfassendes Objekt wie *melākîm* "Könige" wird in Ps 135,10f. durch eine Aufzählung mit jeweiligem *le-* - *lesîhôn ... ûle 'ôg ... ûlekōl mamlekôt kena'an* "nämlich Sihon, Og und alle Könige Kanaans" - individualisiert, wo man, da sonst wohl auch *melākîm* durch *le-* markiert sein müßte, nicht an einen Aramaismus denken muß[51]. Die Stelle scheint zudem in dem zusammengestückelten, sehr späten Ps 135 von Ps 136,17-20 abhängig, wobei Ps 135,12

---

[46] Wie sich die Funktionen von *w-*, *b-* und *l-* beim vorwiegend nominalen Prädikat zu unverbundenen Prädikationen in Nominalsätzen, zu Prädikationen mit *hjh* "sein" und zu Prädikationen mit *hjh* u.ä. + *we* (vgl. ZAH 7, 148-150) verhalten, ist weiter zu fragen. Daß in Nominalsätzen die eigentliche syntaktische Verbindung des Subjekts mit dem Prädikat in semitischen Sprachen ausbleiben kann, mag seinen Grund in noch mangelndem Bedarf an eigentlichen Identitätsurteilen haben; die Funktion des Nominalsatzes ist ganz überwiegend die Beschreibung. Entsprechend eignet sich auch das sumerische Kopulamorphem - à m nicht zu Aussagen über Identität; vgl. W. von Soden, Aus Sprache, Geschichte und Religion Babyloniens (Istituto universitario orientale. Dipartimento di studi asiatici, series minor XXXII), 1989, 173. Auch bei einem Anschluß des Prädikats durch semitisches *w-*, *b-* und *l-* scheint das Verhältnis der so verbundenen Begriffe noch stärker in der Schwebe zu verharren als etwa bei entsprechenden Prädikationen in neuindogermanischen Sprachen. Oft tritt eine finite Form von *hjh* ein, um die zeitliche Dimension der Prädikation festzulegen; vgl. dazu zuletzt A. Niccacci, Sullo stato sintattico del verbo *hāyā*, FrancLA 40, 1990, 9-23, dazu spezieller H.-J. Stipp, *w'=hāya* für nichtiterative Vergangenheit? Zu syntaktischen Modernisierungen im masoretischen Jeremiabuch, in: W. Gross u.a. (edd.), Text, Methode und Grammatik. FS W. Richter, 1991, 521-547 (Exzerpte ZAH 9, 1996, 74.77). Die Vergangenheitlichkeit eines eigentlichen Identitätsurteils wird in Gen 1,2 durch eine finite Form von *hjh* angezeigt: *wehā'āräṣ hāje'tā tôhû wābôhû* "und die Erde existierte als Öde und Wüstheit".

[47] Vgl. J.A: Fitzmyer, *le* as a Preposition and a Particle in Micah 5,1 (5,2), CBQ 18, 1956, 10.

[48] Diskutiert werden Jes 38,20; Hab 3,6f.; Spr. 20,16, dazu aber Huehnergard, aaO. (Anm. 34), 591; zu Ps 119,128 cj. vgl. KBL³ s.v. *le-* II.

[49] UT 9.16; Aartun, aaO. (Anm. 36), 33f.

[50] Vgl. Nötscher, aaO. (Anm. 31), 380.

[51] Gegen H. Gunkel, Die Psalmen (GHK II 2), ⁵1968, 575, der sich dafür zu Unrecht auf GKa § 117n berief.

wiederum von Ps 136,21f. übernommen ist; auch in Ps 136,17-20 stehen dem Objekt *m^elākîm* als entfaltende Aufzählung nach Num 21,21ff. *l^esîhôn* und *ûle^ʿôg* gegenüber, dem in Ps 135,11b das im Versmaß überschießende *ûl^ekōl maml^ekôt k^enáʿan* beigefügt wurde[52].

III. Linguistische Folgerungen

Ebensowenig, wie sich die nicht-junktiven Funktionen von *w*- aus einer lückenlosen Metonymie von dessen Existenzanzeigefunktion ableiten lassen, kann man die nicht-präpositionalen Funktionen von *b*- und *l*- entsprechend erklären. G. Schuttermayr hat schon 1971 den Gebrauch der Termini "Bedeutung" oder gar "Grundbedeutung" bei Präpositionen problematisiert[53]. Obwohl eine Parallelität der nicht-präpositionalen Funktionen von *b*- und *l*-feststellbar ist, wird man also bei kleinsten und ältesten lexikalischen Einheiten wie *w*-, *b*-, *l*- u.ä. mit weitgehenden Semübereinstimmungen und entsprechend mit großen Bedeutungspotentialen der Einzellexeme rechnen müssen. Die Sprache ist bei den eher funktorischen als semantischen Partikeln ein besonders unpräzises Medium der Bedeutungsvermittlung: sie überläßt die Spezifikation einer lediglich andeutenden Relationierung von Begriffen durch Partikel, die sie zum Teil synonym gebraucht, ihren jeweiligen Adressaten. Die üblicherweise im Blick auf die neuindogermanischen Zielsprachen vorgenommenen präzisen Unterscheidungen vor allem bei der Übersetzung von *w*- engen die Polysemie solcher kleinster lexikalischer Einheiten irreführend ein. Umgekehrt würde jede Sprache ohne Polysemie generell an dem Tatbestand scheitern, daß sie für den jeweiligen Ausdrucksbedarf immer zu wenige Ausdrucksmittel zur Verfügung zu stellen vermag.

Mit ihrer Polysemie weisen alle Sprachen zurück auf Stadien der Entwicklung unseres Denkens, in der eine kaum schon zu bewältigende Fülle von Informationen nur unter In-Kauf-Nahme von Verschwommenheit bewältigt werden konnte[54]; das gemeinsame und individuelle Leben, dem Sprache und Denken in nicht-diskreten Handlungszusammenhängen dienen, bedarf zu seiner Aufrechterhaltung und menschgemäßen Optimierung, wie ebenfalls bereits gesagt, nur einer unscharfen Logik, mit der sich auch die entsprechenden evolutiven Vorgänge der organischen Welt zu begnügen wissen. Insofern dienen vor allem historisch-vergleichende Grammatikstudien nicht nur der Textinterpretation und deren Hermeneutik, sondern auch ei-

---

[52] Mit Gunkel, aaO. (Anm. 51).
[53] 'Ambivalenz und Aspektdifferenz'. Bemerkungen zu den hebräischen Präpositionen בְּ, לְ und מִן, BZ 15, 1971, 29-51, bes. 46f.
[54] Vgl. B. Kosko, fuzzy-logisch. Eine neue Art des Denkens, 1995, 54, vgl. 22.64.74.

ner Humanethologie, die Wirklichkeitswahrnahme, Sprache und Denken in ihrem Zusammenhang mit Handlungsstrukturen in deren organischen Kontext stellt.

Da aber auch noch in späteren Stadien unserer Sprach- und Denkentwicklung ältere Stadien des Sprechens fossil (redundant oder mit neuen Funktionen) oder rudimentär (nutzlos oder dysfunktionell) fortleben, bleibt die semantische Leistungskraft natürlicher Sprachen immer diffuser, als die Anstrengungen des Begriffs es wünschenswert erscheinen lassen. Entsprechend konnte F. Nietzsche darauf hinweisen, daß die Bezeichnung eines Dings nur gelingen könne, "wenn an ihm erst alle Wesen ihr 'was ist das?' gefragt und beantwortet hätten"[55]; schon darum wird die Definition eines Begriffs zum unerreichbaren Ideal. Aber nicht einmal nur die Beziehung eines individuell gebildeten Begriffs zu den Signifikaten, die eine tendenziell unendliche Zahl von Kommunikationsteilnehmern hervorbringt, sondern auch die Beziehung des Zu-Begreifenden zu einer unendlichen Menge anderer begriffsfähiger Gegenstände und somit die Konnotation eines mitgeahnten Wirklichkeitsganzen, die jede Einzeldenotation begleitet, transzendiert die Möglichkeit authentischer Definitionen[56]. Diese ontologische Einsicht entspricht dem linguistisch-ethologischen Tatbestand, daß die Monosemierung polysemer sprachlicher Zeichen (Signifikante) und außersprachlicher Symbole im Maß des Umfangs sprachlicher (und außersprachlicher) Einheiten wächst, ihr absolutes Maß aber erst im Unendlichen erreicht, das selbst unerreichbar ist.

Je weiter eine Sprache hinter dem ohnehin Unerreichbaren zurückbleibt, um so mehr freilich wächst ihre Poesiefähigkeit; darin dürfte das Poetische dem organischen Leben näher stehen. Mit ihrer geringeren semantischen und syntaktischen Strenge blieb dementsprechend die althebräische Sprache dichter bei der Pragmatik des Alltags; die Literatursprache vor allem hat sich weniger von der unmittelbar funktionalen Alltagssprache entfernt.

---

[55] K. Schlechta (ed.), Friedrich Nietzsche. Werke in drei Bänden III, 1966, 487.
[56] Eine Substanz, deren "Begriff" nach der Definition B. Spinozas (Ethik I, Def. 3) "des Begiffs eines anderen Dinges nicht bedarf", ist insofern nicht vorauszusetzen, wenn man von nicht-gegenständlichen Begriffen wie "Gott", "Natur", "Universum" o.ä. absieht, die aber auch nur im Maße ihrer Opponierbarkeit zu Gegenbegriffen eigentlich das Niveau des Begrifflichen erreichen.

Zur Bedeutung der Formel *wajjehi* im Übergang zum mittelhebräischen Tempussystem

von Andreas Schüle, Heidelberg

Bezüglich der Genese des sog. 'Imperfectum consecutivum' im Hebräischen darf im Zuge vergleichender Semitistik als nahezu gesichert angesehen werden, daß es sich hierbei nicht um eine Variante der Langform des Imperfekts (*iaqtulu*) handelt, sondern um die dem babyl./assyr. Präteritum entsprechende 'Kurzform' *iaqtul*. Als noch vollständig ins westsemitische Tempussystem integriertes Morphem erscheint *iaqtul* allerdings allein noch im altwestsemitischen Onomastikon (z.B. den amoritischen Personennamen), während es in den textlich dokumentierten Sprachen nur in Einzelfunktionen überlebt hat - so zur Negation des Perfekts (*lam jaqtul*) im Klassisch-Arabischen und eben als 'Imperfectum consecutivum' im Althebräischen und, wie die epigraphischen Belege zunehmend nahelegen, wahrscheinlich auch im Altaramäischen (*Zincirli, Tell Dān, Tell Deir ʿAllā*)[1] als Erzähltempus zur Anzeige fortschreitender Handlungs- oder Ereignisketten. Wie die weitere Entwicklung besonders des Hebräischen zeigt, wird *iaqtul* auch in dieser Funktion schließlich erübrigt und durch die im Westen neu gebildete perfektiv-präteritale Form *qatala* vollständig ersetzt (wie analog auch das ebenfalls im Westsemitischen neu auftretende Langimperfekt die Stelle des 'Perfectum consecutivum' übernimmt). Diese Ablösung und mit ihr die Neugestaltung des Tempussystems, nunmehr basierend auf der Trias von Perfekt, (Lang-) Imperfekt und Partizip, setzt damit den Abschluß einer Entwicklung, die im Althebräischen selbst bereits angelegt war. Sie dürfte nicht zuletzt durch den Einfluß des Aramäischen (als der neuen 'lingua franca' spätestens seit dem Achämenidenreich) beschleunigt worden sein, dem sich das Hebräische tempussyntaktisch damit wieder annäherte. Mit K.

---

[1] Vgl. KAI 202 A, 11; TDA Komb.1, 1-5; *Tell Dān*, Z. 3*.6*. Der morphologische Nachweis steht insofern für das Aramäische noch aus, als bislang kein Beleg für eine Wurzel der Klasse IIIi ('tertiae infirmae') existiert, die allein den Unterschied von Lang- und Kurzform auch am Konsonantentext erkennen ließe. Die Gegenthese, daß es sich im Aramäischen bei den fraglichen Belegen um Langformen handle, würde allerdings zu der Annahme zwingen, daß im ältesten Aramäisch auch die Langform narrative Funktion besaß - was freilich ganz im Gegensatz zu allen sonst bekannten Verwendungsweisen von Langimperfekt stehen würde.

Beyer nenne ich diese Sprachstufe das 'Neuhebräische'[2], das für die verbleibende Laufzeit des Hebräischen als gesprochener Sprache maßgeblich war und sich textlich besonders in den Weisheitsschriften des AT, Teilen der Qumranliteratur und im rabbinischen Schrifttum niedergeschlagen hat.

Daneben wurde allerdings auch das Althebräische weiter als Schriftsprache beibehalten, obwohl die Tradenten neuhebräisch und/oder aramäisch sprachen. Die Bücher Jona, Ruth, Passagen des Danielbuches und das Chronistische Geschichtswerk sind aufgrund der zeitlichen Eingrenzbarkeit ihrer Entstehung sichere Zeugnisse dieser späten Aufnahme der alten Sprachform. Die Unschärfen setzen dagegen dort ein, wo diese schriftsprachliche Fortsetzung nun etwa durch redaktionelle Überarbeitung oder Fortschreibung zusammen mit der alten Sprachform auftritt, archaisches und archaisierendes Material innerhalb derselben Textcorpora begegnet, wie es besonders für Pentateuch und DtrG anzunehmen ist.

Man könnte es nun auch für diese schriftsprachliche Weiterführung bei der Bezeichnung 'althebräisch' belassen und damit dem Selbstverständnis Rechnung tragen, das die betreffenden Texte von sich selbst entwerfen. Philologisch wäre dies freilich wenig befriedigend, denn auch ein Tradierungsprozeß, der in gesprochener Sprache keinen Anhalt mehr hat, konserviert nicht lediglich den vorhandenen Bestand, sondern entwickelt eigene Dynamik und unterliegt eigenen Gesetzmäßigkeiten (für die Sprache der Chroniken z.B. hat A. Kropat dies exemplarisch dargestellt)[3]. Insofern empfiehlt sich auch hier die terminologische Abgrenzung: Texte, die das Althebräische als eigenständige Schriftsprache weiter tradieren, werden im folgenden als 'mittelhebräisch' bezeichnet. Wichtig für die sprachgeschichtliche Erforschung des Hebräischen erscheint mir deshalb eine differenziertere grammatische, respektive syntaktische Beschreibung des Mittel- gegenüber dem Althebräischen, als sie bislang verfügbar ist[4]. Die folgenden Überlegungen wollen dazu anhand der angeschnittenen Problematik der 'Imperfecta consecutiva' und darin der besonderen Erscheinung der Formel *wajjehi* beitragen.

---

2   Zum folgenden vgl. K. Beyer, Althebräische Grammatik. Laut- und Formlehre, Göttingen: Vandenhoeck & Ruprecht 1969, 15f.

3   A. Kropat, Die Syntax des Autors der Chronik verglichen mit der seiner Quellen. Ein Beitrag zur historischen Syntax des Hebräischen, Gießen: Töpelmann 1909 [ZAW Beiheft. 16].

4   Das Problem jeder Darstellung des sog. 'Biblisch-Hebräischen', das die kanonische Einheit der Texte implizit auch als sprachliche Einheit auffaßt, liegt genau darin begründet, daß hierbei eine grammatische Kohärenz unterstellt wird, die für Fragen der Sprachentwicklung und der unterschiedlichen Situierung als Sprech- bzw. Schriftsprache wenig Sensibilität aufbringen kann (vgl. die Klassifizierung von E.Y. Kutscher, A History of the Hebrew Language, Jerusalem: Magnes und Leiden: Brill 1982).

Wie dargestellt handelt es sich beim 'Imperfectum consecutivum' weniger, wie gelegentlich in Schulgrammatiken dargestellt wird, um ein besonderes Spezifikum des Althebräischen, sondern im Grunde um ein Relikt gegenüber einer älteren Sprachstufe, das allerdings nicht mehr produktiv auf die Entwicklung des Hebräischen eingewirkt hat und insofern im Übergang zum Neuhebräischen ausgeschieden wurde. Betrachtet man nun genauer die Funktion des 'Imperfectum consecutivum' anhand epigraphischer Belege als vorläufig einzig sicher datierbaren Zeugen für das Althebräische, so ergibt sich repräsentativ folgendes Bild:

Epigraphische Beispiele für die Verwendung von *wajjiqtol*-Formen:

Wir wählen exemplarisch drei Textbeispiele verschiedener zeitlicher Einordnung und lokaler Herkunft und stellen sie hinsichtlich ihrer Erzählstruktur dar:

- 'Bileam'-Inschrift (*Tell Dēr ʿAllā*, 10./9.Jh.)[5]

[znh ms]pr [blʿm br bʿ]r	[Dies ist die Erzäh]lung [über Balaam, den Sohn Beo]rs.
wj ʾtw ʾlwh ʾlhn blylh	Da kamen zu ihm die Götter des nachts,
[wj ʾmrw l]h	[und sie sprachen zu ih]m ...
wj ʾmrw l[blʿm]	Und sie sprachen zu Balaam ...
wjqm blʿm mn mhr	Da stand Balaam am Morgen auf ...
wjʿl ʿmh ʾlwh	Und es gingen zu ihm hinauf seine 'Leute'
wj[ʾmrw] lblʿm	und [sie sprachen] zu Balaam ...
wjʾmr lhm	Da antwortete er ihnen ...

- Inschrift des Königs *Mōšaʿ* von Moab (*Dēbān*, ca. 840 v.Chr.)

wʾnk mlktj ʾḥr ʾbj	Und ich wurde König nach meinem Vater.
wʾʿś hbmt zʾt	Da errichtete ich diese Kulthöhe ...
wʿmrj mlk jśrʾl	Omri aber war der König Israels.
wjʿnw ʾt mʾb	Da bedrängte er Moab ...
wjhlph bnh	Da folgte ihm sein Sohn nach,
wjʾmr gm hʾ	und es sprach auch er ...
wʾrʾ bh wbbth	Ich aber triumphierte über ihn und sein Haus.

---

5 Die Schwierigkeit bei der Klassifizierung der Inschrift liegt in ihrem 'gemischtsprachlichen' Charakter (dazu J.A. Hackett, The Dialect of the Plaster Text from Tell Deir Alla, Orientalia N.S. 53 (1984), 57-65; P.K. McCarter, The Dialect of the Deir Alla Texts, in: J. Hoftijzer, G. v.d.Kooij, The Balaam Text from Deir Alla Re-evaluated, Leiden u.a.: Brill 1991, 87-99). Hinsichtlich der Syntax zeigt sie mit Impf. cons., Perf. cons., Perf. und Impf. allerdings deutlich den für das Althebräische typischen Tempusbestand.

- Petition eines Erntearbeiters (Měṣad Ḥašavjāhū, 2.Hälfte 7.Jh.)

ʿbdk qṣr	Dein Knecht ist ein Erntearbeiter.
hjh ʿbdk bhṣrʾsm	Dein Knecht hielt sich in Hasirasam auf.
wjqṣr	Da erntete dein Knecht
wykl	und maß ab.
...	
kʾšr kl ʿbdk wʾsm	Als dein Knecht abmaß und einspeicherte ...
wybʾ hwšʿjhw	Da ging Hauschajahu hinein
wyqḥ ʾt bgd ʿbdk	und nahm das Gewand deines Knechtes

Als gemeinsamer Nenner aller dieser Belege ergibt sich, daß Impf. cons. niemals in der Erzähleinleitung steht. Es folgt vielmehr auf zuvor gegebene Zeit-, Orts-, Situations- und Umstandsangaben, die selbst aber sämtlich *ohne* Impf. cons. gebildet sind, und steht insofern für Handlungs- und Ereignisfolgen, die zuerst auf diese Angaben und dann weiterhin auch intern aufeinander aufbauen. In dieser Funktion werden, besonders in der älteren Literatur zum Biblisch-Hebräischen, auch Sätze mit Perfekt vom Typ *(we)qatal-x* und *x-qatal* angesetzt. Erstere würden demnach anzeigen, daß Perfekt und Impf. cons. gleichwertige Alternativen zum Ausdruck von Erzählschritten darstellen. Das ist sprachgeschichtlich dann möglich, wenn man den eingangs erwähnten Sachverhalt hinzunimmt, daß das Impf. cons. in der Entwicklung auf das Neuhebräische hin zunehmend vom Perfekt abgelöst wird. Eine übergangsweise Parallelexistenz beider Formen wäre entsprechend denkbar[6]. Für Sätze vom Typ *x-qatal* verläuft die Argumentation dagegen so, daß, sobald ein Nomen in Erststellung tritt und damit die Position einnimmt, die für Impf. cons. allein belegt ist und insofern syntaktisch verbindlich erscheint, eine entsprechende Verbalform einspringt, die auch in Zweitstellung stehen kann. Die epigraphischen Belege zeigen hier allerdings eine genauere Differenzierung. Sätze diesen Typs begegnen immer dort, wo der Erzählgang unterbrochen wird, etwa um neue Umstandsangaben einzuführen, oder um auf bereits vergangene Ereignisse zurückzugreifen, wo also gerade nicht die lineare Fortsetzung des Erzählgangs beabsichtigt wird[7].

---

6 Der diesbezüglich umstrittene Text innerhalb der Inschriften ist die oben zitierte Petition eines Erntearbeiters (MHas(7)). Zuletzt hat sich M. Weippert gegen die parallele Verwendung von Impf. cons. und Perfekt für dieselbe syntaktische Funktion ausgesprochen; vgl. M. Weippert, Die Petition eines Erntearbeiters aus *Měṣad Ḥašavyāhū* und die Syntax althebräischer erzählender Prosa, in: E. Blum u.a. (eds.), Die Hebräische Bibel und ihre zweifache Nachgeschichte. FS R. Rendtorff, Neukirchen-Vluyn: Neukirchener 1990, 457. Zur Diskussion vgl. J. Renz, Handbuch der althebräischen Epigraphik, Bd.1, Darmstadt: Wissenschaftliche Buchgesellschaft 1995, 325 Anm.2.

7 So lassen sich z.B. Einzelabschnitte der *Mōšaʿ*-Inschrift nach dem Wechsel von *x-qatal* und *wajjiqtol* erkennen: So leiten Z.7 *wyśrʾl ʾbd ʾbd ʿlm* 'Und Israel ging für immer zu-

Die obligatorische Erststellung der Kurzform *iaqtul* gegenüber der Zweitstellung des Perfekts *entspringt* dann nicht einem syntaktisch-systemischen
Formzwang, sondern sie *entspricht* der spezifischen Funktion des Kurzim-
perfekts als der narrativen Form althebräischer Erzähltexte, und sie stellt
sich dar als Abfolge von *waw* zur Anzeige von Handlungsprogreß und der
perfektiven Kurzform *iaqtul* zur Anzeige der Abgeschlossenheit einer Handlung[8].

Nun fällt am epigraphischen Material auf, daß zwar alle darin enthaltenen Erzähltexte das Impf.cons. in der umrissenen Funktion zeigen, daß es
dagegen aber bislang keinen Beleg für das Impf. cons. in der Gestalt von
wajjehi am Erzählanfang gibt. Das erscheint umso auffälliger als es sich dabei um ein vom Biblisch-Hebräischen her äußerst häufig belegtes Syntagma
handelt, das in manchen Textcorpora mit geradezu inflationärer Häufigkeit
begegnet (z.B. in der Josephsnovelle, s. Anm.16). Will man dies nicht einfach mit der vergleichsweise schmalen Textbasis epigraphisch belegter Erzähltexte plausibilisieren, dann stellt sich die Frage, ob es sich bei *wajjehi*
überhaupt um ein Syntagma handelt, das im Rahmen des althebräischen Gebrauchs des Imperf. cons. unterzubringen ist, und, wenn nicht, wie es dann
sprachgeschichtlich zu verorten ist[9].

---

grunde', Z.10 *w'š gd yšb 'b'rṣ 'ṭrt m'lm* 'Und die Einwohner von Gad hatten von jeher
im Land Atharot gewohnt', Z.18 *wmlk jśr'l bnh jhṣ* 'Und der König von Israel hatte
Jahaz gebaut' jeweils neue Erzählgänge mit folgendem Impf. cons. ein.

8 Vgl. W. Groß, Verbform und Funktion. *wayyiqtol* für die Gegenwart?, St. Ottilien:
   EOS 1976, 163-65 [Arbeiten zu Text und Sprache des Alten Testaments, Bd.1]; Groß
   nennt Perfektivität und Progreß als die beiden Hauptcharakteristika von *wajjiqtol*-For-
   men. Die weitergehende Spezifizierung, daß dabei *waw* für Progreß und *jaqtul* für Abgeschlossenheit einer Handlung steht, erscheint notwendig, als *iaqtul* allein (wie das
   Babylonisch-Assyrische und die altwestsemitischen Personennamen zeigen) nicht schon
   für Progreß stehen muß.

9 Damit gemeint ist freilich nicht *wajjehi*, insofern es selbst als Bestandteil von Hand-
   lungs- oder Ereignisketten vorkommt (wie z.B. das 'resultative' *wajjehi* in Gen 1,3.5.
   7-9 usf.), sondern insofern es zur Erzähleinleitung eingesetzt wird; vgl. die nach wie
   vor gültige Unterscheidung bei E. König, Syntactische Excurse zum Alten Testament,
   ZAW 19 (1899), 260 zwischen 'selbständigem' und 'vorbereitendem' *wajjehi*.

Materiale Betrachtung: Analoge Konstruktionen mit und ohne *wajjehi*

Die folgende Aufstellung führt epigraphisches Material auf, zu dem im masoretischen Text analoge Konstruktionen mit und ohne *wajjehi* vorkommen:

1.) *wajjehi* anstelle von *haja* bei Situationsangaben:

hājā rō'ęh 'ęt 'ęḥāw baṣ-ṣōn (Gen 37,2)
'Er (Joseph) weidete mit seinen Brüdern das Vieh.'

wajjẹhī bōnẹh 'īr (Gen 4,17)
'Er (Kain) baute eine Stadt.'

hājā lẹb-īš jiśrā'ēl 'aḥărē 'absālōm wajjōmẹr dāwid ... (2. Sam 15,13)
'Ein jeder Israelit stand hinter Absalom, da sprach David ...'

wajjẹhī hōšẹk 'āpēlā bkọl 'ẹrẹṣ miṣrajim ... wajjiqrā par'ō ... (Ex 10,22)
'Es war eine düstere Finsternis im Land Ägypten, ... da sprach der Pharao...'

→ epigraphisch:

hjh 'bdk bḥṣr'sm wjqṣr 'bdk ... (MHas(7):1)
'Dein Knecht hielt sich in Hasir-Asam auf. Da erntete dein Knecht ...'

2.) bei Zeitangaben:

baj-jōm haš-šẹlīšī wajjiśśā 'abrāhām 'ęt 'ēnāw (Gen 22,4)
'Am dritten Tag erhob Abraham seine Augen.'

wajjẹhī baj-jōm hahū wajjābō'ū 'abdē jiṣḥāq (Gen 26,32)
'An jenem Tag kamen die Knechte Isaaks.'

→ epigraphisch:

wbjm hnqbh hkw hḥṣbm 'š lqrt r'w grzn 'l [g]rzn wjlkw hmjm ... (Jer(8):3)
'Und am Tag des Durchbruchs schlugen die Schachtgräber einander entgegen - Hacke gegen [Ha]cke. Da floß das Wasser ...'

3.) *wajjehi* anstelle von Nominalsätzen

ūbālāq bęn ṣippōr mẹlẹk lẹmō'āb bā'ēt hahī (Num 22,4)
'Und Balaq, der Sohn Zippors, war König von Moab zu jener Zeit.'

wajjẹhī ham-mẹlẹk šẹlōmō mẹlẹk 'al kọl jiśrā'ēl (1. Kön 4,1)
'Und König Salomo war König über ganz Isarel.'

→ epigraphisch:

'mrj mlk jśr'l wj'nw 't m'b... (KAI 181,4f.)
'Omri war König Israels. Da unterdrückte er Moab ...'

4.) *wajjehi* in Verbindung mit Nebensätzen

ka'ăšẹr 'āmĕrū tĕnā lānū mẹlẹḵ
lẹšọpṭēnu wajjitpallēl šĕmū'ēl 'ẹl
JHWH (1.Sam 8,6)
'Als sie sprachen: Gib uns einen König,
um über uns zu herrschen!',
da betete Samuel zu JHWH.'

wajjĕhi ka 'ăšẹr rā'ā ja'ăqōḇ 'ẹt
rāḥēl ... wajjiggaš ja'ăqōḇ (Gen 29,10)
'Als Jakob Rahel ... sah, trat Jakob
hinzu.'

→ epigraphisch:

k'šr kl 'bdk 't qṣrw ... wyb' hwš'jhw
(MHas(7):1)
'Als dein Knecht seine Ernte einbrachte,
da kam Hauschajahu ...'

Wie Bsp.1) zeigt kann *wajjehi* einfach an die Stelle von *haja* treten und dieses ersetzen. *wajjehi-x* und *haja-x* erfüllen syntaktisch demnach identische Funktion und haben entsprechend gleiche Wertigkeit. Den Beispielen 2.) - 4.) ist gemeinsam, daß Sätzen ohne *wajjehi* eine Konstruktion mit *wajjehi* entspricht. Die 'Bauart' der letzteren ist dabei sehr unkompliziert: *wajjehi* kann vorangestellt werden, ohne daß deshalb an Wortbestand oder Wortfolge alles Nachfolgenden geändert werden muß. Dem ist bei der *syntaktisch-semantischen* Analyse m.E. am besten so zu entsprechen, daß beide Varianten gleiche Wertigkeit besitzen, zumal sich durch die Zufügung von *wajjehi* keine Verschiebung des Sinngehalts zu ergeben scheint[10]. Gleichwohl ist darauf hinzuweisen, daß sich *formal-syntaktisch* jeweils andere Konstruktionen ergeben: In Bsp. 2.) wird aus einer präpositionalen Angabe der Zeit grammatisch ein eigener Hauptsatz, dessen logisches Subjekt vom nachfolgenden Satz hypotaktisch ausgedrückt wird; zu übersetzen wäre dann: 'Es geschah an jenem Tag, daß die Knechte Isaaks kamen ... .' Ähnlich in Bsp. 4.): Sollte der mit *ka'ăšẹr* eingeleitete Nebensatz nun auf *wajjehi* zu beziehen sein, wäre wiederum der nachfolgende Satz mit Impf. cons. nur als abhängiger Subjektsatz möglich. Gegen diese Auffassung spricht allerdings, daß die grammatische Parataxe von Imperfecta consecutiva sonst niemals für logische Hypotaxe eingesetzt wird[11] (für diesen Fall wäre zu erwarten, daß der auf *wajjehi* folgende Satz z.B. mit Imperfekt oder Perf. cons. gebildet wäre - aber auch solche Konstruktionen sind für *wajjehi* nicht belegt).

---

10 So auch bei R. Meyer, Hebräische Grammatik, Bd.III: Satzlehre, Berlin/New York: De Gruyter 1972, 45.

11 Nach E. Kuhr, Die Ausdrucksmittel der konjunktionslosen Hypotaxe in der ältesten hebräischen Prosa. Ein Beitrag zur historischen Syntax des Hebräischen, Hildesheim: Olms 1968 [Beiträge zur semitischen Philologie und Linguistik 7] können alle hebräischen Tempora hypotaktische Verbalsätze bilden mit Ausnahme des Impf. cons.

In Bsp. 3.) schließlich wird durch Hinzufügung von *wajjehi* ein Nominalsatz zu einem Verbalsatz umgebaut; auch das bleibt allerdings für das Satzgefüge ohne Belang.

Demnach bringt die Hinzufügung von *wajjehi* semantisch keinen Zugewinn und sie kann grammatisch sogar mit den für die 'tempora consecutiva' geltenden Regeln kollidieren. Insofern ist R. Bartelmus Recht zu geben, wenn er zugespitzt formuliert, daß es sich bei *wajjehi* um einen 'stereotyp gesetzten', 'semantisch leeren' 'Tempusmarker' handelt[12]. Damit bleibt für das hier verfolgte Interesse aber dennoch die Frage nach der sprachgeschichtlichen Einordnung und, damit verbunden, wie *wajjehi* zu dem überaus beliebten Ausdrucksmittel hebräischer Erzählung werden konnte, als das es mit über 500 atl Belegen zweifelsohne gelten muß.

Schlußfolgerungen

Das Nebeneinander von syntaktisch gleichwertigen Konstruktionen mit und ohne *wajjehi* hat gezeigt, daß diesem keine Position zukommt, die sonst unbesetzt bleiben würde. Bei syntaktisch gleichwertigen Realisationsmöglichkeiten desselben semantischen Gehalts erhebt sich dann aber die Frage, ob diese Alternativen sprachgeschichtlich auf derselben Stufe stehen oder aber nicht vielmehr diachronisch zu unterscheidende Phänomene darstellen - vorausgesetzt, daß eine Sprache synchron nicht mehrere Optionen zum Ausdruck ein und derselben Sache entwickelt. Die Beobachtung, daß das epigraphische Material althebräisch erzählender Texte bislang ausnahmslos ohne Belege für *wajjehi* ist, rechtfertigt m.E. die Annahme, daß es sich dabei um eine Formel handelt, die im Althebräischen allenfalls sehr spät aufgekommen, eigentlich charakteristisch aber erst für das in obigem Sinn definierte Mittelhebräische ist. Diese Annahme legt sich weiter auch von Beobachtungen am Biblisch-Hebräischen nahe: Einzig unter den imperfecta consecutiva kann *wajjehi* am absoluten Erzählanfang stehen und damit die Position einnehmen, die epigraphisch durchgehend und über weite Strecken auch alttestamentlich durch andere Syntagmen besetzt wird. Im Grunde handelt es sich dann bereits nicht mehr um ein 'Konsekutiv'-Tempus (insofern unter 'konsekutiv' die Abfolge einzelner Erzählschritte zu verstehen ist), vielmehr wird damit möglich, auch die einer Erzählung vorangestellten An-

---

[12] R. Bartelmus, HYH. Bedeutung und Funktion eines hebräischen 'Allerweltswortes', St. Ottilien: EOS 1982, 114 [Arbeiten zu Text und Sprache im Alten Testament, Bd.17].

gaben mit einer Form vom Typ *wajjiqtol* einzuleiten[13]. Darin liegt m.e. der eigentliche Zweck der mit *wajjehi* eingeleiteten Sätze; narrative Texte lassen sich somit in allen ihren wesentlichen Teilen (Einleitung, narratives Hauptcorpus, Erzählschluß) mittels eines einheitlichen Morphemtyps strukturieren. Eine solche Tendenz zur Vereinheitlichung ist sprachphänomenologisch jedoch nicht als Ausgangspunkt sprachlicher Entwicklungen anzusehen, sondern gehört zu deren Resultaten, und schon von daher liegt nahe, daß *wajjehi* nicht zum ältesten Bestand hebräischer Narratio gehört.

An einigen besonders typischen Wendungen läßt sich - trotz der gebotenen Vorsicht bei der Datierung alttestamentlicher Texte - dessen vergleichsweise später Einsatz dokumentieren: So dienen Wendungen wie *wajjĕhī 'aḥărē kēn* oder *wajjĕhī 'aḥar had-dĕḇārīm hā-'ellę* meist der redaktionellen Verknüpfung voneinander unabhängiger Einzelerzählungen oder Erzählzyklen. In diesem Zusammenhang gehört auch die Beobachtung, daß ganze biblische Bücher mit *wajjehi* eingeleitet werden können: Neben Ruth und Ester sind dies besonders die Bücher Josua bis 2.Samuel. Hier ist es die Wendung *wajjĕhī 'aḥărē mōṯ* (Mose, Josua, Saul), die jeweils die Verbindung des Folgenden mit dem Vorangegangenen herstellt[14]. Es darf ohne weitere Begründung unterstellt werden, daß diese Passagen summa summarum in nachexilische Zeit fallen, in jedem Fall sprachgeschichtlich als 'mittelhebräisch' zu klassifizieren sind.

Nur summarisch kann auf die unterschiedliche Verteilung von *wajjehi* innerhalb der alttestamentlichen Textcorpora eingegangen werden[15]. Die größte Dichte an Belegen hat *wajjehi* in den Texten des DtrG und, innerhalb des Pentateuch, in der Josephsnovelle[16]. In den Patriarchenerzählungen wechseln Erzähleinheiten, die ganz ohne *wajjehi* auskommen mit solchen,

---

[13] Vgl. K. Beyer, Semitische Syntax im Neuen Testament, Göttingen: Vandenhoeck & Ruprecht 1962, 29.

[14] Dieses redaktionelle Verfahren der Verknüpfungen einzelner Bücher über die Nennung des 'Helden' jeweils vorangegangenen ist nur in 1.Sam nicht durchgehalten. Hierbei fällt freilich ins Gewicht, daß das Richterbuch keinen zentralen 'Helden' herausstellt, auf den rückverweisend Bezug genommen werden konnte. Als Bindeglied zu den Samuel-Erzählungen dient hier die Einführung Elqanas: *wajjĕhī 'īš 'ęḥāḏ ... ušĕmō 'ęlqānā*.

[15] Dazu auch Beyer, Semitische Syntax, 30.

[16] Besonders auffällig in der Einleitung der Potifar-Erzählung Gen 39,2: *wajjĕhī YHWH 'ęṯ-jōsēp̄ wajjĕhī maṣliaḥ wajjĕhī bĕḇēṯ 'ăḏōnāw ham-miṣrī*. Die weiteren Belege: Gen 39,5.6.7.20.21; 41,54; 47,20.28.

die die Formel in auffälliger Häufung verwenden[17]. Besonders zu erwähnen ist der Bestand in den Chronikbüchern, zumal A. Kropat hier ein 'Zurückgehen' von *wajjehi* gegenüber den 'älteren Geschichtsbüchern' beobachtet hat[18]. Implizit formuliert er damit die Gegenposition zu der soeben skizzierten These von der vergleichsweise jungen Genese von *wajjehi*. Dies hängt freilich mit der Voraussetzung zusammen, daß Kropat dem DtrG in toto noch ein wesentlich höheres Alter zuweist als dies heute für gewöhnlich geschieht. In klarer Abgrenzung repräsentieren für ihn Pentateuch und DtrG noch das alte gegenüber dem jungen Hebräisch der Chroniken. Wenn man auch diese Voraussetzung nicht mehr pauschal teilen wird, so bleibt dennoch Kropats Beobachtung zu erklären. Richtig ist, daß der Chronist in manchen Fällen von Erzähleinleitungen (besonders bei Infinitivkonstruktionen) *wajjehi* gegenüber dem DtrG ausscheidet (z.B. *bělęktō* statt *wajjěhī bělęktō*). Zunächst bestätigt dies die oben gemachte Beobachtung, daß *wajjehi* syntaktisch nicht fest mit seinem Kontext verbunden ist und folglich ersatzlos wegfallen kann. Allerdings handelt es sich dabei um keine durchgängig zu beobachtende Tendenz in den Chroniken, vielmehr verwendet der Chronist *wajjehi* gerade auch in den gegenüber DtrG überschüssigen Passagen und seinen Sonderüberlieferungen[19]. Gerade im Blick auf diese Sondertexte der Chroniken kann von einem systematischen 'Zurücktreten' von *wajjehi* nicht ausgegangen werden.

Zur Erklärung ist (mit Kropat) m.E. zunächst von Bedeutung, daß der sprachliche Hintergrund des oder der Verfasser der Chroniken im Aramäischen zu suchen ist. Es handelt sich dann um das Phänomen, daß der hebräisch schreibende Verfasser bei der sprachlichen Gestaltung seiner Texte sich nicht mehr einer ihm automatisch geläufigen Form des Hebräischen bediente, sondern dabei in bewußtem Rückgriff auf die von ihm aufgenommenen Quellen vorging, also besonders des DtrG und des Pentateuch. Auf der synchron betrachteten Oberfläche dieser Textgrundlage galt dann aber für die Verwendung von *wajjehi* die Beobachtung, von der auch hier ausgegangen wurde - daß nämlich Wendungen mit und ohne *wajjehi* syntaktisch gleich-

---

[17] Relative Häufung begegnet z.B. im Isaak-Zyklus: Gen 25,20.27; 26,1.14.34, während die darauf folgenden Jakob/Esau-Erzählungen dagegen zwischen Gen 28 und 36 nur zwei entsprechende Belege aufweisen (Gen 30,43; 32,6).

[18] Kropat, Die Syntax des Autors der Chronik, 22f.

[19] So z.B. in der chronistischen Überlieferung zu Joschafat von Juda: 2.Chr 17,3.10.12; 18,1; 20,29 (hier, wie in 17,10, mit der für die Israel-Theologie des Chronisten charakteristischen Formulierung *wajjěhī pahad ʾęlōhīm ʿal kọl-mamĕlākọt hā-ʾărāṣōt běšọmĕʿēm ki nilḥam YHWH ʿim ʾōjěbē jiśrāʾēl*).

wertig nebeneinander stehen. M.E. spiegelt der Chronist eben diesen Sachverhalt auch bei der Gestaltung seiner Texte wieder.

Wenn wir die Entwicklung der Kurzform *iaqtul* abschließend nochmals überblicken, so ist besonders festzuhalten, daß ein Morphemtyp, der unter den Bedingungen gesprochener Sprache bereits nur noch eine Nischenexistenz führte und schließlich ganz ausfiel, innerhalb der Schriftsprache, als die wir das 'Mittelhebräische' verstanden haben, nicht nur noch eine beträchtliche Zeit lang weiterlebte, sondern in der Verwendung von erzähleinleitendem *wajjehi* sogar noch einmal produktiv auf die Sprachgestalt eingewirkt hat. Man kann vorläufig nur mutmaßen, was diese erneute Aufwertung der *wajjiqtol*-Formen veranlaßt haben mag. Einigermaßen deutlich ist allerdings, daß es sich dabei um den Morphemtyp handelte, der - je länger, je deutlicher - als Unikum der alten Sprachform angesehen werden konnte, gerade gegenüber dem Neuhebräischen und Aramäischen, die in der 2. Hälfte des 1. Jt. v.Chr. ebenfalls vermehrt zur Abfassung religiöser Texte eingesetzt wurden. Wo die Literatursprache aber nicht mehr selbstverständlich an die gesprochene Sprache gebunden war, sondern Gegenstand bewußter Wahl wurde (so bedienen sich die meisten Weisheitsschriften des Aramäischen und Neuhebräischen, während die Apokalyptiker dem eigenen Verständnis nach verstärkt auf das 'Althebräische' zurückgreifen), konnten solche Charakteristika unterscheidend und profilierend eingesetzt werden, besonders dann, wenn sie - wie *wajjehi* - syntaktisch vergleichsweise einfachen Regeln unterworfen waren. Dies zeigt sich auch noch an späteren, anderssprachlichen Texten, die auf mittelhebräisch geschriebene Originale zurückgehen oder zumindest deren Stil imitieren: so z.B. griechisches καὶ ἐγένετο in den neutestamentlichen Erzähltexten besonders des lukanischen Doppelwerkes[20] und syrisches *wahwā* z.B. im 4. Esra und Syrischen Baruch - jeweils Wendungen, die aus dem Rahmen griechischer bzw. aramäischer Syntax herausfallen[21]. Insofern ist *wajjehi* zu einer überaus wirksamen Nachgeschichte gekommen, die sich noch heute bemerkbar macht, wo ein Text rezitiert wird, der mit den Worten beginnt: 'Es begab sich aber zu der Zeit ... .'

---

[20] Zu ntl. καὶ ἐγένετο vgl. Beyer, Semitische Syntax, 29-65.
[21] Entsprechend auch die Übertragung in LXX, Targum Onkelos und Peschitta (Material bei König, Alttestamentliche Excurse, 265f.).

"Wer ist dein Knecht? Ein Hund!"
Zu Aufmerksamkeitserregern und Überleitungsformeln in hebräischen Briefen[1]

von Dirk Schwiderski, Münster

1. Das Korpus der zu untersuchenden Texte

Gegenstand der folgenden Untersuchung sind die epigraphischen Briefzeugnisse des 1. vorchristlichen Jahrtausends, die in hebräischer Sprache verfaßt sind. Unberücksichtigt bleiben somit die Texte, die lediglich innerhalb eines größeren literarischen Zusammenhanges überliefert sind.[2] Eine angemessene Berücksichtigung dieser Gruppe würde eine Untersuchung ihrer literarischen Form und Funktion voraussetzen, die an dieser Stelle nicht geleistet werden kann.[3] Das Hauptinteresse wird im folgenden bei dem Aufmerksamkeitserreger *w'ʾt* sowie der Formel *mj 'bdk klb kj* an den Schnittstellen zwischen Präskript und Briefcorpus liegen.

---

1 Überarbeitete Fassung eines Referates, das auf dem SBL-Congress in Dublin in der Sektion "Hebrew Grammar: The Next Generation of Projects" am 23.07. 1996 gehalten wurde.

2 Hierzu gehören vor allem die Brieftexte, die in alttestamentlichen Geschichtserzählungen zitiert bzw. stilisiert werden. Im einzelnen sind dies 2 Sam 11,15; 1 Kön 5,22f.; 21,9f.; 2 Kön 5,6; 10,2f.; 10,6; 19,10-13; Jer 29,4-23; 29,26-28; Neh 6,6f.; 2 Chr 2,10-15 und 21,12-15. Für eine epistolographische Beurteilung vgl. D. Pardee, Handbook of Ancient Hebrew Letters. A Study Edition, SBL Sources for Biblical Study 15, 1982, 169-182. Weitere Briefe befinden sich in den aramäischen Teilen des AT, konkret Esr 4,11-16; 4,17-22; 5,7b-17; 6,6-12 und 7,12-26 sowie innerhalb der Danielerzählungen Dan 3,31-33 und 6,26-28. Hinzu kommen der Brief des "Dornbusches an den Granatapfel" (Aḥiqar 165f. [Zählung nach A. Cowley, Aramaic Papyri of the Fifth Century B.C., 1923] = TADC1.1,101f.) sowie ein bislang kaum beachteter Brief Šamaššumukins (Sarmuge) an seinen Bruder Assurbanipal (Sarbanabal) in der "Erzählung von den beiden Brüdern" (Papyrus Amherst 63 Kol. XVIII,3f.).

3 Für das Aramäische erfolgt eine weitgehend unkritische Zusammenschau von literarischen und epigraphischen Brieftexten bei J.A. Fitzmyer, Some Notes on Aramaic Epistolography, JBL 93, 1974, 201-225 (= Aramaic Epistolography, Semeia 22, 1982, 25-57). Demgegenüber verweist Alexander zu Recht auf die Schwierigkeiten einer solchen Vorgehensweise (P.S. Alexander, Remarks on Aramaic Epistolography in the Persian Period, JSS 23, 1978, 155-170 [157]). Ähnlich auch P.-E. Dion et al., Les types épistolaires hébréo-araméens jusqu'au temps de Bar-Kokhbah, RB 86, 1979, 544-579 (548).

Die Zahl der hier relevanten Texte ist gegenüber der kaum überschauba-
ren Fülle akkadischer und griechischer Briefe verhältnismäßig gering. Das
Korpus der hebräischen Briefe umfaßt ca. 50 Texte, von denen jedoch nur
etwa 20 in einem ausreichenden Zustand erhalten sind. Größtenteils handelt
es sich um Ostraka des 6. Jh.s aus dem Tel ʿArad sowie Tell ed-Duwēr
(vermutlich mit dem antiken Lachiš identisch). Aus dem 7. Jh. sind eine Petition aus Mᵉṣad Ḥašavyāhu[4] sowie ein Papyrus aus dem Wadi Murabbaʿāt
erhalten, aus dem 8. Jh. das Ostrakon Arad(8):40. Hinzu kommen für das 9.
Jh. die u.a. mit Briefformularen beschrifteten Pithoi aus Kuntillet ʿAǧrūd.[5]
Zum Vergleich hinzuzuziehen sind ferner der phönizische Papyrus KAI 50
aus Saqqāra (6. Jh.), ein edomitisches Ostrakon aus Ḥorvat ʿUza[6] sowie das
Ostrakon 3 aus dem Tell el-Mazār[7] (ca. 600 v.Chr.). Da eine sprachliche
Zuordnung der letzten beiden Texte problematisch ist,[8] sollen sie hier auf-

---

4   Die Einordnung dieses Textes unter die Gattung Brief ist nicht unumstritten. Legt man
    jedoch für die Gattungsdefinition primär das funktionale Kriterium zugrunde, daß *eine
    aus räumlichen oder sonstigen Gründen verhinderte oder nicht gewollte mündliche
    Kommunikation zwischen zwei Personen oder Gruppen durch einen schriftlich verfaß-
    ten Text ersetzt wird*, so ist die genannte Petition als Brief aufzufassen. Ähnlich argu-
    mentiert D. Pardee, Handbook (Anm.2) 2.

5   Sämtliche Texte sind jetzt bequem in neuer Bearbeitung zugänglich bei J. Renz – W.
    Röllig, Handbuch der althebräischen Epigraphik, Bd. I.II/1: J. Renz, Die althebräischen
    Inschriften. Teil 1. Text und Kommentar. Teil 2. Zusammenfassende Erörterungen,
    Paläographie und Glossar; Bd. III: ders., Texte und Tafeln, 1995 (HAE I.II/1.III), des-
    sen Nomenklatur im folgenden übernommen wird. Vgl. dort auch die umfassenden Lite-
    raturangaben zu den einzelnen Texten. Eine neuere Teilsammlung mit Text und Über-
    setzung findet sich bei J.M. Lindenberger, Ancient Aramaic and Hebrew Letters, SBL
    Writings from the Ancient World 4, 1994. Gut lesbare Photographien der meisten Texte
    sind bei Sh. Aḥituv, Handbook of Ancient Hebrew Inscriptions [neuhebr.], Biblical En-
    cyclopaedia Library 7, 1992, zugänglich. Unverzichtbar bleibt D. Pardee, Handbook
    (Anm.2).

6   Erstveröffentlichung bei I. Beit-Arieh – B. Cresson, An Edomite Ostracon from Ḥorvat
    ʿUza, Tel Aviv 12, 1985, 96-101 + pl.12/2. Vgl. ferner Sh. Aḥituv, a.a.O. (Anm.5)
    213f.; T.G. Crawford, Blessing and Curse in Syro-Palestinian Inscriptions of the Iron
    Age, AmUSt.TR 120, 1992, 43f.; O. Keel – Chr. Uehlinger, Göttinnen, Götter und
    Gottessymbole, QD 134, 2. Aufl. 1993, 257f.; E.A. Knauf, Supplementa Ismaelitica,
    BN 45, 1988, 62-81 (78f.); J.M. Lindenberger, a.a.O. (Anm.5) 117f.; H. Misgav,
    Two Notes on the Ostraca from Ḥorvat ʿUza, IEJ 40, 1990, 215-217; H.-P. Müller,
    Kolloquialsprache und Volksreligion in den Inschriften von Kuntillet ʿAǧrūd und Ḥirbet
    el-Qōm, ZAH 5, 1992, 15-51 (36); J. Renz, HAE II (Anm.5) 10 Anm.1 sowie W.
    Zwickel, Das "edomitische" Ostrakon aus Ḥirbet Ġazza (Ḥorvat ʿUza), BN 41, 1988,
    36-40.

7   Erstveröffentlichung bei K. Yassine – J. Teixidor, Ammonite and Aramaic Inscriptions
    from Tell El-Mazār in Jordan, BASOR 264, 1986, 45-50 (47, fig.4-5). Weitere Litera-
    tur s. Anm.25.

8   Gegen die sprachliche Einordnung des Ostrakons aus Ḥorvat ʿUza als edomitisch allein
    aufgrund eines sonst nicht belegten Hiphils von *brk* (I. Beit-Arieh – B. Cresson, a.a.O.
    [Anm.6] 99f.) wendet sich u.a. W. Zwickel, a.a.O. (Anm.6) 37-39. In der Tat dürfte
    eine Interpretation von *hbrktk* (Z.2) als He interrogativum + Verbalform wahrscheinli-

grund der relativen Nähe zum hebräischen Briefformular vorläufig mit diesem zusammen betrachtet werden.

2. Aufmerksamkeitserreger in hebräischen Briefen

Als Aufmerksamkeitserreger[9] (AE) sollen hier diejenigen Wörter bezeichnet werden, die unabhängig von ihrem sonst nachweisbaren semantischen Gehalt primär die Funktion ausüben, die "Aufmerksamkeit" des Lesers in besonderem Maße hervorzurufen.[10]
Die Zahl der Wörter, die in den hebräischen Brieftexten als AE fungieren, ist nicht groß. An erster Stelle ist das häufig gebrauchte und durchgängig mit *w-* verbundene Temporaladverb *ʿattā* ("nun")[11] zu nennen. Die
im AT häufigen Partikel *hen* und *hinneh* werden in unseren Texten auffällig selten gebraucht. So finden sich für *hen* insgesamt zwei, für *hinneh* vier
Belege, wobei allerdings an zwei Stellen die Lesung mit erheblichen Un-
sicherheiten verbunden ist. Da für die übrigen Belege entweder der Kontext
stark zerstört ist, oder aber der Gebrauch dem des BH entspricht, mag an
dieser Stelle die bloße Erwähnung genügen.[12] Gleiches gilt für die Partikel
hᵃloʾ. Auch wenn neben der traditionellen Interpretation als He-interrogati-
vum + Negation auch mit einem auf *halū* zurückgehenden betonenden *hlʾ*

---

cher sein. Vgl. dazu besonders H.-P. Müller, Kolloquialsprache (Anm.6) 36.39 Anm.
96, der für ein Hiphil allenfalls die Kausativbedeutung "segnen lassen" gelten ließe, die
jedoch im gegebenen Kontext problematisch bleibt. Anders E.A. Knauf, der an einem
Hiphil in der Bedeutung "segnen" mit der Begründung festhält, daß eine "Anfrage des
Absenders an den Adressaten, ob er ihn grüßen solle", an gegebener Stelle sinnlos sei
(a.a.O. [Anm.6] 79). Diese Sichtweise läßt jedoch den verbreiteten rhetorischen Gebrauch von Fragen im Kontext von Briefformularen unberücksichtigt. Gegen eine Klassifizierung des Ostrakons vom Tell el-Mazār als spezifisch ammonitisch wendet sich
u.a. U. Hübner, Die Ammoniter. Untersuchungen zur Geschichte, Kultur und Religion
eines transjordanischen Volkes im 1. Jahrtausend v.Chr., ADPV 16, 1995, 35. Vgl. dagegen W.E. Aufrecht, A Corpus of Ammonite Inscriptions, ANETS 4, 1989, 334-337.

9 Als Begriff eingeführt von H.-P. Müller, Die Konstruktionen mit *hinnē* "siehe" und ihr
sprachgeschichtlicher Hintergrund, ZAH 2, 1989, 45-76. Vgl. ferner I. Lande, Formelhafte Wendungen der Umgangssprache im Alten Testament, 1949, 15.

10 Vergleichbare Ausdrucksmittel wie Wortstellung, Pendens-Konstruktionen, Tempus-
wahl usw. müssen hier ausgeklammert werden. Für eine entsprechende Untersuchung
auf Grundlage der alttestamentlichen Texte vgl. T. Muraoka, Emphatic Words And
Structures In Biblical Hebrew, 1985, 1-111.

11 Belege s.u. Anm.16.

12 *hen*: Arad(8):40,9 und Arad(6):21,3.; *hinneh*: Arad(6):24,18; Lak(6):1.6,5.10 und Lak
(6):1.8,2f. Unsicher bleiben Lak(6):1.6,10 und Lak(6):1.8,2f.

II zu rechnen ist,[13] kommt hierfür als einziger epigraphisch-hebräischer Beleg allenfalls die stark zerstörte Stelle Lak(6):1.6,8 in Frage. Ein emphatisches Lamed, wie es für das BH vereinzelt wahrscheinlich gemacht werden kann,[14] läßt sich in unseren Texten nicht nachweisen. Gleiches gilt für verschiedene andere Partikeln wie etwa *kî*, die im BH eine betonende Funktion ausüben können.[15] Auf eine möglicherweise emphatisierende Funktion des *w*- komme ich im Zusammenhang mit *w‘t* zu sprechen.

Dieser kurze Überblick zeigt, daß *w‘t* der einzige für hebräische Briefe typische und zum formalen Standard gehörende Aufmerksamkeitserreger ist. Ihm soll somit im folgenden auch unsere besondere Aufmerksamkeit zuteil werden. Weiterhin werden zwei Fragenkomplexe zu besprechen sein, die sich in diesem Zusammenhang ergeben: Zum einen läßt sich beobachten, daß einzelne Briefe auf den Gebrauch von *w‘t* verzichten. Ist diese Nullmarkierung zufälliger Natur, oder verbindet sich mit dem Gebrauch oder Nichtgebrauch von *w‘t* eine nachvollziehbare Absicht? Zum anderen soll eine in den Lachiš-Briefen mit *w‘t* offenbar konkurrierende Wendung (die *mj ‘bdk klb*-Formel) etwas ausführlicher erörtert werden.

2.1. *w‘t* als Transitions- und Absatzmarker

Mit 19 Belegen (einschließlich der Ostraka aus Ḥorvat ‘Uza und Tell el-Mazār) ist *w‘t* ("und nun") der mit Abstand am häufigsten belegte AE in den hebräischen Briefen.[16] Das Temporaladverb wird im BH durch Anfügung der Adverbialendung -*ā* an das Substantiv *‘et* gebildet und ist in unseren Texten ausschließlich in der Verbindung *we-‘att(ā)* ("und nun") belegt. Die durchgängige Schreibung <w-‘-t> ohne He im Auslaut verweist dabei möglicherweise auf eine Kurzform **‘att*,[17] die sich an zwei Stellen auch im

---

13 Vgl. in neuerer Zeit überzeugend D. Sivan – W. Schniedewind, Letting your 'Yes' Be 'No' in Ancient Israel: A Study of the Asseverative לֹא and הֲלֹא, JSS 38, 1993, 209-226 sowie H.-P. Müller, Nicht-junktiver Gebrauch von *w*- im Althebräischen, ZAH 7, 1994, 141-174 (152 Anm.48).

14 Vgl. hierzu J. Huehnergard, Asseverative **la* and Hypothetical **lu/law* in Semitic, JAOS 103, 1983, 569-593 sowie die eher zurückhaltende Beurteilung der relevanten Stellen bei T. Muraoka, a.a.O. (Anm.10) 113-123. Die ansonsten sehr materialreiche Arbeit von B.K. Waltke – M. O'Connor, An Introduction to Biblical Hebrew Syntax, 1990, 211f. äußert sich nur sehr summarisch. Ältere Literatur findet sich bei T. Muraoka, a.a.O. (Anm.10) 113 Anm.1.

15 Für einen kritischen Überblick vgl. T. Muraoka, a.a.O. (Anm.10) 113-164.

16 Sichere Belege finden sich in Arad(8):40,4; Mur(7):1,2; Arad(6):1,1-2; 2,1; 3,1; 5,1-2; 7,1-2; 8,1; 10,1; 11,2; 16,3; 17,1; 18,3; 21,3; Lak(6):1.3,4; 1.4,2; 1.9,3; ḤorvatUza 3 und TelMaz.3,2.4.

17 Vgl. F.M. Cross – D.N. Freedman, Early Hebrew Orthography. A Study of the Epigraphic Evidence, AOS 36, 1952, 52f., zuletzt J. Renz, HAE II/1 (Anm.5) 16 Anm.3. Die

Konsonantentext der Biblia Hebraica nachweisen läßt (vgl. Ketib *(w)ʿt* vs. Qere *(w)ʿth* in Ez 23,43 und Ps 74,6)[18].

Die Funktion von *wʿt* als *Transitionsmarker* zwischen Briefpräskript und unmittelbar anschließendem Briefcorpus ist seit langem bekannt und braucht daher hier nicht anhand einzelner Beispiele nachgewiesen zu werden.[19] Syntaktisch erscheint *wʿt* weitgehend isoliert, so daß eine Deutung als Einwortsatz naheliegt. Unscharf bleibt die Funktion des vorangestellten *w-*. Gegen eine Interpretation als *Satzmarker* spricht, daß der erste Satz des Briefcorpus in Bezug auf das Präskript grundsätzlich asyndetisch angeschlossen wird.[20] Dies ist besonders in den Fällen signifikant, in denen der Transitionsmarker, wie etwa in Arad(6):4,1f., fehlt:[21]

אל אלישב תן לכתים שמן 1

"An ʾLJŠB: Gib den Kittäern 1 (Krug) Öl!"

Es dürfte daher angemessener sein, von einer hervorhebenden Funktion des Waw auszugehen, wobei *w-* und *ʿt* sich gegenseitig verstärken. Auszuschließen sein dürfte die Position von J. Hoftijzer und K. Jongeling, die an eine Einführung der direkten Rede denken.[22] Gegen diese Annahme spricht, daß häufig bereits innerhalb des Präskripts der Segensgruß in direkter Rede erfolgt, so z.B. Arad(6):16,2f.: ברכתך ליהוה ועת ("Ich segne dich durch Jahweh. Und nun:") oder Arad(6):18,2f.: יהוה ישאל לשלמך ועת ("Jahweh

---

seit dem 10. Jh. übliche Plene-Schreibung von betontem langem /a/ am Wortende ist allerdings kein zwingendes Argument gegen eine Defektiv-Schreibung in unserem konkreten Fall. Gerade in stark formalisierten Kontexten, zu denen der Gebrauch als Transitionsmarker am Ende von Briefeinleitungen sicherlich gehört, ist mit einer extrem konservativen Orthographie zu rechnen. Vgl. hierzu beispielsweise die Verwendung von ʾl anstelle des im Reichsaramäischen ansonsten längst üblich gewordenen ʿl in Adressformularen der aramäischen Papyri (TADA3.5-11 passim) und Ostraka (ClGan.70; 277 passim).

18 Eine Verortung der Kurzform im kolloquialsprachlichen Bereich gegenüber einer angeblich literarischen Langform, wie sie von F.M. Cross – D.N. Freedman a.a.O. (Anm.17) postuliert wird, bedürfte allerdings weiterer Indizien. Gegen diese Deutung spricht, daß die beiden biblischen Belege gerade keinen umgangssprachlichen Kontext erkennen lassen.

19 Vgl. die schematische Übersicht bei J. Renz, HAE II/1 (Anm.5) 16, ausführlicher D. Pardee, Letters from Tel Arad, UF 10, 1978, 289-336 (292) sowie ders., Handbook (Anm.2) 149f.

20 Hierbei handelt es sich durchgehend um Verbalsätze, die indikativisch (Arad(8): 40,4f; Arad(6):16,3-6; Lak(6):1.4,2f.; TelMaz.3,2f.) bzw. volitivisch mit Jussiv (Mur(7): 1,2;), Imperativ (Arad(6):3,2; 5,2-4; 17,1-3; 18,4f.; Lak(6):1.3,4-6; 1.9,3f.; HorvUza 3f.) oder Infinitiv absolutus (Arad(6):1,2-4; 2,1-4; 7,2-5; 8,1-4; 11,2-4) konstruiert werden.

21 Vgl. ferner Arad(6):12; Lak(6):1.2; 1.5; 1.6 sowie KAI 50.

22 J. Hoftijzer – K. Jongeling, Dictionary of the North-West Semitic Inscriptions, HO I 21, 1995, 296.

möge nach deinem Wohlergehen fragen. Und nun:"). Der Einsatz der direkten Rede wird hier offensichtlich nicht durch $w^c t$ markiert.
Weiterhin fällt auf, daß die erhaltenen hebräischen Briefe ganz auf eine kontinuierliche Gliederung des Briefcorpus durch $w^c t$ verzichten.[23] Hierfür allein die relative Kürze der Texte verantwortlich zu machen, dürfte zu kurz greifen, da aramäische Ostraka vergleichbaren Umfangs durch die entsprechende Isoglosse $k^c t$ ("nun") oder deren Allomorphe ausgiebig von dieser Möglichkeit Gebrauch machen.[24] Es könnte sich somit, vorbehaltlich der gegenwärtigen Begrenztheit des Textmaterials, um ein Proprium des hebräischen Briefformulars handeln. Demgegenüber setzt sich das (edomitische?) Ostrakon aus dem Tell el-Mazār auffällig ab:[25]

1אמר פלט אמר לאחה לעבדאנ[ל] 2שלם את
[ועת שערת אתן 3[×××]× ל]ך שערת לשבת כערנ]כן
4וֹעֹת תֹן לפלט א [...]

"Es sprach PLṬ: Sage zu seinem Bruder, zu ʿBDʾ[L]: Geht es dir gut?
Und nun: *Was die Gerste angeht* - ich gebe [xxxx] für dich *Gerste zum Verbleib als Pf[and]*.
Und nun: Gib PLṬ [...]"

Ungeachtet der Probleme, die sich bei der Deutung dieser wenigen Zeilen ergeben, läßt sich doch die zweifache Einleitung unterschiedlicher Sinnabschnitte deutlich erkennen. In Z.2 wird zunächst, wie auch in den hebräischen Briefen, im Anschluß an Adressformular und Grußformel der Beginn des Briefcorpus mit $w^c t$ kenntlich gemacht. Auffällig ist dann jedoch die erneute Markierung mit $w^c t$ am Anfang von Z.4. Hier soll offensichtlich ein Themawechsel kenntlich gemacht werden (vgl. den Wechsel der Person von *ʾtn* "ich gebe/will geben" zu *tn* "gib!"). Mit der erneuten Verwendung innerhalb des Briefcorpus ist gleichzeitig gewissermaßen eine "Depotenzierung" des ersten $w^c t$ verbunden. Bezog sich bei den hebräischen Briefen die hinweisende Funktion auf den gesamten "Hauptteil" des Briefes, so ist die Reichweite im vorliegenden Text stark eingeschränkt. Da es sich aufgrund

---

[23] Dieser Befund gilt gleichfalls für die im Alten Testament überlieferten Briefe.

[24] Vgl. APO.76-1, APO.77-2, ClGan.44, ClGan.136 passim.

[25] Erstveröffentlichung bei K. Yassine – J. Teixidor, a.a.O. (Anm.7) 47f. Zur Sprache vgl. oben Anm.8. Vgl. ferner W.E. Aufrecht, a.a.O. (Anm.8) 334-337 sowie Sh. Aḥituv, a.a.O. (Anm.5) 234f. Wenig weiterführend ist J.M. Lindenberger, a.a.O. (Anm.5) 119. Das Bestreben, Übersetzungen in einem idiomatischen Englisch zu halten, "even when the [...] originals are formulated rather differently" (a.a.O. 10), wird den vielfältigen Problemen epigraphischer Texte nicht gerecht. Eine paraphrasierende Übertragung ist ja überhaupt erst dann möglich, wenn Lesung und Verständnis des Quellentextes gesichert sind. Da dies bei einem Großteil des inschriftlichen Materials nicht der Fall ist, sollte eine Übersetzung sich so eng wie möglich an das Original halten, auch wenn dadurch gewisse Härten für die Zielsprache entstehen. Dies gilt insbesondere dann, wenn auf eine Kommentierung gänzlich verzichtet wird.

der identischen Ausdrucksseite jedoch kaum empfiehlt, von einer Multi-
funktionalität auszugehen, dürfte auch bezüglich des bislang als *Transitionsmarker* bezeichneten ersten $w^c t$ der allgemeinere Begriff *Absatzmarker* den
Befund treffender wiedergeben. Bezugsgrößen wären dann nicht mehr
Briefeinleitung und Briefcorpus als vorausgesetzte Einheiten, sondern der
Text in seiner Gesamtheit wird in gleichberechtigte Sinnabschnitte unter-
teilt.[26]

2.2. Nullmarkierung anstelle von $w^c t$

Nach der Darstellung des positiven Gebrauchs stellt sich die Frage, warum
einige Texte darauf verzichten, den Übergang vom Präskript zum Briefcorpus überhaupt zu markieren. Dies ist der Fall in MHas(7):1, Arad(6):4 und
12.[27]

Das bekannte Ostrakon MHas(7):1 aus Yavneh Yam nimmt als *Petition*
eine Sonderstellung unter den Brieftexten ein,[28] die auch formal im Ver-
zicht auf das sonst übliche Präskript mit Adressangaben und Grußformeln
deutlich wird. Neben den bekannten Parallelen in erzählenden Texten, die
die hier verwendete Eröffnungsformel mehr oder weniger wörtlich bieten,[29] sind auf der Gattungsebene vor allem die *Klagelieder des Einzelnen*
im Psalter anzuführen. Ein entsprechender Zusammenhang von alltäglicher
Bitthandlung und Bittgebet an die Gottheit ist für die alttestamentlichen

---

[26] In diesem Punkt lassen sich gewisse Analogien zu unserem heute in Briefen gebräuchlichen Gliederungssystem erkennen. Werden die Sinnabschnitte auf der Satzebene durch
ein recht differenziertes Repertoire an Einzelzeichen verdeutlicht (Interpunktion), so erfolgt die Gliederung auf Textebene durch eine simple graphische Darstellung. Je größer
der Freiraum zwischen verschiedenen Textblöcken, desto stärker wird der inhaltliche
Absatz betont. In diesem Sinne werden Adresse, Gruß/Anrede, Briefcorpus und Schluß-
gruß sehr deutlich voneinander unterschieden.

[27] KAI 50 bleibt hier unberücksichtigt, da weitere phönizische Brieftexte als Vergleichs-
material fehlen. Eine Sonderstellung nehmen die Texte KAgr(9):8 und 9 ein. Daß es sich
hier nicht um echte Briefe, sondern wohl um Reproduktionen von Briefpräskripten im
Sinne einer Schülerübung handelt (vgl. J. Renz, HAE II/1 [Anm.5] 24), wird durch die
Auslassung des Briefcorpus deutlich. Primärer Gegenstand der Übung ist offensichtlich
der stark formelhaft geprägte Adress- und Grußteil. Durch das Fehlen des mit dem
Briefcorpus erfolgenden Themawechsels erübrigt sich eine Absatzmarkierung durch
$w^c t$, welches anscheinend nicht als fester Bestandteil des Briefpräskripts empfunden
wurde. – Unberücksichtigt bleiben hier die Texte, bei denen das Fehlen von $w^c t$ aufgrund des schlechten Erhaltungszustandes für unsere Fragestellung nicht signifikant ist.

[28] Vgl. hierzu Anm.4.

[29] Vgl. beispielsweise 1 Sam 26,19, wo David eine Bitte an Saul mit den Worten $w^{e c} att\bar{a}h$
$ji\check{s}ma^c$-$n\bar{a}^{\,\prime}$ $^{\,\prime a}d\bar{o}n\hat{i}$ $hamm\alpha l\alpha k$ $^{\,\prime}et$ $dibr\hat{e}$ $^c abd\hat{o}$ ("Und nun: Möge doch mein Herr, der
König, die Worte seines Knechtes hören!") einleitet. Mit $w^c th$ wird nach den einleiten-
den Fragen (V.18) das zentrale Thema eingeleitet. Zur Situation vgl. K.A.D. Smelik,
Historische Dokumente aus dem alten Israel, 1987, 90.

Texte grundlegend von E.S. Gerstenberger nachgewiesen worden.[30] Diese inhaltliche Übereinstimmung spiegelt sich nun auch in der analogen Eröffnung unseres Ostrakons verglichen beispielsweise mit Ps 61 wider. So beginnen beide unvermittelt mit der einleitenden Bitte um Gehör:

ישמע¹ אדני השר את² דבר עבדה (MHas(7):1,1f.)

"Es möge hören mein Herr, der Kommandant, die Angelegenheit seines Knechtes!"

שִׁמְעָה אֱלֹהִים רִנָּתִי הַקְשִׁיבָה תְּפִלָּתִי (Ps 61,2)

"Höre, Gott, mein Flehen, merke auf mein Gebet!"

Gattungstypisch ist die Anrede (*'dnj, 'lhjm*) in beiden Fällen unmittelbar in die *einleitende Bitte* integriert. Ein darüber hinaus vorangestelltes Präskript erübrigt sich aufgrund der Unmittelbarkeit der Situation. Die einleitende Bitte erfüllt vorwiegend die Funktion, dem Leser bzw. Hörer die Bittsituation als zentrales Thema des folgenden Textes anzuzeigen sowie eine gattungsgemäße Einordnung der folgenden Ausführungen zu ermöglichen. Hierin wie K.A.D. Smelik allein eine Aufforderung zur sorgfältigen Lektüre des Textes zu sehen,[31] verkennt die auf Konventionen beruhende Struktur des Textes. Es folgt die Schilderung der Not mit anschließender inhaltlich konkretisierter Bitte. Von einem umfassenden Vergleich der einzelnen Gattungselemente muß an dieser Stelle abgesehen werden. Da sich MHas (7):1 weitgehend an ein überindividuelles *Bittformular* anlehnt, dieses aber den Übergang von einleitender Bitte zur Schilderung der Not, wie in den Klagepsalmen ersichtlich ist, nicht durch *wʿt* markiert, dürfte dessen Ausbleiben hinreichend erklärt sein.

Ebenfalls ohne Markierung des Briefcorpus ist der Brief Arad(6):4:

אל¹ אלישב תן לכתּים שמ²ן 1 חתם ושלחנו ו³יין # 1 תן להם

"An 'LJŠB. Gib den Kittäern 1 (Einheit) Öl, versiegle und sende es; auch 1 Bat Wein gib ihnen."

Auffällig ist zunächst die außerordentliche Knappheit des Textes. Die damit verbundene Übersichtlichkeit könnte den Schreiber veranlaßt haben, auf eine Kennzeichnung des Briefcorpus zu verzichten. Die kurze Notiz umfaßt einschließlich der Maßangaben gerade einmal 13 Wörter. Y. Aharoni verweist ferner auf "rough script" und "lack of punctuation",[32] was gegenüber anderen Aradbriefen auf einen möglichen Schreiberwechsel hindeuten könnte. Unter Umständen liegt aber auch nur eine außergewöhnliche Abfassungssituation vor. Eine Erklärung des fehlenden *wʿt* muß aufgrund fehlender eindeutiger Hinweise für Arad(6):4 leider rein hypothetisch bleiben.

---

[30] E.S. Gerstenberger, Der bittende Mensch. Bittritual und Klagelied des Einzelnen im Alten Testament, 1980.

[31] Vgl. K.A.D. Smelik, The Literary Structure of the Yavneh-Yam Ostracon, IEJ 42, 1992, 55-61 (57).

[32] Vgl. Y. Aharoni et al., Arad Inscriptions, 1981, 19.

Gegen das Argument, die Kürze des Textes sei Anlaß für die Auslassung, spricht zudem Arad(6):11. Dieses Ostrakon weist einen ähnlichen Umfang wie Arad(6):4 auf und bietet dennoch *w‘t*.[33] Wie Arad(6):4 scheint auch Arad(6):12 den Übergang zum Briefcorpus nicht zu markieren, doch ist dieser Text für ein sicheres Urteil zu schlecht erhalten.[34] Sollte die Lesung zutreffen, läge immerhin ein mittellanger Text ohne *w‘t* vor.

3. *mj ‘bdk klb kj* + Verbalsatz in Konkurrenz zu *w‘t*

Auch innerhalb der Lachiš-Briefe ist *w‘t* als Markierung des Briefcorpus nicht durchgängig belegt. So bieten Lak(6):1.2, 1.5 und 1.6 eigene offensichtlich formalisierte Überleitungen zwischen Präskript und Corpus, die im folgenden synoptisch gegenübergestellt werden.[35]

Adresse + Gruß

(1.2) אל אדני יאוש[1]   יש[מ]ע [2 יהוה את אדני ש]מ[ע]ת של[ם]³ עת כים עת כים עת כים

(1.5) [1]יש[מ]ע יהוֹה אֵת [אד]נֹ[י 2 שֹ]מ[ע]ת [של]ם [ו]ֹב]עת כים] עֹת כֹים³

(1.6) אל אדני יאוש[1]   ירֹא[2ֹת יהוה אֹ]ת אדני את העת הזה שלם

Überleitung zum Briefcorpus (A + B)

(1.2) מי עבד[4ך כלב] כי זכר אדני את [5ע]בֹדה

מי עבדך 4כלב] כי [ש]לْחْתֹ] אל עבד5ך [אֹ]ת[הנ]5[×ֹ×ֹ×ֹ×ֹ×ֹ×]6ֹ×ֹ[×]

מי 3עבדך כלב כי שלח אדני אֹת ספ4ר המלך [וֹ]אֹת ספרי השרֹם [5לאמ]ר

An die Stelle des sonst auch in den Lachiš-Briefen gebräuchlichen *w‘t* tritt in den drei genannten Texten an Adresse und Gruß anschließend die Formel *mj ‘bdk klb kj* + Verbalsatz. Bemerkenswert ist, daß sich die Verwendung

---

[33] "An[1] אל אלישב 2וע[ת נתן לכתים3]מאתך[# 2 יין 4מ̇ל̇א̇ ק̇ח (*) ו]...[5מ]נ[נ]חמ̇יהו
’LJŠB. Und nun: Gib den Kittäern [von dir] 2 Bat Wein *fülle*, nimm! (vacat) Und [...] von NHMJHW."

[34] [...]ו̇ 1 שמ[ן ח]ק̇ אלי'[ש]ב 1[ואל] ("[An ’LJŠB. N[imm] 1 (Einheit) Öl und [...]").

[35] Für eine Übersetzung s.u. Ende Kapitel 3. Als weitere Belege werden gelegentlich Lak (6):1.7,2f. und 1.9,2f. angeführt, so etwa von G.W. Coats, Self-Abasement and Insult Formulas, JBL 89, 1970, 14-26 (15 Anm.3), doch lassen sich die anfänglich von H. Torczyner, Lachish I (Tell ed Duweir). The Lachish Letters, 1938, 123.135 vorgeschlagenen Lesungen nicht halten (vgl. J. Renz, HAE I [Anm.5] 428.430). Lak(6):1.8,2f. bietet nach der von Renz gebotenen Lesung (HAE I 428) mit *whnh* ("und siehe") ebenfalls eine von *w‘t* abweichende Eröffnung des Briefcorpus. Die Lesung von *whnh* wie auch des gesamten Kontextes muß hier allerdings fast vollständig aus den übrigen Lachiš-Texten rekonstruiert werden. Von *whnh* ist in der Tat lediglich das finale -*h* mit einiger Sicherheit zu erkennen. Diese schmale Basis genügt keinesfalls, um das Vorhandensein einer sonst nicht belegten Überleitung zum Briefcorpus wahrscheinlich zu machen. Hinzu kommt, daß der Kontext nicht erkennen läßt, ob an dieser Stelle überhaupt der Übergang zwischen Präskript und Corpus erfolgt. Vgl. insgesamt die realistischeren Lesungen von D. Pardee, Handbook (Anm.2) 103.

von *w⁽t* und *mj ⁽bdk*-Formel³⁶ gegenseitig auszuschließen scheinen. Immer dann, wenn letztere eingesetzt wird, fehlt innerhalb der Lachiš-Briefe *w⁽t*, aber auch *nur* dann. Diese Austauschbarkeit verweist zunächst auf eine funktionale Übereinstimmung,³⁷ die Komplexität der *mj ⁽bdk*-Formel gegenüber *w⁽t* deutet darüber hinaus auf eine stärkere Ausprägung des semantischen Bereiches.

So liegt bei der Holophrase *w⁽t* der Schwerpunkt deutlich auf der funktionalen Seite, auch wenn der semantische Gehalt den pragmatischen Aspekt des "gerade jetzt" der geforderten Aufmerksamkeit sicherlich unterstützt.³⁸ In den genannten drei Briefen wird an der gleichen Position ein durch *mj* eingeleiteter Nominalsatz (A) einem durch *kj* vermittelten Verbalsatz (B) gegenübergestellt. Dabei zeigt sich das vorangestellte *mj ⁽bdk klb* ungeachtet des unterschiedlichen Kontextes als fest gefügte Formel,³⁹ der durch *kj* eingeleitete Verbalsatz dagegen als weitgehend frei formuliert. Syntaktisch liegt hier ein in alttestamentlichen Texten weitverbreitetes Muster zugrunde, das von G.W. Coats je nach Kontext als *Selbsterniedrigungs-* oder *Beleidigungsformel* bezeichnet wird:⁴⁰ Einem mit *mî* oder *māh* beginnenden Nominalsatz wird ein in der Regel durch *kî* eingeleiteter Verbalsatz angefügt.⁴¹ Dabei geht Coats davon aus, daß die Formel unter Bezugnahme auf eine 1. Person selbsterniedrigende, in Hinblick auf die 2. oder 3. Person eine belei-

---

36 Diese allein an der Ausdrucksseite orientierte Bezeichnung soll hier bis zur Klärung des semantischen und funktionalen Gehaltes vorläufig verwendet werden.

37 So ähnlich bereits D. Pardee, der jedoch auf eine weiterführende Klärung des analogen Gebrauchs verzichtet: "We have no proposal to explain why this formula was considered 'transitional' enough to replace *w⁽t* in each case" (Handbook [Anm.2] 150).

38 Diese Vermutung wird auch durch die analoge Verwendung von *(w)k⁽n/(w)k⁽(n)t* "(und) nun" in den aramäischen Briefen gestützt.

39 Die in diesem Zusammenhang relevante Frage, ob alle drei Ostraka auf denselben Schreiber zurückgehen, läßt sich nicht ohne weiteres beantworten. So stammen Lak(6): 1.2 und 1.6 zwar vom selben Tongefäß (vgl. J. Renz, HAE I [Anm.5] 405) und somit vermutlich auch aus der Hand eines Schreibers, doch läßt dies keinesfalls den Umkehrschluß zu, daß es sich bei 1.5 um einen anderen Schreiber handelt. Auch die Verwendung der *mj ⁽bdk*-Formel ist aufgrund ihrer vermutlichen Zugehörigkeit zum allgemeinen Briefstil kein geeignetes Kriterium für eine solche Vermutung (gegen K.A.D. Smelik, Dokumente [Anm.29] 111). Ein schwacher Hinweis auf verschiedene Schreiber könnte allenfalls die Kombination von unterschiedlichem Schreibmaterial und auffälligem Wegfall der Adresse in 1.5 sein, wodurch die Annahme einer über den einzelnen Schreiber hinausgehenden Verwendung gestützt würde.

40 Vgl. G.W. Coats, a.a.O. (Anm.35). Alttestamentliche Belege finden sich bei Coats S. 14, ferner bei D. Pardee, Handbook (Anm.2) 81 und B.K. Waltke – M. O'Connor, a.a.O. (Anm.14) 322.

41 Alternativen sind nach G.W. Coats, a.a.O. (Anm.35) 14f. der Anschluß mit *ʾašær* (Ex 5,2; 2 Chr 2,5) bzw. *w*-consecutivum + Impf. (Jes 51,12; Ps 144,3). Zu ergänzen wäre noch die asyndetische Variante in 1 Sam 25,10.

digende Funktion ausübt.[42] Dieses starre Schema wird jedoch den vielfältigen Ausdrucksmöglichkeiten des sprachlichen Grundmusters nur ansatzweise gerecht.

So zeigt sich die Begrenztheit des formalen Kriteriums "Person" bereits
in unseren Texten, in denen der Briefschreiber von sich selbst in der 3. Person spricht. Daß es sich bei *mj ʿbdk klb* um eine Selbstbezeichnung handelt,
zeigt allein der Zusammenhang. Wollte man nun statt dessen von einer "Umschreibung" der 1. Person sprechen,[43] so wäre auch in diesem Fall der Charakter einer Selbsterniedrigung keinesfalls notwendig gegeben. Die tatsäch-
liche Funktion der Wendung bleibt vielmehr auch hier völlig abhängig vom
Kontext. Dies läßt sich anhand von Lak(6):1.2 anschaulich demonstrieren,
wo der Kontext aufgrund des umstrittenen zweiten Wortes der Zeile 5 nicht
eindeutig ist. Von den zahlreichen Vorschlägen zur Deutung des zweiten
Wortes seien hier lediglich drei exemplarisch genannt.[44]

a. Liest man mit J. Renz den zweiten Buchstaben der betreffenden Form
als Beth, bietet sich u.a. die Interpretation *jᵉbakker* als Piel von *BKR* ("eine
vorrangige Stellung einräumen") an. Trifft diese Lesung zu, dann drückt
die *mj ʿbdk*-Formel ohne weiteres die höfliche Ergebenheit des Briefschrei-
bers aus:

מי עבד⁴ך כלב כי זכר אדני את ⁵נ[ע]בדה
יבכר יהוה את אי⁶[ד]ני דבר אשר לא ידעתה

"Wer ist dein Knecht (wenn nicht) ein Hund, daß mein Herr seines [Kn]echtes gedenkt?
Möge Jahwe meinem Her[rn] eine vorrangige Stellung einräumen! Sage, was du nicht
weißt!"[45]

b. Zieht man dagegen den jüngst von W. Nebe geäußerten Vorschlag in
Erwägung, statt Beth ein Zajin zu lesen, käme *jazkir* als Hiphil von *ZKR*
("in Erinnerung rufen") in Frage.[46] *Mj ʿbdk* würde dadurch einen deutlich
ironischen Unterton bekommen:

מי עבד⁴ך כלב כי זכר אדני את ⁵נ[ע]בדה
יזכר יהוה את אי⁶[ד]ני דבר אשר לא ידעתה

"Wer ist dein Knecht - ein Hund, daß mein Herr sich an seinen Knecht erinnert.
Möge Jahwe meinen Herrn an die Sache erinnern, die du nicht mehr weißt."

Die Ironie würde durch die Wiederaufnahme der Wurzel *ZKR* "sich erinnern" – "erinnern" zusätzlich betont werden.

---

42 Vgl. a.a.O. (Anm.35) 19: "We conclude, then, that we do not have two distinct formulas, a self-abasement formula and an insult formula, but one single formula that can be
used either for first person or for second-third person, for self-abasement or for insult."

43 So G.W. Coats, a.a.O. (Anm.35) 14: "[T]he nouns עַבְדְּךָ and הַכֶּלֶב are circumlocuti-
ons for a first person reference".

44 Für eine ausführliche Diskussion zur Stelle vgl. J. Renz, HAE I (Anm.5) 410f.

45 Übersetzung bei J. Renz, HAE I (Anm.5) 412.

46 Vgl. W. Nebe, Zu Lachisch Ostracon 2, ZAH 9, 1996, 48.

c. Eine Deutung als Qal im Sinne von "(strafend) gedenken" gäbe dem *mj ʿbdk* sogar eine aggressiv-polemische Spitze. Als Parallele ließe sich z.b. Ps 137,7 anführen: *zᵉkor jhwh libnê ʾᵃdôm ʾet jôm jᵉrûšālem* ("Gedenke, Jahwe, den Söhnen Edoms den Tag Jerusalems!"). Diese Variante empfiehlt sich jedoch schon deshalb kaum, weil der Kontrast zu dem eher moderaten Gruß innerhalb des Präskripts (*jšmʿ jhwh ʾt ʾdnj š[m]ʿt šlm ʿt kjm ʿt kjm*, "Jahwe möge meinen Herrn eine Friedensnachricht hören lassen, *gerade jetzt, gerade jetzt!*") sehr scharf wäre. Hinzu kommt, daß gegen W. Nebe die Lesung *jzkr* aus paläographischen Gründen abzulehnen ist.[47]

Die aufgeführten Beispiele zeigen jedoch, daß sowohl der alleinige Blick auf die Personenperspektive als auch eine isolierte Betrachtung der Formel selbst zu keiner befriedigenden Interpretation hinsichtlich ihrer pragmatischen Relevanz führen können. Die Bestimmung als *Ergebenheitsformel*[48] mag somit zwar unter bestimmten kontextuellen Voraussetzungen zutreffen, wird jedoch dem Funktionenpotential des sprachlichen Musters an sich nicht gerecht. Die biblischen Texte bieten zudem eine Reihe von Belegen, die deutlich keinen personalen Bezug innerhalb des Nominalsatzes aufweisen. Als Beispiel sei eine Äußerung Jakobs an Laban aus Gen 31,36 angeführt:

מַה־פִּשְׁעִי מַה חַטָּאתִי כִּי דָלַקְתָּ אַחֲרָי

"Was ist mein Vergehen, was meine Sünde, daß du mich so hitzig verfolgst?"

An dieser wie auch entsprechenden Stellen sieht G.W. Coats in den suffigierten Nomen vor allem eine "Umschreibung der 1. Person",[49] was nicht überzeugen kann. Hier dürfte die oben genannte und auf die grammatische Person bezogene Theoriebildung stärker zum Zuge gekommen sein als die Texte selber. Statt dessen zeigt das vorliegende Beispiel, daß unabhängig von Intention und Funktion innerhalb des Textes zunächst zwei als unvereinbar *gedachte* Aussagen durch den Rahmen *māh ... kî* usw. gegenübergestellt werden. Die rhetorische Kraft dieser Figur liegt nun zu einem guten Teil darin begründet, daß die Aussagen A und B nicht von sich aus unvereinbar sind, sondern durch den Sprecher willkürlich als solche gesetzt werden können. So ist auch in dem genannten Beispiel ein Zusammenhang zwischen einer Schuld Jakobs und der Verfolgung Labans ja nicht an sich undenkbar. Die Inkompatibilität wird vielmehr durch die Anwendung des syn-

---

47 Der auf dem Photo von Sh. Aḥituv, a.a.O. (Anm.5) 35 deutlich zu erkennende Kopf sowie der diagonale Abstrich schließen das Vorhandensein eines Zajin eigentlich aus. Vgl. hierzu das deutlich erkennbare Zajin in Z.4 sowie die Tabellen 29-33 (6. Jh.) bei J. Renz, HAE III (Anm.5). Bereits von Torczyner und Harding wurde die Lesung erwogen, jedoch mehrfach betont abgelehnt (a.a.O. [Anm.35] 40f.).

48 So J. Renz, HAE II/1 (Anm.5) 16.

49 Vgl. G.W. Coats, a.a.O. (Anm.35) 22: "In both nouns, a first person singular suffix suggests that the object could be a circumlocution for a first person reference."

taktischen Rahmens erst als solche gesetzt und angezeigt. In diesem Sinne scheint es angebracht, die beschriebene Figur im Gegensatz zur bisherigen Terminologie allgemeiner als *Inkompatibilitäts*-Formel zu bezeichnen. Daß die jeweiligen Gegensätze frei wählbar sind, und nicht notwendig auf Selbstverständliches zurückgreifen müssen, wird u.a. auch in Ex 5,2 deutlich:

מִי יְהוָה אֲשֶׁר אֶשְׁמַע בְּקֹלוֹ לְשַׁלַּח אֶת־יִשְׂרָאֵל
לֹא יָדַעְתִּי אֶת־יְהוָה וְגַם אֶת־יִשְׂרָאֵל לֹא אֲשַׁלֵּחַ

"Wer ist Jahwe, daß ich auf seine Stimme hören sollte, Israel zu entlassen?
Nicht kenne ich Jahwe, und auch werde ich Israel nicht ziehen lassen."

Selbstverständlich, zumindest aus der Perspektive des Verfassers, wäre die Zusammengehörigkeit von der Größe bzw. Macht Jahwes und der Bereitschaft "auf seine Stimme" zu hören. Statt dessen wird dem Sprecher durch das Inkompatibilitätsmuster die Mißachtung dieses (für den Leser) offensichtlichen Zusammenhanges in den Mund gelegt, um so rhetorisch wirkungsvoll seine Hybris darzustellen. An dieser Stelle wird ausnahmsweise auch die rhetorische Eingangsfrage im folgenden Satz vom Sprecher selbst beantwortet: "Wer ist Jahwe?" – eine (für den Sprecher) unbekannte und somit bedeutungslose Gottheit.[50]

Ausgehend von diesem Verständnis soll nun der spezielle Fall der *mj* *ʿbdk*-Formel in den Lachiš-Briefen betrachtet werden. Wie in den biblischen Belegen beinhalten auch hier die Teile A und B Aussagen, die als Gegensätze dargestellt werden sollen.

Teil A bietet mit *ʿæbæd* und *kælæb* für den altorientalischen Briefstil typische Begriffe. Als höfliche Selbstbezeichnung finden sich *ardu* ("Knecht") und *kalbu* ("Hund") vielfach variiert in den Briefen aus Tell el Amarna, im 1. Jahrtausend auch in neuassyrischen und neubabylonischen Texten.[51] Innerhalb des AT scheinen der Wendung מי עבדך כלב vor allem 2 Sam 9,8 und 2 Kön 8,13 nahezustehen:[52]

מָה עַבְדֶּךָ כִּי פָנִיתָ אֶל־הַכֶּלֶב הַמֵּת אֲשֶׁר כָּמוֹנִי (2 Sam 9,8)
"Wer ist dein Knecht, daß du dich dem toten Hund zugewandt hast, wie ich einer bin?"

מָה עַבְדְּךָ הַכֶּלֶב כִּי יַעֲשֶׂה הַדָּבָר הַגָּדוֹל הַזֶּה (2 Kön 8,13)
"Was ist dein Knecht, der Hund, daß er diese große Sache tun sollte?"

Ist der Vergleich für *ʿabdekā* hier durchaus zutreffend, so weist die Einbindung von *kælæb* in den Kontext bei genauerem Hinsehen deutliche Unterschiede auf. In 2 Sam 9,8 wird der "tote Hund" lediglich als Variation zu *ʿabdekā* in Teil B gebraucht, bildet also keine eigentliche Parallele zu *mj*

---

50 Vgl. eine ähnliche Tendenz in Hiob 21,15 מַה־שַׁדַּי כִּי־נַעַבְדֶנּוּ וּמַה־נּוֹעִיל כִּי נִפְגַּע־בּוֹ ("Was ist Šaddaj, daß wir ihm dienen sollten, und was nützt es uns, wenn wir ihn bitten?").

51 Vgl. für die unterschiedlichen Wendungen CAD K 72 1j sowie AHw 424b, für Belege in den Armanabriefen G.W. Coats, a.a.O. (Anm.35) 15f.

52 Vgl. weiterhin 1 Sam 17,43 und 24,15.

ʿbdk klb in den Briefen. 2 Kön 8,13 scheint auf den ersten Blick eine identische Konstruktion zu bieten, doch ist *hakkælæb* durch die Determinierung in Bezug auf *ʿabdᵉkā* deutlich als Apposition ("dein Knecht, der Hund") ausgewiesen. Demgegenüber scheint *mj ʿbdk klb* in den Ostraka aus Frage- und Antwortsatz zu bestehen: "Wer ist dein Knecht? Ein Hund!" Eine solche Selbstbeantwortung der einleitenden Frage ist auch in den alttestamentlichen Texten sonst nicht bezeugt. Für die Gesamtkonstruktion stellt sie jedoch insofern kein syntaktisches Problem dar, als der aus *mj ... kj* bestehende Rahmen nicht beeinträchtigt wird. Eine versehentliche Auslassung des Artikels dürfte durch die dreifache Bezeugung ausgeschlossen sein. Die gängige Übersetzung "wer ist dein Knecht (wenn nicht) ein Hund" setzt ohne Notwendigkeit eine komplexere Tiefenstruktur des Textes voraus, und ist aus diesem Grund als weniger wahrscheinlich anzusehen.

Die B-Sätze schildern jeweils eine in der Vergangenheit vollzogene Handlung des Empfängers, die durch den *mj ... kj*-Rahmen gegenüber dem sich als Knecht/Hund bezeichnenden Absender als eigentlich nicht angemessen dargestellt werden. Lak(6):1.2,3-5 nennt das Gedenken des Herrn an seinen Knecht (Z.4f.), 1.5,4-6 und 1.6,3-5 die Übersendung von Briefen durch denselben. Allen drei Texten ist gemeinsam, daß der *kj*-Satz inhaltlich das Thema des Briefcorpus benennt und gleichzeitig eröffnet,[53] so daß sich für Präskript und Überleitung zum Briefcorpus folgendes Bild ergibt:

(Lak(6):1.2) ¹אל אדני יאוש ישמע ²יהוה את אדני שמ]עת שלֹ³ם עת כים עת כים עת כים
מי עבד³ך כלב כי זכר אדני את ⁵ע[נ]בדה

"An meinen Herrn JʾWŠ: Jahwe möge meinen Herrn eine Botschaft des Friedens hören lassen, *gerade jetzt, gerade jetzt!*
Wer ist dein Knecht? Ein Hund! Dennoch gedachte mein Herr seines Knechtes."

(Lak(6):1.5) ¹ישמע יהוה את ²שמעת]שלֹם]וטב]עת כ³ים עת כֹים
מי עבדך ⁴כלב כי]ש[לֹחתֹ אלֹ עבד⁵ך אנת] ⁶זֹאֹ[ת][xxxxxxx] xx[x]⁵⁴

"Jahwe möge meinen [Herr]n eine Botschaft des [Fried]ens und des Guten hören lassen, [*gerade jetzt*], gerade jetzt!
Wer ist dein Knecht? Ein Hund! Dennoch sandtest du deinem Knecht den/die [xxxxxxx] xx[x]⁵⁴."

---

53 Gegen J. Renz, HAE I (Anm.5) 410, der den eigentlichen Brieftext erst mit *dbr* in Zeile 6 beginnen lassen möchte.

54 Zu den äußerst unsicheren Ergänzungsvorschlägen für diese Stelle vgl. J. Renz, HAE I (Anm.5) 424.

אל אדני יאוש ישמע יהוה א²ת אדני את העת הזה שלם 1 (Lak(6):1.6)

מי 3 עבדך כלב כי שלח אדני א]ת ספ[ר4 המלך [ו]א֮ת ספרי השרנם לאמ]ר5

"An meinen Herrn J'WŠ: Jahwe möge meinen Herrn diese Zeit in Frieden sehen lassen! Wer ist dein Knecht? Ein Hund! Dennoch sandte mein Herr de[n Brie]f des Königs [und] die Briefe der Śāri[m *mit folgendem Inhal*]*t*:"

Vergleicht man abschließend die beiden konkurrierenden Überleitungen, so läßt sich festhalten, daß die Formel *mj 'bdk klb kj* zunächst wie *w't* den einfachen Wechsel zwischen Präskript und Briefkorpus markiert. Diese aufmerksamkeitserregende Funktion beruht in beiden Fällen letztlich auf Konvention. Der Verfasser des Textes weiß, daß er jetzt "zur Sache kommen" muß, der Leser richtet sich darauf ein, daß es "zur Sache geht".

Durch *mj 'bdk klb* wird jedoch im Gegensatz zu dem sehr abrupten *w't* das Präskript zusätzlich um einen Höflichkeitsausdruck erweitert sowie der erste Satz des Briefcorpus als thematische Überschrift ausgewiesen. Wird durch *w't* in erster Linie eine Trennung zwischen dem stark formalisierten Präskript und dem frei formulierten Hauptteil betont, so erfolgt durch die "syntaktische Klammer" der Inkompatibilitätsformel (*mj ... kj*) ein gleitender Übergang, der den Zusammenhang von Präskript und Briefcorpus hervorhebt. Im Vergleich zu *w't* liegt somit sowohl im semantischen als auch im funktionalen Bereich ein höherer Grad der Spezialisierung vor. Diese Spezialisierung spiegelt sich auch in den unterschiedlichen Bereichen wider, in denen die jeweilige Überleitung zur Anwendung kommt. So ist festzustellen, daß in den sich stärker *distanzierenden* Briefen (vgl. etwa Lak(6):1.3) und in vorwiegend *regulativen* Texten (vgl. Lak(6):1.9 sowie die Aradbriefe des 6. Jh.s) auf eine Verwendung von *mj 'bdk klb* verzichtet wird. Schreiben mit weitgehend *konstatierender* Funktion sind dagegen frei in der Wahl der Überleitung (Lak(6):1.2; 1.5; 1.6 gegenüber *w't* in 1.4). Da die Zahl der bislang zur Verfügung stehenden Texte eher gering ist, steht zu hoffen, daß zukünftige Textfunde eine Überprüfung der bisherigen Ergebnisse ermöglichen werden.

Der Lobaufruf im israelitischen Hymnus als indirekter Sprechakt

von Andreas Wagner, Mainz

1. Lobaufrufe in den Hymnen

1. 1 Zum 'Hymnus' als Psalmengattung

Ein Diskussionsbeitrag zu Hymnen im Psalter, kann die Position GUNKELS kaum umgehen, markieren sie doch einen entscheidenden Schnitt in der Psalmenexegese; außerdem stehen seine Definitionen von 'Hymnus' und 'Gattung' im Hintergrund fast aller nachfolgenden Weiterführungen und Auseinandersetzungen; daher sei hier GUNKELS Anschauung vom Hymnus noch einmal kurz umrissen: GUNKEL hatte zunächst ganz allgemein gesagt, daß der israelitische Hymnus mit einer Lobaufforderung (Einführung) beginnt[1], auf die ein Hymnencorpus (Hauptstück) folgt[2]; das Hymnencopus enthält nach GUNKEL eine Begründung für den Lobaufruf; das Hauptstück ist oft mit einem (begründenden) כִּי eingeleitet[3]; aus diesen Grundbeobachtungen sei der Sitz im Leben abzulesen: Eine Gruppe im Kult wird aufgefordert, Gott zu loben; mit den Hymnen sind uns die Texte dieses Vorgangs überliefert.[4] Variationen der Grundform werden von GUNKEL zwar verzeichnet, doch kaum weiter ausgewertet.[5]

CRÜSEMANN hat GUNKELS Beobachtungen aufgenommen und weitergeführt[6]; er unterscheidet Texte, die der Grundform, wie sie sich für ihn im

---

[1] Vgl.: GUNKEL, HERMANN: Einleitung in die Psalmen. Die Gattungen der religiösen Lyrik Israels. Zu Ende geführt von JOACHIM BEGRICH. Göttingen ⁴1985 (¹1933). S. 32-43.

[2] Vgl.: GUNKEL, Einleitung in die Psalmen (s. Anm. 1). S. 43-59.

[3] Vgl.: GUNKEL, Einleitung in die Psalmen (s. Anm. 1). S. 33 und 57.

[4] Vgl.: GUNKEL, Einleitung in die Psalmen (s. Anm. 1). S. 35.

[5] So hält GUNKEL, Einleitung in die Psalmen (s. Anm. 1). S. 33-34 z.B. fest: "Die Hymnen beginnen ganz gewöhnlich mit einer ausgeprägten 'Einführung'. [...] Dieselbe Form der Einführung wiederholt sich nicht selten bei den Anfängen neuer Teile und am Schluß der Gedichte [...]."

[6] Vgl.: CRÜSEMANN, FRANK: Studien zur Formgeschichte von Hymnus und Danklied in Israel. (WMANT 32) Neukirchen-Vluyn 1969.

Mirjam-Lied zeigt[7], folgen, von abweichenden Formen; das Mirjamlied in
Ex 21 als idealtypische Ausformung wird dabei folgendermaßen charakte-
risiert: auf eine 'Lobaufforderung' folgt, wenn man die Aufforderung ernst
nimmt, die 'Durchführung des Lobes', eingeleitet mit einem d e i k t i -
s c h e n כֵּי[8]; diese Form findet CRÜSEMANN bes. in folgenden Texten: Ex
15, 21; Dtn 32, 43[9]; Jer 20, 13[10]; Ps 96; Ps 98; Ps 100; Ps 105; Ps 107; Ps
134; Ps 136; Ps 148[11].

Die Darstellungen von GUNKEL und CRÜSEMANN haben weitgehend die
Diskussion bestimmt und sind in die allgemeine einführende Literatur eingegangen[12]; sie stellen auch die Grundlage für die weiteren Erörterungen
dar.

Exkurs: Einwände gegen eine Gattung 'Hymnus'

Die Frage, ob es überhaupt sinnvoll ist, angesichts der Vielgestaltigkeit der
von GUNKEL und CRÜSEMANN zu den Hymnen gerechneten Texte, von einer identifizierbaren Gattung 'Hymnus' zu sprechen, hat vor kurzem H.
SPIECKERMANN vehement aufgeworfen.[13] Er formuliert seine Anschauung
in folgender These:

> "Den alttestamentlichen 'Hymnus' im Sinne einer identifizierbaren Gattung mit erkenn-
> barer Konstanz in Disposition, Formation und Intention gibt es nicht."[14]

---

7   Vgl.: CRÜSEMANN, Studien zur Formgeschichte von Hymnus und Danklied in Israel
    (s. Anm. 6). S. 19-24.

8   Vgl.: CRÜSEMANN, Studien zur Formgeschichte von Hymnus und Danklied in Israel
    (s. Anm. 6). S. 32-35.

9   Vgl.: CRÜSEMANN, Studien zur Formgeschichte von Hymnus und Danklied in Israel
    (s. Anm. 6). S. 43.

10 Vgl.: CRÜSEMANN, Studien zur Formgeschichte von Hymnus und Danklied in Israel
    (s. Anm. 6). S. 40.

11 Vgl.: CRÜSEMANN, Studien zur Formgeschichte von Hymnus und Danklied in Israel
    (s. Anm. 6). S. 66.

12 Vgl.: KAISER, OTTO: Einleitung in das Alte Testament. Eine Einführung in ihre Ergeb-
    nisse und Probleme. Gütersloh ⁵1984. S. 334; KOCH, KLAUS: Was ist Formgeschich-
    te. Neukirchen-Vluyn ⁵1989. S. 195-208; KAISER, OTTO: Grundriß der Einleitung. Bd.
    3, Die poetischen und weisheitlichen Werke. Gütersloh 1994. S. 15-16; SCHMIDT,
    WERNER H.: Einführung in das Alte Testament. Berlin/New York ⁵1995. S. 307-308;
    SMEND, RUDOLF: Die Entstehung des Alten Testaments. Stuttgart/Berlin/Köln ⁴1989. §
    40; ZENGER, ERICH: Einleitung in das Alte Testament. Stuttgart/Berlin/Köln 1995. S.
    251.

13 SPIECKERMANN, HERMANN: Alttestamentliche 'Hymnen'. In: Hymnen der Alten Welt
    im Kulturvergleich. Hrsg. von WALTER BURKERT und FRITZ STOLZ. (OBO 131) Fri-
    bourg/Göttingen 1994. S. 97-108.

14 SPIECKERMANN, Alttestamentliche 'Hymnen' (s. Anm. 13). S. 99.

Gegen diese scharfe Formulierung[15] ist m. E. - nur kurz und nur soweit, wie Material und Beobachtungen im Verlaufe meiner Darlegungen noch anderweitig gebraucht werden - auf einige grundlegende Gegebenheiten aufmerksam zu machen, die es durchaus angeraten sein lassen, auch weiterhin von der Gattung des (imperativischen) Hymnus zu sprechen: CRÜSEMANN hat sicher recht, wenn er das Mirjamlied Ex 15, 21 an den Ausgangspunkt der Überlegungen zum imperativischen Hymnus stellt - ob das Mirjamlied auch am Anfang einer Gattungsgeschichte des israelitischen Hymnus stehen muß, ist eine andere Frage. Im Mirjamlied finden sich 'idealtypisch' die beiden Grundelemente, die nach GUNKEL und CRÜSEMANN die Gattung des Hymnus ausmachen: Die Lobaufforderung und das Hymnencorpus. Die Lobaufforderung richtet sich hier an eine nicht weiter beschriebene Mehrzahl, das Hymnencorpus ist mit כי eingeleitet. Diese Grundstruktur in formaler Hinsicht nebst Gemeinsamkeiten im Inhalt (Aufruf, Jahwe zu loben, einerseits, auf Jahwe bezogene inhaltliche Erläuterungen andererseits) wiederholt sich bei etlichen anderen Texten, so daß von einer erkennbaren Konstanz in Disposition und Formation nicht abgesehen werden kann: z. B. in Ex 15, 21; Jer 20, 13; Ps 117; Ps 113 (der auch hymnische Partizipien enthält); Ps 29. 'Idealtypisch' ist das Mirjamlied also nicht deshalb, weil es am Beginn einer rekonstruierten oder rekonstruierbaren Gattungsgeschichte steht, sondern weil es die beiden Grundelemente

---

15 Die Schärfe der SPIECKERMANNSCHEN These wird im Verlaufe seiner Darstellung dadurch gemildert, daß er durchaus in den Hymnen eine "Textgruppe" sieht, "als deren Intention das Gotteslob durch eine Reihe variabler formaler und inhaltlicher Indikationen erkennbar ist" [SPIECKERMANN, Alttestamentliche 'Hymnen' (s. Anm. 13). S. 99.]. SPIECKERMANN geht es um die "größere Offenheit" des Begriffs "Textgruppe" gegenüber dem Begriff "Gattung" [SPIECKERMANN, Alttestamentliche 'Hymnen' (s. Anm. 13). S. 103.]. "Gotteslob" ist für ihn als eine "fundamentale Verstehenskategorie für die Gott-Mensch-Relation" zu verstehen, auf der auch "die Texgruppe der alttestamentlichen Hymnen auf[ruht]" [SPIECKERMANN, Alttestamentliche 'Hymnen' (s. Anm. 13). S. 103.]; zu dieser Gruppe kann er dann auch z.B. Ps 8 rechnen, der zwar keine formalen Gestaltungselemente aufweist, wie sie üblicherweise bei der 'klassichen' Gattungsdefinition des Hymnus festzustellen sind (Lobaufforderung, Begründung, Partizipialstil), der aber die für SPIECKERMANN typisch hymnische "theologische Reflexion der Gott-Mensch-Relation als inhaltliches Charakteristikum" enthält [SPIECKERMANN, Alttestamentliche 'Hymnen' (s. Anm. 13). S. 104-105.]. SPIECKERMANN weist darauf hin, daß "theologisch sachgemäße Formgeschichte [...] in Ps 8 [und sicher auch bei anderen Texten] tief in das Verhältnis von Form und Inhalt einzudringen versuchen" müsse; das ist in der Tat eine legitime Forderung - wenn auch vielleicht eine Position, die den Gedanken der Entsprechung von Form und Inhalt eines Kunstwerkes (wie wir sie etwa aus der Goethe-Zeit kennen) zur Voraussetzung hat, dessen Anwendung auf die poetisch-literarische Produktion des A.O. erst noch einmal eingehend erörtert werden müßte; auch hier ist ja der historische Abstand und die andere poetologische Grundsituation zu berücksichtigen - eine Forderung, die allerdings auch ohne die Formulierung solcher zunächst sehr scharfer Ausgangsthesen erhoben werden kann.

eines '(imperativischen) Hymnus' in sehr kurzer und eben 'idealtypischer' Form enthält, die in anderen Texten breiter ausgeführt und/oder variiert sind.

Ex 15, 21b:	Jer 20, 13:	Ps 117:	Ps 113:	Ps 29:	erkennbare Konstanz in Disposition/ Formation:
LOBAUFRUF	LOBAUFRUF	LOBAUFRUF	LOBAUFRUF	LOBAUFRUF	LOBAUFRUF
שִׁירוּ לַיהוָה	שִׁירוּ לַיהוָה הַלְלוּ אֶת־ יְהוָה	הַלְלוּ אֶת־יְהוָה כָּל־גּוֹיִם שַׁבְּחוּהוּ כָּל־הָאֻמִּים	[הַלְלוּ יָהּ] הַלְלוּ עַבְדֵי יְהוָה הַלְלוּ אֶת־שֵׁם יְהוָה [...]	הָבוּ לַיהוָה בְּנֵי אֵלִים הָבוּ לַיהוָה כָּבוֹד וָעֹז [...]	Kennzeichen: Imperativ, oft von הלל, auch zuweilen Jussiv
Singt für Jahwe!	*Singt für Jahwe, lobt Jahwe!*	*Lobt Jahwe, alle Völker, preist ihn, alle Nationen*	*Lobt Jahwe, ihr Knechte Jahwes, lobt den Namen Jahwes [...]*	*Bringt für Jahwe, ihr Göttersöhne, bringt für Jahwe Ehre und Macht [...]*	Aufforderung einer Mehrzahl zum Lob
CORPUS	CORPUS	CORPUS	CORPUS	CORPUS	CORPUS
כִּי־גָאֹה גָּאָה סוּס וְרֹכְבוֹ רָמָה בַיָּם	כִּי הִצִּיל אֶת־נֶפֶשׁ אֶבְיוֹן מִיַּד מְרֵעִים	כִּי גָבַר עָלֵינוּ חַסְדּוֹ וֶאֱמֶת־יְהוָה לְעוֹלָם הַלְלוּ־יָהּ	כִּי גָבֹר עַל־כָּל־ גּוֹיִם יְהוָה עַל הַשָּׁמַיִם כְּבוֹדוֹ [...]	קוֹל יְהוָה עַל־הַמָּיִם אֵל־הַכָּבוֹד הִרְעִים יְהוָה עַל־ מַיִם רַבִּים [...]	Kennzeichen: z. T. Einleitung mit *ki*
ki - hoch und erhaben ist er, Roß und Wagen warf er ins Meer	*ki - er hat gerettet die Näfäsch des Armen aus der Hand des Bösen*	*ki - stark ist über uns seine ḥäsäd, Jahwe-ʾämät ist auf ewig*	*Hoch über alle Völker ist Jahwe, über den Himmel ist seine Herrlichkeit [...]*	*Die Stimme Jahwes ist über den Wassern, der Gott der Ehre läßt donnern, Jahwe über den großen Wassern [...]*	Inhalt: Taten oder Sein Jahwes

Alle diese Texte haben also etwas Gemeinsames, das nur bei dieser Gattung vorhanden ist; verkennt man dieses Gemeinsame, dann verkennt man auch die Grundintention, die alle diese Texte m i t bestimmt. Daß die Feststellung einer solchen Grundintention die Texte "kategorisierend nivelliere"[16], ignoriert, daß jede sprachliche Äußerung auch - a u c h und nicht n u r - von ei

---

16 SPIECKERMANN, Alttestamentliche 'Hymnen' (s. Anm. 13). S. 103.

nem Textmuster, einer Textsorte, einer Gattung bestimmt wird. Wir sprechen, um ein allgemeines Theorem der neueren Sprachbetrachtung zu zitieren, nicht in Wörtern oder Sätzen, sondern in Texten.[17] Jede individuelle sprachliche Aussage entwickelt sich erst auf einem textlich bestimmten Hintergrund, jede einzelne Aussage im Hymnus entwickelt sich erst auf der Folie des Gotteslobes. Dies neben der individuellen Aussage eines jeden Textes hervorzuheben ist keine Nivellierung, sondern die notwendige und adäquate Feststellung eines übereinzeltextlichen Aspektes, der mit den individuellen Aussagen des Einzeltextes untrennbar verwoben ist.[18] Die Frage nach der Textqualität, der Textsorte, der Gattung unterstützt daher eine idiographische Interpretation, sie behindert sie nicht. E x k u r s   E n d e .

Von der idealtypischen Grundform des Hymnus weichen vier Textgruppen ab; sie alle besitzen eine Gemeinsamkeit, die in vorliegendem Zusammenhang diskutiert werden soll und die mit der möglichen bzw. nicht möglichen 'Aufführung' der Psalmen im Kult zu tun haben:

a) Da sind zuerst die Hymnen, in deren Lobaufrufen Adressaten angesprochen werden, die nicht Kultteilnehmer sein können, z. B. bei Ps 117 'die Völker'. 'Die Völker' können kaum als die (real) Agierenden im Kult gedacht werden, sie sprengen daher den Vorstellungsrahmen von der Ver-

---

17 Vgl. für die Anfänge: HARTMANN, PETER: Text, Texte, Klassen von Texten. Bogawus 2 (1964) S. 15-25; WEINRICH, HARALD: Tempus. Besprochene und erzählte Welt. Stuttgart/Berlin/Köln/Mainz ⁴1985 (¹1964); HARWEG, ROLAND: Pronomina und Textkonstitution. München ²1979 (¹1968). Zum heutigen Forschungsstand [u.a.]: DE BEAUGRANDE, ROBERT/DRESSLER, WOLFGANG U.: Einführung in die Textlinguistik (Konzepte der Sprach- und Literaturwissenschaft 28) Tübingen 1981; BRINKER, KLAUS: Linguistische Textanalyse. Eine Einführung in Grundbegriffe und Methoden. (Grundlagen der Germanistik 29) Berlin ³1992; COSERIU, EUGENIO: Textlinguistik. Eine Einführung. Hrsg. und bearbeitet von JÖRN ALBRECHT. (Tübinger Beiträge zur Linguistik Bd. 109) Tübingen ²1981; GÜLICH, ELISABETH/RAIBLE, WOLFGANG: Textsorten-Probleme. In: Linguistische Probleme der Textanalyse. Jahrbuch 1973 (Sprache der Gegenwart 35) Düsseldorf 1975. S. 144-197; HEINEMANN, WOLFGANG/VIEHWEGER, DIETER: Textlinguistik. Eine Einführung. (RGL 115) Tübingen 1991; MICHAELIS, SUSANNE /TOPHINKE, DORIS (Hrsg.): Texte - Konstitution, Verarbeitung, Typik. (Edition Linguistik 13) München-Newcastle 1996; STEGER, HUGO: Über Textsorten und andere Textklassen. In: Textsorten und literarische Gattungen. Dokumentation des Germanistentages in Hamburg vom 1. - 4. April 1979. Hrsg. vom Vorstand der Vereinigung der Deutschen Hochschul-Germanisten. Berlin 1983. S. 25-67; VATER, HEINZ: Einführung in die Textlinguistik: Struktur, Thema und Referenz in Texten. München 1992.

18 Etwas ausführlicher und mit Blick auf GUNKELS Ansatz habe ich das Problem in folgender Publikation thematisiert: ANDREAS WAGNER: Gattung und 'Sitz im Leben'. Zur Bedeutung der formgeschichtlichen Arbeit Hermann Gunkels (1862-1932) für das Verstehen der sprachlichen Größe 'Text'. In: Texte - Konstitution, Verarbeitung, Typik. Hrsg. von SUSANNE MICHAELIS und DORIS TOPHINKE. (Edition Linguistik 13) München/Newcastle 1996. S. 117-129 (+ Lit. S. 149-163 passim), bes. S. 127-128.

ankerung dieses Textes als Hymnus im Kult. CRÜSEMANN nimmt für diesen Psalm einen gewandelten Sitz im Leben an, weil eben "die Aufgeforderten nicht Sprecher des 'כ-Satzes sein können"; er schließt auch, daß in diesen Texten aus der ursprünglichen Durchführung eine "Begründung des V. 1 geworden" ist.[19] Und weiter: "Auch wird anzunehmen sein, daß der Aufruf nur noch rhetorisch gemeint ist und ihm kein wirklicher liturgischer Vollzug entspricht. [...] die ursprüngliche Funktion des Imperativs, nämlich wirklicher Aufruf anwesender Personen zum Lob, [ist] ihm nicht mehr eigen."[20] Auch mit dieser Beobachtung hat CRÜSEMANN m. E. recht. Allerdings muß sie ergänzt werden durch die Angabe dessen, was der Lobaufruf positiv leistet. Offensichtlich kann er nicht weggelassen werden - sonst würde er ja fehlen.

Man kann eigentlich nur antworten: Von der folgenden Begründung her gedacht muß der Lobaufruf das eigentliche Lobelement des Psalmes darstellen; zumindest führt er das Thema 'Lob, Loben' in den Psalm ein und gibt so das Vorzeichen zum Verständnis des Folgenden; er enthält also die Lobaussage des Psalmes, die dann im 'כ-Satz begründet wird.

CRÜSEMANN hat diese Fragen nicht weiter verfolgt. Warum aber wird ausgerechnet der Imperativ für die Lobaussage beibehalten, da er doch (kultisch) funktionslos (geworden) ist? Und wenn der Imperativ kein 'echter' ist, wie funktioniert das sprachlich, daß ein 'Imperativ' kein 'Imperativ' mehr ist, daß eine eindeutige formal markierte grammatische Form nicht mehr (ausschließlich) die ihr zugehörige Funktion besitzt?

Bevor ich an diesem Punkt weiterdenken will, seien kurz noch drei weitere Gruppen von Hymnen dargestellt, die ähnliche Auffälligkeiten bieten, bei denen der Lobaufruf ähnliche Schwierigkeiten bereitet:

b) Zunächst weisen Texte wie Ps 134 und Ps 150, die nur Lobaufrufe enthalten, auf denselben eben festgestellten Sachverhalt: Da in diesen Texten das Hauptstück ganz fehlt, werden die Lobaufrufe auch die eigentliche Lobaussage enthalten müssen; man kann also hier annehmen, daß der Lobaufruf auch gewissermaßen zur 'Durchführung' des Lobes dient. Der 'rhetorische Imperativ' ist hier zum bestimmenden Textmerkmal geworden. Bei diesen Texten kommt zwar sicherlich dem Psalter als Kontext eine besondere Stellung zu, denn in der Struktur des Psalters spielen diese Psalmen eine wichtige Rolle.[21] Doch sind sie immerhin durchgängig in der Tradition als eigene

---

[19] Vgl.: CRÜSEMANN, Studien zur Formgeschichte von Hymnus und Danklied in Israel (s. Anm. 6). S. 41.

[20] Vgl.: CRÜSEMANN, Studien zur Formgeschichte von Hymnus und Danklied in Israel (s. Anm. 6). S. 41.

[21] Ps 134 etwa als Abschluß der kleinen 'Sammlung' der Wallfahrtspsalmen (Ps 120-134); Ps 150 als Abschluß des Psalters. Vgl. dazu etwa: GESE, HARTMUT: Die Entste-

Texte bewahrt, so daß sie auch - neben ihrer Bedeutung im Kontext anderer Psalmen - eine einzeltextliche Aussage behalten haben.

c) Dann gibt es Texte, die eine Selbstaufforderung enthalten, allen voran Ps 103 und Ps 104. Daß dort Schwierigkeiten liegen, die mit dem hier problematisierten Sachverhalt zu tun haben, zeigen Versuche, die Psalmanfänge bzw. Schlüsse zu erklären. Was ist das eigentlich für eine Logik, sich selbst zum Lob aufzufordern? Ein solcher Psalmenanfang provoziert enigmatische Erklärungen. WESTERMANN schreibt zum Anfang von Ps 103:

> "Die Aufforderung zum Lob ist zwar identisch mit dem Entschluß zum Lob; aber in der imperativen Form erhält der Psalm einen gottesdienstlich-festlichen Klang."[22]

Offensichtlich spürt WESTERMANN, daß hier kein echter Imperativ vorliegt, kann es aber nicht recht erklären. Auch SEYBOLD hält das Phänomen fest, erläutert es aber nicht weiter:

> "Der auffällig klangvoll gestaltete erste Teil stellt eine hymnische Aufforderung an die Seele dar, den zu preisen, von dem sie sechsfach Wohltaten empfangen hat."[23]

SEYBOLD wertet also den imperativischen Anfang als eine Gattungsgegebenheit und geht nicht weiter darauf ein.

Vielleicht liegt hier aber gar keine Selbstaufforderung vor, sondern wieder das oben unter a) festgestellte Phänomen, daß der Imperativ zwar auf der sprachlichen Oberfläche erhalten ist, aber ganz andere Funktionen hat? Denn auch bei diesen Texten, etwa bei Ps 103, wird der Mittelteil (V. 3-19) schon durch die Lobaufforderung in V. 1-2 unter das Thema Lob gestellt, spricht sich der Akt des Lobens zumindest semantisch explizit im Lobaufruf aus. Und wenn das so ist, müßte man auch hier fragen, w a r u m dies geschieht.

d) Als letztes ist die Beobachtung anzuführen, daß die 'Echtheit' des Aufrufes auch hinterfragt werden kann, wenn man die Wiederholung am Schluß des Psalmes ernst nimmt, wie etwa bei Ps 98 und Ps 103. Ist 'eine nicht näher bestimmbare Gruppe' - eine kultische bzw. gottesdienstliche Situation vorausgesetzt - durch den Anfangsteil des Psalmes aufgefordert, Gott zu loben, und folgt dem dann, im CRÜSEMANNSCHEN Modell gedacht, im Hauptstück die Durchführung des Lobes, so wird es mit der Wiederholung des Anfangsteils am Schluß mit einer kultisch-gottesdienstliche Erklärung schwierig; der imperativische Charakter des Schlußteils ist nach voll-

---

hung der Büchereinteilung des Psalters. In: GESE, HARTMUT: Vom Sinai zum Zion. Alttestamentliche Beiträge zur biblischen Theologie. (BEvTh 64) München [3]1990 ([1]1974). S. 159-167.

22 WESTERMANN, CLAUS: Ausgewählte Psalmen. Göttingen 1984. S. 169.
23 SEYBOLD, KLAUS: Die Psalmen. (HAT I/15) Tübingen 1996. S. 403.

brachtem Loben aus kultischen Gründen kaum zu erklären, dann muß man schon zur plerophoren oder euphonischen 'Lösung' greifen.

Hinsichtlich der Hymnen im Psalter sind also folgende Feststellungen zu treffen:

i) Formal gesehen beginnen die imperativischen Hymnen mit Lobaufrufen. Formal heißt hier, daß zunächst auf die Oberflächenstruktur der Sprache, auf die grammatischen Formen Imperativ und Jussiv geachtet werden muß.

ii) 'Ernst nehmen' kann man den Lobaufruf aber bei den genannten vier Gruppen a) - d) nicht, will sagen, er ist nicht als echter Aufruf gemeint. Allerdings übernimmt er in allen Texten die Aussage, daß Jahwe zu loben ist.

iii) Bleibt sprachlich zu klären, wie ein Imperativ (oder Jussiv) eigentlich als eine solche Aussage bzw. Aufführungs- oder Denkform des Lobes verstanden werden kann.

iv) Und schließlich bleibt das Problem, daß bei den Hymnen der Gruppen a)-d) offensichtlich keine kultisch-gottesdienstliche Situation vorausgesetzt werden kann. Was leistet aber dann der Lobaufruf (für die Texte, für die Gattung)?

2. Zwischenüberlegung: indirekte Sprechakte

Der oben beobachtete Sachverhalt, daß ein Imperativ/Jussiv eine Durchführung bzw. Ausführung des Lobes darstellt, kann auch folgendermaßen beschrieben werden: Bei den Lobaufrufen der genannten Texte a) - d) fallen grammatische Form, der Imperativ, und eigentlich Gemeintes, denn bei diesen Texten ist ja keine 'echte' Aufforderung, sondern etwas anderes gemeint, auseinander.

Dieser Fall, daß Gesagtes und Gemeintes auseinandertreten, ist im normalen Sprachgeschehen keine Seltenheit, hat aber den Sprachforschern große Schwierigkeiten bereitet. Man denke etwa nur an das Problem der rhetorischen Frage. Wie kann man etwas meinen, was man nicht sagt?

Die m. E. bisher schlüssigste Erklärung zu diesem sprachlichen Problem liefert das Erklärungsmodell der sog. 'Indirekten Sprechakte'.

Die Sprechakttheorie geht davon aus, daß nicht alle Momente sprachlicher Bedeutung als syntaktische oder semantische Probleme zu fassen sind.[24] Bei der Bedeutung von Äußerungen und Texten spielen auch außer-

---

24 Zur Sprechakttheorie vgl.: AUSTIN, JOHN L.: Zur Theorie der Sprechakte. Stuttgart: Reclam 1985 (Ersterscheinung: How to Do Things with Words. Oxford 1962); SEARLE, JOHN R.: Sprechakte. Frankfurt/M.: Suhrkamp [3]1988 (Ersterscheinung: Cambridge 1969); ders.: Linguistik und Sprachphilosophie. In: Linguistik und Nachbarwissen-

sprachliche Faktoren bzw. das Zusammenspiel von sprachlichen und außersprachlichen Faktoren eine große Rolle. So ist z. B. die Handlungsstruktur von Äußerungen (also die Frage nach dem Zweck einer Äußerung, ob sie zu etwas auffordern soll, etwas mitteilen will, etwas ausdrücken soll usw.) bestimmt von allen Gesetzen und Gegebenheiten, die das Handeln in einer Gesellschaft insgesamt bestimmen: Kommunikationsgegebenheiten, sprachliche Konventionen, Werte, institutionelle Gegebenheiten etc.[25]

Das Zusammenspiel aller dieser Faktoren in einer bestimmten Situation, einem bestimmten sprachlichen und außersprachlichen Kontext, ist die Voraussetzung dafür, daß wir bei manchen Äußerungen etwas anderes meinen oder verstehen können, als mit ihrer syntaktischen oder semantischen Aussage gesagt wurde. Ein Fall dieser Art, den Sie alle kennen, wäre die Äußerung: *Es zieht*, die in einer entsprechenden Situation als Aufforderung gemeint und verstanden werden kann. Die Aufforderung wird hier nicht direkt, mit einem Aufforderungssatz im entsprechenden syntaktischen Modus, sondern indirekt vollzogen.

Dieses Phänomen eines 'indirekten Sprechakts' wird in der linguistischen Pragmatik meist folgendermaßen beschrieben ('Illokution' bezeichnet dabei die Handlungsbedeutung einer Äußerung, also ob sie AUFFORDERND, DARSTELLEND, IN-KRAFT-SETZEND etc. ist; 'performative Verben' dienen zum Ausdruck und zum Vollzug von Handlungen, z. B. *taufen, schenken, versprechen* etc.):

"Nicht-direkt ist ein Sprechakt, wenn eine Dissoziation zwischen der intendierten kommunikativen Funktion und dem Satztyp der Äußerung oder einem in ihm enthaltenen performativen Verb bzw. einem anderen illokutiven Indikator besteht [...]."[26]

---

schaften. Hrsg. von RENATE BARTSCH UND THEO VENNEMANN. Kronberg/Ts. 1973. S. 113-125; ders.: Ausdruck und Bedeutung. Untersuchungen zur Sprechakttheorie. Frankfurt/M.: Suhrkamp ²1990 (Ersterscheinung: Cambridge 1979); WUNDERLICH, DIETER: Die Rolle der Pragmatik in der Linguistik. In: Der Deutschunterricht 22 (1970). S. 5-41; Studien zur Sprechakttheorie. Frankfurt/M.: Suhrkamp 1976. Zur Anwendung im (historischen) Bereich der Hebraistik und der alttestamentlichen Exegese vgl.: WAGNER, ANDREAS: Zum Problem von Nominalsätzen als Sprechhandlungen am Beispiel des SEGNENS im Althebräischen. Oder: Gibt es neben primär und explizit performativen Äußerungen eine dritte Kategorie von Äußerungen? Grazer Linguistische Studien 41 (1994). S. 81-93; ders.: Sprechakte und Sprechaktanalyse im Alten Testament. Untersuchungen an der Nahtstelle zwischen Handlungsebene und Grammatik. Mainz theol. Diss. [Masch.] 1995. Demnächst als Band in BZAW. Berlin/New York: Walter de Gruyter (Lit.!).

[25] Vgl. dazu: WAGNER, Sprechakte und Sprechaktanalyse im Alten Testament (S. Anm. 24). Kap. 4 (indirekte Sprechakte).

[26] EHRICH, VERONIKA/SAILE, GÜNTER: Über nicht-direkte Sprechakte. In: Linguistische Pragmatik 1972. S. 255-287. Hier S. 256.

"Ein Sprechakt ist dann indirekt ausgedrückt, wenn der mit sprachlichen Mitteln ange-
zeigte Illokutionstyp (nach der normalen Interpretation aller Illokutionsindikatoren) nicht
mit der primär intendierten illokutiven Funktion übereinstimmt."[27]

"Indirekter Sprechakt. Typ von Sprechakt, bei dem die vom Satztyp [...] des geäußerten Ausdrucks wörtlich indizierte Illokution von der tatsächlich vollzogenen Illokution
abweicht."[28]

Solche Vorgänge können konventionalisiert werden oder stärker vom Ein-
zel-Kontext abhängen. Der Sinn von indirekten Sprechakten liegt oft darin,
daß sie mit der sprachlichen (wörtlichen) Form, die sie bewahren, deren
Funktion sie aber nicht teilen, Assoziationen, Konnotationen u. a. transpor-
tieren, die eine Aussage, bei der Funktion und sprachliche Form überein-
stimmen, nicht vermitteln kann. So wird dieses Verfahren z. B. bei höf-
lichen Formulierungen oder Drohungen gebraucht, etwa bei der in der Literatur als Beispiel oft gebrauchten Äußerung *Es zieht!*, die natürlich nicht
einen Tatbestand feststellen, sondern eigentlich zum Schließen des Fensters
auffordern will; mit dieser Formulierung ist allerdings dem Angesprochenen ein großer interpretatorischer Spielraum gelassen; er kann der Aufforderung entsprechen, er kann aber auch klarstellen, daß er die Situation anders empfindet umd kommt durch die vermiedene direkte Aufforderung,
das Fenster zu schließen, nicht in die Verlegenheit, eine Bitte/Aufforderung
ablehnen zu müssen etc.[29]

3. Folgerungen

Betrachtet man auf diesem Hintergrund den unter 1. dargestellten Sachverhalt im Lobaufruf des imperativischen Hymnus, so läßt er sich hervorra-
gend mit der Konzeption der indirekten Sprechakte verstehen: Wir haben
bei den Textgruppen a) - d) aus Kap. 1. festgestellt, daß der Aufruf eigentlich kein 'echter' Aufruf ist, sondern die eigentliche Lobaussage enthält.
Trotzdem bleibt in diesen Texten der Imperativ erhalten, oberflächengram-
matisch handelt es sich um Aufforderungsformen, obwohl eine Aufforderung nicht eigentlich gemeint ist. Der Sachverhalt eines indirekten Sprechaktes ist hier also gegeben.

---

27 FRANCK, DOROTHEA: Zur Analyse indirekter Sprechakte. In: Beiträge zur Grammatik
    und Pragmatik. Hrsg. von VERONIKA EHRICH und PETER FINKE. Kronberg/Ts. 1975.
    S. 219-231. Hier S. 219.
28 BUßMANN, HADUMOD: Lexikon der Sprachwissenschaft, Stuttgart ²1990. S. 330.
29 Vgl. zur Analyse dieses Beispiels ausführlich: WUNDERLICH, DIETER: Arbeitsbuch Se-
    mantik. Königstein/Ts. 1980. S. 56-61.

Es ist aber nun weiter zu fragen, was dieser indirekte Sprechakt leistet; dabei sind die Leistungen auf zwei sprachlichen Ebenen auseinanderzuhalten:

i) Satz- bzw. Äußerungsebene: Auf der Satzebene liegt eine Äußerung vor, die also das Lob vollzieht, indem sie dazu auffordert. In die Bewegung des Sprechens wird der Gestus der Aufforderung hineingenommen; so bleibt ein gewisser appellativer Charakter gewahrt. Hier liegt eine Art 'rhetorischer Imperativ' (analog der rhetorischen Frage) vor.

Wie bei allen indirekten Akten wird über die Oberflächenstruktur etwas transportiert, was das Bedeutungsgefüge der Äußerung mit bestimmt; das unterscheidet den indirekten Akt von einer Lobvollzugsform im Indikativ. Ist es vielleicht die adäquateste Form, zum Lob aufzurufen, wenn man Gott loben will?

ii) Text- bzw. Gattungsebene: Der imperativische Anfang, der Lobaufruf, führt dazu, daß schon vom Anfang des Textes her die entsprechende Gattung, nämlich die des imperativischen Hymnus, indiziert wird. Das ist m. E, die entscheidendste Leistung dieses indirekten Sprechaktes: der Imperativ evoziert im Verstehensprozeß die Gattungsgegebenheiten, die das Verständnis des Gesamttextes von vorneherein kanalisieren; alles folgende soll als Hymnus, als Gotteslob verstanden werden.

iii) Bei den Texten der Gruppe a)-d) handelt es sich also um Hymnen, die zwar die Form eines Hymnus, nicht aber eine gottesdienstliche Situation voraussetzen. Über den Gebrauch der Form drückt sich aus, daß die in diesen Psalmen verhandelten Inhalte und Reflexionen als Gotteslob verstanden werden wollen.

iv) Hier schließt sich nun die Frage an, ob sich aus der Beobachtung indirekter Akte in den imperativischen Hymnen gattungsg e s c h i c h t l i c h e Schlüsse ziehen lassen, etwa der Art, daß die imperativischen Hymnen mit 'echtem' Lobaufruf für älter als diejenigen mit indirektem zu halten wären. Doch ist bei dieser Frage Vorsicht geboten; mit sprachlichen Argumenten allein kommt man hier nicht weiter; die Frage, ob direkte oder indirekte Sprechakte älter sind, liegt auf derselben Ebene wie das Problem, ob die echte Frage oder die rhetorische Frage älter ist; in dem uns zur Verfügung stehenden historischen Sprachmaterial (nicht nur des Hebräischen) ist das mit sprachwissenschaftlichen Einsichten bisher jedenfalls nicht zu entscheiden gewesen. So müssen sich Datierungsversuche der imperativischen Hymnen auf andere Argumente stützen.

v) Die hier angestellten Beobachtungen haben allerdings eine nicht unwesentliche Bedeutung für das Lesen des Psalters bzw. seiner (z.T. ehemals selbständigen) Teilsammlungen.

Das indirekte Verständnis des Lobaufrufes kann nämlich potentiell auf alle imperativischen Hymnen des Psalters bzw. einer Teilsammlung übertragen werden. Die Oberflächenstruktur ist ja überall dieselbe. Dieses Geschehen wird dann entscheidend, wenn in späterer Zeit, etwa bei der Zusammenstellung des Psalters, die hymnischen Texte, die ja kaum mehr im Kult gebräuchliche Texte waren[30], von dem indirekten Verständnis interpretiert und so sinnvoll weitertradiert werden konnten. Indirekt verstanden können alle Hymnen öffentlich oder privat als Aufführungs-, Bet- oder Reflexionsformen, die von der Grundhaltung des Lobes bestimmt sind, dienen, und das, wie gesagt, völlig unabhängig von jedem Kult.

Ausblick

Aus den Überlegungen zum indirekten Verständnis der Lobaufrufe in den imperativischen Hymnen ergeben sich einige methodische Konsequenzen für das Vorgehen bei der Sprachanalyse: Die Berücksichtigung der Handlungszusammenhänge von sprachlichen Äußerungen macht klar, daß Bedeutungsfragen nicht nur auf der Ebene der Semantik oder der Syntax liegen, sondern daß sie auch abhängen vom 'Gebrauch' einer Äußerung. Jede sprachliche Äußerung konstituiert sich unter bestimmten von Personen, Situationen und Funktionen etc. beeinflußten Gebrauchsbedingungen. Entscheidend ist die Erkenntnis des Einflusses solcher außersprachlicher Faktoren auf die sprachliche Bedeutung. Die Beobachtung und Erklärung eines 'rhetorischen Imperativs/Jussivs' als indirekter Sprechakt gehört damit nicht mehr (allein) auf die Analyseebene der Syntax oder Semantik, sondern mit ihr ist der Schritt in die (linguistische) Pragmatik getan. Auf diesem Weg wird auch die Hebraistik weiterzuschreiten haben.

---

[30] Vgl.: ZENGER, ERICH [u.a.]: Einleitung in das Alte Testament. (Kohlhammer Studienbücher Theologie Bd. 1.1) Stuttgart/Berlin/Köln ²1996. S. 249-255.

Zentrale Aspekte der Semantik der hebräischen Weg-Lexeme[1]

von Markus Zehnder, Basel

In der folgenden Untersuchung werden einige Beobachtungen zur Semantik der Weg-Lexeme der hebräischen Bibel aufgeführt, wobei der Schwerpunkt auf der Verwendung der Weg-Lexeme in metaphorischen Zusammenhängen einerseits und auf der Frage nach den Zusammenhängen zwischen Syntax und Semantik andererseits liegen soll.

Die Untersuchung gliedert sich in die folgenden drei Teile:

1) Eine kurze Übersicht über die verschiedenen Verwendungsweisen des zentralen Weg-Lexems der hebräischen Bibel, *dæræk*, ergänzt durch einen Vergleich mit den wichtigsten Weg-Lexemen in den Sprachen des Umfelds Israels.

2) Einige Besonderheiten der Wegmetaphorik der hebräischen Bibel, wiederum ergänzt durch einen Vergleich mit dem Umfeld Israels.

3) Erwägungen zum Verhältnis zwischen Syntax bzw. zwischen syntagmatischen Beziehungen und Semantik in bezug auf die Weg-Lexeme der hebräischen Bibel.

1. Übersicht über die Verwendungsweisen des zentralen Weg-Lexems der hebräischen Bibel (*dæræk*)

Das zentrale Weg-Lexem der hebräischen Bibel ist mit 706 Belegen *dæræk*. *dæræk* darf wohl als Produkt einer deverbalen Nominalisierung angesehen werden, abgeleitet vom vergleichsweise seltenen Verb *darak*, "treten", das 62x in der hebräischen Bibel belegt ist. Als Bestimmung der Grundbedeutung kann darum die Angabe von G. Sauer in seinem Artikel zu *dæræk* im THAT übernommen werden: "betretener und dadurch festgetretener Weg".[2]

---

[1] Beim vorliegenden Artikel handelt es sich um die leicht überarbeitete Fassung des am 24. Juli 1996 am SBL-Kongreß in Dublin gehaltenen Referates. Für detailliertere Hinweise zur Semantik der Weg-Lexeme der hebräischen Bibel sei auf die bei Prof. E. Jenni eingereichte, noch nicht publizierte Dissertation zur "Wegmetaphorik im Alten Testament - Eine semantische Untersuchung der alttestamentlichen und altorientalischen Weg-Lexeme mit besonderer Berücksichtigung ihrer metaphorischen Verwendung" (Diss. Basel, 1996) verwiesen.

[2] G. Sauer, Art. "דרך" 457.

Von den 706 Belegen sind fünf zu emendieren (Streichung in Jes 35,8A; Jer 2,17; Ez 42,1A; Ersetzung durch ein anderes Lexem in Ez 42,4 und Am 8,14); in fünf weiteren Fällen ist der Textzusammenhang, in dem *dæræḵ* auftaucht, unverständlich (2 Sam 15,23; Jes 3,12; Ps 50,23; 85,14; Thr 3, 11). So bleiben insgesamt 696 sichere und semantisch klassifizierbare Belege übrig.

Was nun die Bestimmung des Bedeutungsfeldes von *dæræḵ* angeht, gibt es methodisch nur eine Möglichkeit, nämlich das Nachschlagen jedes einzelnen Beleges. Das scheint banal - wenn auch zeitaufwendig -, aber schon ein kurzer Blick in die Literatur zum Thema zeigt, daß dieser methodische Grundsatz nicht so selbstverständlich befolgt wird. So findet sich in einer der neuesten Publikationen zur Wegmetaphorik in der hebräischen Bibel, in einem 1992 erschienenen Aufsatz mit dem Titel "Gott und Mensch auf dem Weg - einige Hinweise zur hebräischen Bibel, ausgehend von Jes 55,9" die Bemerkung: "*dæræḵ* wird selten eindeutig nur in geographisch-räumlichem Sinn verwendet".[3] Dazu ist zu bemerken, daß eine Durchsicht der Belegstellen ergibt, daß in etwa 46 % - also nahezu in der Hälfte aller Fälle - *dæræḵ* nicht im sogenannt übertragenen, sondern im konkret-räumlichen Sinn verwendet wird.

Im einzelnen sieht das Bild der Verwendungsweisen von *dæræḵ* wie folgt aus (vgl. Graphik "Bedeutungsfeld von דרך" S. 170):

Insgesamt lassen sich etwa 60 verschiedene Bedeutungsfärbungen von *dæræḵ* unterscheiden, die sich nach semantischen Beziehungs- bzw. Abhängigkeitsverhältnissen ordnen lassen (die Verbindungslinien in der Graphik zeigen schematisch die semantischen Beziehungen zwischen den verschiedenen Bedeutungsfärbungen an, wobei zwischen der einen und der benachbarten Färbung jeweils eine oder mehrere semantische Komponenten hinzukommen oder wegfallen). Die Bedeutungsfärbungen lassen sich in vier Hauptklassen untergliedern: Zuunterst die räumlichen Verwendungsweisen mit der *core meaning* (in der Graphik eingerahmt); dann die räumlich-dynamischen Verwendungsweisen in der Mitte; dann die "Aktions-" und "Passions-bezogenen" Verwendungsweisen, d.h. Verwendungsweisen, bei denen der Aspekt des Handelns oder des Ergehens im Vordergrund steht (Ergehensaspekt links oben in der Graphik). Wie in der Graphik ersichtlich, lassen sich noch feinere Unterteilungen vornehmen: Im unteren Bereich zuunterst verschiedene semantische Spezifizierungen innerhalb des räumlich-statischen Bereichs; nach oben zu die Übergänge zum räumlich-dynamischen Bereich; weiter innerhalb des dynamischen, d.h. auf den Aspekt der Bewegung fokussierten Bereichs, im oberen Teil die Übergänge zu den

---

3   F. Mathys, Gott und Mensch auf dem Weg 20.

Handlungs-orientierten Verwendungsweisen; im dritten Hauptbereich nach oben hin das Hinzutreten des Aspekts der moralischen oder religiösen Bewertung, der im unteren Bereich noch fehlt; bei der Bedeutungsfärbung "Lebensweg" schließlich findet sich die Schnittstelle zwischen Handlungs- und Ergehens-fokussierenden Verwendungsweisen, wobei hier beide Aspekte miteinander verbunden sind. Auf zwei wichtige Bereiche muß ebenfalls hingewiesen werden: Rechts neben der Bedeutungsfärbung "Lebensweg" die Verwendungsweisen mit Einbezug des modalen Aspekts, und rechts oben das Gehen und Wirken Gottes, das abzuheben ist von den räumlichen Wegen, der Bewegung, dem Handeln und dem Ergehen der Menschen.

Die Grenze zwischen nicht-metaphorischen und metaphorischen Verwendungsweisen ist zwischen dem Bewegungs- und dem Handlungs-orientierten Bereich zu ziehen, denn bis zur Bedeutungsfärbung "Gang" (bzw. "Gehen Gottes") ist die räumliche Komponente immer mindestens implizit noch vorhanden, während sie im Bereich des Unternehmens fehlt.

Noch ein Wort zur statistischen Verteilung der einzelnen Bedeutungsfärbungen: Die beiden Hauptgruppen der räumlich-statischen Verwendungsweise ("bestimmter Weg" / "bestimmter Weg mit Lokalisationsangabe") stellen einen Anteil von fast 20 % aller Belege von _dæræk_;[4] den Bedeutungsfärbungen im dynamischen Bereich sind knapp 10 % der Belege zuzuordnen. Am häufigsten finden sich Belege, die den Bedeutungsklassen "Lebenswandel" und "von Gott gebotener Lebenswandel" angehören; ca. 35 % aller Belege entfallen allein auf diese zwei Bedeutungsklassen.[5] Relativ selten da-

---

4   Zur Bedeutungsgruppe "bestimmter Weg" sind die folgenden 54 Belege zu zählen: Gen 38,16.21; 42,38; Num 22,22.23A/B/C.31.34; Dtn 1,33A/B; 2,27A/B; 17,16; 19,3; 28, 68; Jos 2,22; 3,4B; Jdc 9,25; 1 Sam 4,13; 9,6.8; 24,4.8; 26,3; 2 Sam 16,13; 1 Reg 11, 29; 13,12A/B.24B.25.28; 18,6A/B; 20,38; 2 Reg 2,23; 7,15; Jer 31,21; 42,3; 48,19; Ez 21,26A/B; 42,11A.12B/C; 44,3B; 46,8B; Nah 2,2; Prov 26,13; Ruth 1,7; Esr 8,31; Neh 9,12.19A/B. Zur Bedeutungsgruppe "bestimmter Weg mit Lokalisationsangabe" sind die folgenden 73 Belege zu zählen: Gen 3,24; 16,7; 24,27; 35,19; 38,14; 48,7B; Ex 13,17f.; Num 14,25; 20,17; 21,1.4A.22.33; Dtn 1,2.19.40; 2,1.8A/B; 3,1; 11,30; Jos 2,7; 8,15; 10,10; 12,3; Jdc 8,11; 9,37; 20,42; 1 Sam 6,9.12B; 13,17.18A/B; 17, 52; 2 Sam 2,24; 4,7; 13,34; 15,2(.23); 18,23; 2 Reg 3,8B; 9,27; 11,16.19; 25,4 A/B; 15,5; Jer 39,4A/B; 52,7A/B; Ez 9,2; 42,12D.15; 43,4A; 44,1.3A.4; 46,2.8A.9A/B/C/ D/E; 47,2A/B.15; 48,1; Hos 6,9; Hi 24,18; Prov 7,8; Thr 1,4.

5   Zur Bedeutungsgruppe "Lebenswandel" sind die folgenden 153 Belege zu zählen: Gen 6,12; Jdc 2,19; 1 Reg 2,4; 8,25[.32].39; 13,33; 15,26.34; 16,2.19.26; 22,53A/B/C; 2 Reg 8,18.27; 16,3; 17,13; 21,21; Jes (3,12;) 8,11; 55,7; 57,17f.; 65,2; 66,3; Jer 2,33 B; 3,21; 4,18; 6,27; 7,3.5; 15,7; 16,17; 17,10; 18,11A/B; 22,21; 23,22; 25,5; 26,3.13; 32,19A/B; 35,15; 36,3.7; Ez 3,18.19; 7,3f.8f.27; 9,10; 11,21; 13,22; 14,22f.; 16,43. 47A/B.61; 18,23.30; 20,30.43f.; 22,31; 23,13.31; 24,14; 28,15; 33,8.9A/B.11A/B.20 B; 36,17A/B.19.31f.; Hos 4,9; 12,3; Jon 3,8.10; Sach 1,4.6; Ps 1,1; 2,12; 36,5; 37, 14; 39,2; (50,23;) 107,17; 119,1.5.168; Hi 4,6; 13,15; 21,31; 22,3; 23,10; 24,23; 31, 4; 34,21; Prov 1,15.31; 2,12f.20; 3,31; 4,14.26; 5,8.21; 7,25; 8,13; 10,9; 11,20; 12, 15.26; 13,6.15; 14,2.8.12A.14; 15,9; 16,2.7.17.25A.29; 19,16; 21,2.8.29; 28,6.10.

gegen sind die hauptsächlichen Verwendungsweisen im Bereich des Ergehens mit nur etwa 5 % der Belege. Insgesamt findet sich *dæræk* häufiger in
Prosatexten als in poetischen Texten (hier lautet das Verhältnis etwa 60 %
zu 40 %); auffällig ist in diesem Zusammenhang die Beobachtung, daß in
den Prosatexten die nicht-metaphorischen Verwendungsweisen mit 80 %
dominieren, während umgekehrt in den poetischen Texten zwei Drittel der
Belege als metaphorisch zu klassifizieren sind.

Was bei dieser kurzen Übersicht besonders auffallen mag, ist die große
Variationsbreite des Bedeutungsfeldes von *dæræk*. Nun führt ein Blick auf
die zentralen Weg-Lexeme der Sprachen des Umfelds Israels die Besonderheiten und Konturen des semantischen Profils von *dæræk* noch schärfer vor
Augen.[6]

Im Akkadischen sind insbesondere die folgenden, "funktional analogen"
Lexeme in Betracht zu ziehen: *alaktu, girru, ḫarrānu, kibsu, padānu, ṭūdu*
und *urḫu*, wobei unter dieser Gruppe *alaktu* und *ḫarrānu* als besonders ge-
wichtig herausgehoben werden dürfen. Diese Auswahl von Lexemen macht
bereits deutlich, daß die Wegterminologie im Akkadischen breiter ausgebildet ist als im biblischen Hebräisch. Während im biblischen Hebräisch insgesamt zehn Lexeme zu nennen sind, deren Grundbedeutung mit "Weg" oder
"Straße" angegeben werden kann,[7] sind es im Akkadischen 28. Ein Blick auf
die eben genannten zentralen akkadischen Weg-Lexeme führt folgende Cha-

---

18; 29,27; Thr 3,40; 2 Chr 6,16[.23].30; 7,14; 21,6.13; 22,3; 27,6; 28,2. Zur Bedeutungsgruppe "von Gott gebotener Lebenswandel" sind die folgenden 80 Belege zu zählen: Explizite Form (46 Belege): Gen 18,19; Ex 32,8; Dtn 5,33; 8,6; 9,12.16; 10,12;
11,22.28; 13,6; 19,9; 26,17; 28,9; 30,16; Jos 22,5; Jdc 2,22; 2 Sam 22,22; 1 Reg 2,3;
3,14; 8,58; 11,33.38; 2 Reg 21,22; Jes 42,24; 63,17; 64,4; Jer 5,4f.; 7,23; Sach 3,7;
Mal 2,9; Ps 18,22; 37,34; 81,14; 86,11; 95,10; 119,3.37; 128,1; 143,8; Hi 21,14; 23,
11; 24,13; 34,27; 2 Chr 6,31; 17,6; implizite Form (34 Belege): Ex 18,20; Dtn 31,29;
Jdc 2,17; 1 Sam 8,3.5; 12,23; 1 Reg 8,36; 22,43; 2 Reg 22,2; Jes 30,11.21; 48,17; Jer
6,16B; 18,15A; 32,39; Mal 2,8; Ps 25,8.12; 32,8; 101,2.6; 139,24B; Hi 17,9; 31,7;
Prov 8,32; 23,19.26; 2 Chr 6,27; 11,17; 17,3; 20,32; 21,12A/B; 34,2.

6   Damit ist zugleich ein weiterer Aspekt der Methodik semantischer Untersuchungen ange-
     sprochen: Für die Bestimmung des semantischen Profils eines Lexems der hebräischen
     Bibel sind nicht nur die Beziehungen zu seinen - etwas vereinfachend und summarisch
     ausgedrückt - "benachbarten" Lexemen zu berücksichtigen (also zu den Synonymen und
     Antonymen, Hypernymen und Hyponymen usw.); sondern es erweist sich als sehr er-
     hellend für die Bestimmung der über den engeren Rahmen der Semantik hinausgehen-
     den konzeptionellen Eigenart eines Lexems, wenn dieses mit funktional analogen Lexe-
     men der Sprachen des Umfelds verglichen wird. Ich sage "funktional analog", weil sich
     ein zwischensprachlicher Vergleich nicht auf die Untersuchung wurzelverwandter Lexe-
     me beschränken darf, sondern besonders auch diejenigen Lexeme zu berücksichtigen
     hat, denen im entsprechenden Wortfeld der Vergleichssprache eine vergleichbare Rolle
     zukommt wie dem hebräischen Lexem.

7   אֹרַח ,דֶּרֶךְ ,מַהֲלָךְ ,מְסִלָּה ,מָסְלוּל ,מַעְגָּל ,מִשְׁעוֹל ,נְתִיבָה/נָתִיב ,שְׁבִיל ,שׁוּק.

rakteristika, die im Vergleich mit den hebräischen Weg-Lexemen besondere Erwähnung verdienen, zutage:

Ausgesprochen häufig werden im Akkadischen Weg-Lexeme mit Bezug auf die Leber und damit zugleich auf den Bereich der Hepatoskopie und weitere Omina-Phänomene, verwendet. Weiter fällt die häufige Verwendung der akkadischen Weg-Lexeme mit Bezug auf den militärischen und den merkantilen Bereich auf. Ebenso ist der häufige Bezug auf den kultischen Bereich zu nennen, wobei die Verwendung der akkadischen Weg-Lexeme hier sowohl den statischen ("Prozessionsstraße") als auch den dynamischen Bereich ("Prozession") betrifft. Nicht selten bezeichnen akkadische Weg-Lexeme auch Bahnen am Himmel oder die Bewegung von Planeten oder Göttern. Schließlich ist darauf hinzuweisen, daß bei einigen akkadischen Weg-Lexemen eine Verlagerung der semantischen Fokussierung vom Vorgang der Bewegung auf das Subjekt der Bewegung feststellbar ist - ein Phänomen, das in der hebräischen Bibel nur in der Homonymie von ʾoraḥ "Pfad" und "Karawane" eine Parallele findet.

Diese knappe Auswahl macht bereits deutlich, wie aus dem Vergleich funktional analoger Lexeme verschiedener Sprachen nicht nur im engeren Sinn semantische, sondern auch kulturelle und theologische Akzentuierungen deutlich werden. So wird aufgrund des Vergleichs der hebräischen mit den akkadischen Weg-Lexemen z.B. deutlich, daß sich die in der hebräischen Bibel breit bezeugte Ablehnung der Mantik unmittelbar auf der lexikalischen und semantischen Ebene niederschlägt. Ebenso wird deutlich, daß etwa die Bereiche "Militär" und "Handel" in den Gesellschaften des akkadischen Sprachbereichs einen höheren Stellenwert eingenommen haben dürften als in derjenigen des Alten Israel; allerdings ist dieser etwas pauschale Rückschluß von der lexikalischen auf die kulturelle Ebene in diesem Fall nur bedingt zulässig, da die unterschiedlichen Gewichtungen der militärischen und merkantilen Tätigkeiten auch mit der unterschiedlichen Art des Quellenmaterials in den beiden Sprachbereichen zusammenhängen. Weniger Zurückhaltung wird man bei der letzten Beobachtung, die im Zusammenhang dieses ersten Teils genannt werden soll, üben müssen: Ein Vergleich mit den Weg-Lexemen des Ägyptischen zeigt, daß diese außerordentlich häufig mit Bezug auf den Bereich des Jenseits, sowohl auf die statischen Wege in der stark ausgeprägten Jenseits-Geographie als auch auf die Bewegungen der Götter und der seligen Toten, verwendet werden. Im Unterschied dazu finden die Weg-Lexeme in der hebräischen Bibel auf den Bereich jenseits der Grenze des Todes keine Anwendung. Damit spiegelt sich wiederum direkt auf der semantischen Ebene, in der Verwendungsweise der Weg-Lexeme, das auffällige Phänomen wieder, daß sich das Alte Testament gegenüber den teilweise breit ausgestalteten Jenseitsvorstellungen seiner

Umwelt weitgehend unempfänglich zeigt. Und man wird wohl kaum zu weit
gehen, wenn man darin eine Bestätigung der Grundtendenz sieht, daß der
Mensch des Alten Testaments dazu neigt, über Dinge, die seiner Wahrnehmung entzogen sind, nicht zu spekulieren, sondern die Grenzen der menschlichen Wahrnehmung zu respektieren.[8] Ähnlich darf wohl auch das fast
vollständige Fehlen der im Umfeld Israels häufigen Verwendung der Weg-
Lexeme zur Bezeichnung von kosmischen Wegen in der hebräischen Bibel
gedeutet werden. Weiter ist hier zu erwähnen, daß sich die hebräischen
Weg-Lexeme - anders als im Akkadischen, Ugaritischen und Ägyptischen,
wo mit den Weg-Lexemen nicht selten auch eine räumliche (häufig astrale)
(Fort-)Bewegung eines Gottes ausgesagt wird - nur ganz selten auf ein Gehen Gottes beziehen. Der "Weg Gottes" meint im Alten Testament meist
Gottes Weisung, in einigen Fällen auch sein Handeln. Wo von Gottes Gehen
die Rede ist (v.a. Nah 1,3 und Hab 3,6), ist zugleich auch sein Handeln im
Blick; nur wo auf das Mitgehen mit dem Volk beim Exodus aus Ägypten referiert wird, tritt der Aspekt einer räumlichen Fortbewegung Gottes stärker
in den Vordergrund (z.B. Ps 77,20). Von Gotteswegen im Sinne von räum-
lich lokalisierbaren Größen im Bereich des Himmels oder der Unterwelt,
wie sie in akkadischen und ägyptischen Texten breit ausgemalt werden, ist
im Alten Testament nicht die Rede. Ebensowenig hat im Alten Testament
die Deifizierung eines Weges Raum.[9]

2. Ausgewählte Besonderheiten der Wegmetaphorik in der hebräischen Bibel

Wegmetaphern finden sich in fast allen biblischen Büchern; ihr Schwerpunkt liegt in den Proverbien, weiter in den Psalmen, bei Ezechiel, Jeremia
und Jesaja, in dieser Reihenfolge nach abnehmender Häufigkeit; relativ zahlreich sind Wegmetaphern auch im Hiobbuch, in 1/2 Regnum und im Deuteronomium.

In den metaphorischen Verwendungsweisen der Weg-Lexeme müssen
drei Hauptklassen unterschieden werden - wobei es hier um eine Unterscheidung geht, die durchaus nicht nur für die Weg-Lexeme Gültigkeit hat. Zunächst ist die Gruppe der sog. banalen, konventionellen oder epiphorischen
Metaphern zu nennen, der *clichés*. In diesen Fällen ist die Lebendigkeit der
Metapher gering, sie hat geringe suggestive Kraft, da die Analogien zwischen den durch den metaphorischen Ausdruck miteinander in Beziehung

---

8 Vgl. dazu H. Gese, Die Frage des Weltbildes 205-215.
9 Selbst die als bloßes poetisches Stilmittel zu verstehende Personifizierung findet sich nur
   an einer Stelle (Thr 1,4).

gebrachten Primär- und Sekundärgegenständen bei weitem überwiegen. Solche Metaphern sind relativ leicht durch Ein-Wort-Umschreibungen in nicht-bildlicher Redeweise zu übersetzen. In bezug auf die Wegmetaphorik sind diese epiphorischen Metaphern weitaus am häufigsten anzutreffen. Von diesen Metaphern sind die lebendigeren Metaphern zu unterscheiden, die sog. diaphorischen Metaphern.[10] Diese weisen eine hohe suggestive Kraft auf, da die Disanalogien zwischen den durch den metaphorischen Ausdruck in Beziehung gebrachten Primär- und Sekundärgegenständen überwiegen. Diese im Bereich der Wegmetaphorik eher selten anzutreffenden Metaphern finden sich v.a. dort, wo mit "Weg" auf die Aspekte "Lebensweg, Lebensmöglichkeit, Lebensweise" und "Ergehen" referiert wird oder auch dort, wo es um das Wirken Gottes geht. In diesen Fällen ist es oft nicht nur schwierig, eine angemessene und einfache nicht-metaphorische Umschreibung für das an einer entsprechenden Stelle verwendete Weg-Lexem zu finden, sondern in einigen Fällen ist es auch nicht möglich, den betreffenden Beleg einer bestimmten Bedeutungsklasse zuzuordnen; an diesen Stellen muß von einem Oszillieren der Bedeutung zwischen verschiedenen semantischen Klassen gesprochen werden. Bei der Bedeutungsklassifizierung der Belegstellen kann man diesem Phänomen nur Rechnung tragen, indem zusätzlich zu den in der Graphik eingetragenen Bedeutungsklassen auch Mischklassen eingeführt werden.

Als Beispiel für eine epiphorische Metapher mag der Spruch aus Ez 9,10 dienen: וְגַם־אֲנִי לֹא־תָחוֹס עֵינִי וְלֹא אֶחְמֹל דַּרְכָּם בְּרֹאשָׁם נָתָתִּי "... ich habe ihren Wandel auf ihr Haupt gegeben". *dæræk* steht hier als konventionelle Metapher für den Lebenswandel, so wie an über 150 anderen Stellen in der hebräischen Bibel, insgesamt 36x allein im Ezechielbuch.

Als Beispiel für eine diaphorische Metapher mag der Vers 28 aus Hi 22 dienen: וַתִּגְזַר־אוֹמֶר וְיָקָם לָךְ וְעַל־דְּרָכֶיךָ נָגַהּ אוֹר "... und über deinen Wegen strahlt Licht". Durch die Wendung "Licht strahlen über" wird die konkret-räumliche Komponente von *dæræk* aktiviert und so die Lebendigkeit der Metapher durch die Spannung zwischen abstrakten und konkreten Bezügen erhöht. Eine Umschreibung des Weg-Lexems ist zwar möglich, aber es schwingen verschiedene Aspekte mit: zum einen der Aspekt der Unternehmung, zum anderen der Aspekt des Lebenswandels, und schließlich lassen sich auch Bezüge zu den Bedeutungsfärbungen "Lebensweg" und "Ergehen" feststellen.

---

10 Zur Einteilung der Metaphern in epiphorische und diaphorische Metaphern siehe E.R. Mac Cormac, A Cognitive Theory of Metaphor 38-42.87-89.

Die Unterscheidung zwischen epiphorischen und diaphorischen Metaphern ist eine graduelle und in manchen Fällen nur mit größter Zurückhaltung vorzunehmen.

Nun ist noch auf eine dritte Art von metaphorischen Verwendungsweisen
der Weg-Lexeme hinzuweisen, eine Art von metaphorischen Verwendungsweisen, die häufig - und in den Beschreibungen der Wegmetaphorik m.W.
bisher immer - übergangen wird. Es geht dabei um Metaphern, bei denen
das Weg-Lexem nicht als Skopus der Metapher, sondern als bloß aus-
schmückendes Begleitelement in einem größeren Bildzusammenhang fun-
giert. Das Weg-Lexem bezieht sich in diesen Metaphern nennend auf den
Skopus der Metapher, nicht aber auf die außertextliche Wirklichkeit. Es
geht hier also um die Funktion der Weg-Lexeme als Textteile, die - um es
in der Terminologie des Metapher-Theoretikers A.J.B.N. Reichling zu sagen - bei konjunktiver Verwendung nur im Bild ihr Denotat haben.[11] Als
Beispiel sei auf den zweiten Teil des Dan-Spruches verwiesen, Gen 49,17a:
יְהִי־דָן נָחָשׁ עֲלֵי־דֶרֶךְ שְׁפִיפֹן עֲלֵי־אֹרַח "Dan soll eine Schlange am Weg sein,
eine Otter am Pfad". In solchen Fällen bildet das Weg-Lexem Teil eines
größeren metaphorischen Zusammenhangs, weist aber auf der bildinternen
Ebene eine dem konkret-räumlichen Bereich angehörende Bedeutungsfärbung auf. Die Bedeutung auf der zweiten, auf die Wirklichkeit außerhalb
des Bildes bezogenen Ebene, läßt sich nicht präzis umschreiben. Möglich ist
nur, die Bedeutung des Bildes als Ganzes in nicht-metaphorische Sprache zu
übersetzen.

Zu den inhaltlichen Aspekten der Wegmetaphorik der hebräischen Bibel
läßt sich - wiederum auswahlsweise und überblicksmäßig, und wiederum
mit dem vergleichenden Einbezug des Umfeldes Israels - Folgendes sagen:

Das Schwergewicht der Wegmetaphorik liegt in den Bereichen des Lebenswandels bzw. der *Ethik* und - quantitativ zurücktretend - der *Geschichte* und des Lebensweges bzw. des Ergehens, wobei - anders als v.a. im Akkadischen - die inhaltliche Bestimmung des Lebenswandels und des Ergehens stark ausdifferenziert wird. Besonders auffallend sind dabei die folgenden Punkte:

- Charakteristisch - und geradezu einmalig - ist, mit welcher Konsequenz
das alttestamentliche Ethos in den Rahmen des Bundesverhältnisses zwischen
JHWH und Israel gestellt wird. Von daher bekommt der den Weisungen
Gottes entsprechende Lebenswandel seinen typischen Antwort- (und *imita-
tio*-)Charakter. Damit ist zum einen ausgeschlossen, daß die Bemühung um
einen guten Lebenswandel sich mit der Absicht verbindet, auf diese Weise

---

[11] Siehe A.J. Bjørndalen, Untersuchungen zur allegorischen Rede der Propheten Amos
und Jesaja 30ff.

das "Heil" zu erlangen; und zum anderen ist damit ausgeschlossen, daß der Lebenswandel zu einem Bereich wird, dem höchstens eine sekundäre religiöse Bedeutung zukommt, weil er nicht unmittelbar mit dem Willen Gottes in Beziehung zu bringen ist. Dagegen lassen sich die beiden Tendenzen in jeweils verschiedener Ausprägung im Umfeld Israels beobachten.

- Als "gut" wird ausschließlich derjenige Lebenswandel bezeichnet, der den Weisungen Gottes oder der Weisheit entspricht.

- Ein guter Wandel führt zuletzt zwar fast durchweg zu einem guten Ergehen; aber auffallend häufig ist davon die Rede, daß damit keineswegs die Bewahrung vor jeder Not auf dem Lebensweg einhergeht, sondern daß im Gegenteil mit zahlreichen und heftigen Anfechtungen durch menschliche Feinde und zuweilen auch durch Gott selber zu rechnen ist.[12] Dabei ist festzustellen, daß die Schilderung der Not des Frommen einen Umfang einnimmt, der im Umfeld Israels nirgends erreicht wird. Durchweg wird aber daran festgehalten, daß die Hilfe Gottes in diesen Anfechtungen in Anspruch genommen werden kann und daß man des Beistandes Gottes in der Not gewiß sein darf.

- Auf der anderen Seite wird festgestellt - mit Ausnahme einiger Stellen v.a. bei Hiob (Hi 21; 24; 34; vgl. auch z.B. Ps 10,5) -, daß ein schlechter Lebenswandel zuletzt immer in einem schlechten Ergehen mündet. Aber dieses Bild erhält ebenfalls eine Modifikation: Es ist damit zu rechnen, daß der Frevler vorübergehend prosperieren kann, so daß es den Anschein hat, daß sich ein schlechter Lebenswandel besser bezahlt macht als ein guter.

- In diesem Zusammenhang ist hinzuweisen auf die Frage nach dem Konnex von Tun und Ergehen. Wie eben gesagt, wird der unmittelbare Konnex zwar auffallend häufig in Frage gestellt, aber an keiner Stelle, an der er im Zusammenhang einer Wegmetapher verankert wird, wird er grundsätzlich aufgebrochen. Im Gegenteil wird dadurch, daß im selben Lexem die Aspekte des Handelns und des Ergehens miteinander unlösbar verbunden werden, der Zusammenhang von Tun und Ergehen in der größtmöglichen terminologischen Zuspitzung behauptet.

- Als Motiv zur Einhaltung eines gottgefälligen und zur Vermeidung eines gottlosen Lebenswandels wird primär auf die Folgen des jeweiligen Verhaltens hingewiesen. Daneben finden sich aber weitere Motive: Gottesfurcht (z.B. Ps 44,20.22); Dankbarkeit für das vorausgehende Gnadenhandeln Gottes (z.B. Dtn 8,6ff.); inhärente Schönheit des Gesetzes (z.B. Ps 119, 103).

---

12 Zur Bedrohung des Lebenswegs des Frommen durch menschliche Feinde siehe z.B. Ps 56,7; 57,7; 142,4. Zur Bedrohung des Lebenswegs des Frommen durch Gott selber siehe z.B. Ps 102,24; Thr 1,13; 3,9.

- Es kommt zwar vor, daß auf den eigenen guten Lebenswandel hingewiesen wird, um Gott zu einem helfenden Eingreifen zu bewegen; nie aber wird der gute Lebenswandel als ein Verdienst verstanden, welches Gott dazu zwingen könnte, sich dem Menschen gegenüber so zu verhalten, wie er es will. Ein "nötigender Automatismus", wie er zuweilen im israelitischen Umfeld beobachtet werden kann, findet sich in der hebräischen Bibel allem Anschein nach nicht.

- Die Beurteilung der Qualität eines Lebenswandels liegt im letzten ausschließlich bei Gott (vgl. Ps 119,168; Hi 31,4; 34,21; Prov 5,21; 16,2; 21,2). Dieser Gedanke ist zwar auch der Umwelt Israels nicht fremd; er wird dort aber nicht mit der gleichen Strenge durchgehalten, da die eigene Beurteilung und die Beurteilung Dritter eine größere Rolle spielen und da es "Techniken" gibt, die das Urteil Gottes beeinflussen können. Ohne direkte Parallele ist die alttestamentliche Vorstellung, daß sich der Mensch - aufgrund seiner beschränkten moralischen Einsichtsfähigkeit - über die Qualität seines Wandels auch quasi unwillentlich täuschen kann (Prov 14,12; 16,2.25; 21,2).

- Auffallend häufig findet sich die Aufforderung zur Umkehr vom bösen Lebenswandel, die zumeist an das eigene Volk, und da wiederum in besonderem Maße an die führenden Schichten, gerichtet wird.[13] Wenigstens soweit dieser Umkehrruf sich auf den mit Weg-Lexemen bezeichneten Lebenswandel und nicht etwa bloß auf den kultischen Bereich - z.B. die rechte Verehrung eines bestimmten Gottes - bezieht, steht dieses Phänomen ohne vergleichbare Parallele im israelitischen Umfeld da. Soweit die schriftlichen Zeugnisse dies sichtbar machen, ist es zu einem solchen Maß an Selbst- und Führungskritik in der Umwelt Israels nicht gekommen. Hinzu kommt die ebenfalls beispiellose Verheißung, daß JHWH selber für eine innere Umkehr seines Volkes sorgen wird (Jer 3,21; Hos 14,5).

- Ohne direkte Parallele ist die umfassende Interpretation der ganzen Existenz des einzelnen als "Weg", und zwar als Weg unter dem persönlichen Mit-Gehen JHWHs. Daß sich hier die Bedingungen der (halb)nomadischen Existenz der Väter (und der Wanderungen der Exoduszeit) niederschlagen, ist wahrscheinlich. Indem das Mit-Gehen JHWHs nicht nur vom König, sondern von jedem (frommen) Glied des Volkes ausgesagt wird, läßt sich hier die auch in anderen Bereichen feststellbare Tendenz der "Demokratisierung" des JHWH-Glaubens beobachten.

- Daß nicht nur das Leben eines einzelnen, sondern die Geschichte eines ganzen Volkes, ja "Geschichte" überhaupt, unter dem Stichwort des Weges

---

13 Besonders häufig findet sich der Umkehrruf bei den Propheten Jeremia und Ezechiel; siehe z.B. Jer 7,3.5.7; 18,11f.; 25,5; 26,3.13; 35,15; 36,2f.7; Ez 3,18; 13,22; 18,23; 33, 11.14f. Vgl. weiter 2 Reg 17,13; Jes 30,15; 55,7 u.v.a.

subsumiert wird, ist ein Vorgang, der sich nur in Israel beobachten läßt (siehe z.B. Jes 40,14; 55,8f.). Die Geschichte des Volkes bekommt damit eine eminent teleologisch-eschatologische Prägung, die dem Umfeld Israels fremd ist. Ebenso fremd ist diesem Umfeld die ausdrückliche Einbeziehung der ganzen Völkerwelt - unter Wahrung ihrer eigenständigen Existenz neben derjenigen Israels - in das eschatologische Ziel der Wege Gottes. Am ausgeprägtesten findet sich diese "Weg-Geschichts-Theologie" bei Dtjes, mit dem breiten Rückgriff auf die Exodus-Weg-Traditionen.

Abschließend zu diesem Punkt ist festzuhalten, daß die verschiedenen metaphorischen Verwendungsweisen der Weg-Lexeme im Hebräischen quantitativ wesentlich stärker vertreten sind als in den Sprachen des israelitischen Umfelds. Besonders im Akkadischen ist die Anzahl der metaphorischen Verwendungsweisen gemessen an der großen Anzahl der Belege von Weg-Lexemen auffallend gering. Was die Bandbreite an unterschiedlichen Verwendungsweisen innerhalb des metaphorischen Bereichs betrifft, läßt sich sagen, daß diese im Hebräischen stärker ausgebildet ist als in den Sprachen des israelitischen Umfelds. Neben den konventionelleren Metaphern finden sich hier auch feine Nuancierungen, die oftmals nur mit wenigen Belegen vertreten sind und offensichtlich als spontanes Produkt der poetischen Sprach- und Vorstellungskraft des Verfassers zu verstehen sind. In diesen spontanen Sprach- und Sinnschöpfungen drückt sich eine geistige Beweglichkeit aus, die - in bezug auf die Wegmetaphorik - in den Vergleichstexten des Umfelds nicht im gleichen Maß zu erkennen ist. Umgekehrt läßt sich feststellen, daß - entsprechend der geographischen Gegebenheiten - im Ägyptischen die Wegmetaphorik durch eine vergleichbare Wasser-Metaphorik ergänzt wird ("gehen auf dem Wasser von jdm.", in Analogie zu "gehen auf dem Weg von jdm."), eine Ergänzung, die sich im Hebräischen nicht finden läßt.[14]

---

[14] Immerhin kann etwa מָקוֹר "Quelle" eine den Weg-Lexemen analoge metaphorische Funktion übernehmen; siehe z.B. Prov 14,27. Zudem kann etwa statt "auf geradem Weg" die Wendung "auf festem Grund" stehen oder statt "auf gebahntem Weg" "auf weitem Raum" usw.

3. Erwägungen zum Verhältnis zwischen Syntax bzw. syntagmatischen Beziehungen und Semantik in bezug auf die Weg-Lexeme der hebräischen Bibel

Zu diesem Punkt ist zunächst grundsätzlich festzuhalten, daß die Unterscheidung der einzelnen Bedeutungsklassen wesentlich auf den syntagmatischen Beziehungen der Weg-Lexeme beruht - was natürlich nicht nur für die Weg-Lexeme gilt. Bedeutungsunterscheidende Funktion kommt dabei primär den Kollokationen mit bestimmten Verbklassen und den Constructus-Verbindungen zu. So wird etwa die Verbindung eines Weg-Lexems mit dem Verb שמר, wie sie z.B. in Ps 39,2a vorliegt (בִּלְשׁוֹנִי אָמַרְתִּי אֶשְׁמְרָה דְרָכַי מֵחֲטוֹא "Ich sprach: Ich will meine Wege davor bewahren, mit meiner Zunge zu sündigen"), den betreffenden Beleg der Bedeutungsklasse "Lebenswandel", d.h. "moralisch oder religiös bewertetes Verhalten", zuweisen, während etwa die Verbindung mit dem Verb ישב, wie sie z.B. in 1 Sam 4,13a vorliegt (וַיָּבוֹא וְהִנֵּה עֵלִי יֹשֵׁב עַל־הַכִּסֵּא יַד דֶּרֶךְ "und er kam, und siehe! Eli saß auf dem Stuhl zur Seite des Weges"), den betreffenden Beleg einer räumlichen Bedeutungsklasse zuweist. Die Constructus-Verbindung דרך יַם־סוּף (z.B. in Num 14,25) weist den Beleg von dæræk dem räumlich-statischen Bereich zu, während die Verbindung דרך חשך (Prov 2,13) eine Zuweisung zur Bedeutungsgruppe "Lebenswandel" nahelegt.

Bei einer Durchsicht sämtlicher Belege stellt sich allerdings heraus, daß die Verhältnisse nun doch um einiges komplizierter sind, v.a. was die Kollokationen mit bestimmten Verbklassen angeht. Das läßt sich z.B. an der am häufigsten belegten Verbindung mit einem Verb, nämlich mit *halak* (eine Verbindung, die bei *dæræk* in über 100 Fällen vorkommt), beobachten. Sätze wie וַנִּסַּע מֵחֹרֵב וַנֵּלֶךְ ... דֶּרֶךְ הַר הָאֱמֹרִי "und wir brachen auf vom Horeb und gingen ... auf dem Weg zum Berg der Amoriter" (Dtn 1,19) sind ebenso gut möglich wie וַיֵּלֶךְ בְּדֶרֶךְ מַלְכֵי יִשְׂרָאֵל "und er ging auf dem Weg der Könige Israels" (2 Reg 8,18a). Das Problem liegt hier darin, daß das Verb, in diesem Fall *halak*, selber verschiedenen semantischen Klassen (geistiger Bereich, räumlicher Bereich) zugehören kann, so daß die Kollokation mit einem solchen Verb noch nicht entscheiden kann, welcher semantischen Klasse das Weg-Lexem zuzuordnen ist. Im zuletzt zitierten Beispiel wird das Problem dadurch gelöst, daß die Verbindung von *dæræk* mit מלכי ישראל die semantische Zuordnung eindeutig macht; aber in manchen Fällen ermöglicht erst die Einbeziehung des weiteren Kontextes eine Entscheidung über die vorzunehmende semantische Klassifizierung. Es geht hier um das semantische Zirkel-Phänomen, daß die Bedeutung eines Wortes erst aufgrund seines Kontextes genau bestimmbar ist, während umgekehrt auch die

Bedeutung des Zusammenhangs erst aufgrund der Bedeutung der einzelnen Glieder bestimmbar wird. Das Problem ist in den schwierigeren Fällen nur so zu lösen, daß in mehreren Durchgängen, quasi spiralförmig zwischen den Polen Einzelwort und Textzusammenhang sich höher windend, die Bedeutungen von Einzelwort und Textzusammenhang bestimmt werden.

Zu erwähnen ist, daß auch bei den Constructus-Verbindungen die Dinge nicht immer so klar auf der Hand liegen, wie das auf den ersten Blick scheinen mag. So scheint die Verbindung בדרך מצרים in Am 4,10a (שִׁלַּחְתִּי בָכֶם דֶּבֶר בְּדֶרֶךְ מִצְרַיִם "Ich sandte auf euch eine Pest auf dem Weg Ägyptens") zunächst nahezulegen, an einen räumlichen Weg nach Ägypten zu denken; der weitere Kontext macht dann aber deutlich, daß an der vorliegenden Stelle *dæræk* im Sinne von "Art und Weise", d.h. mit einer Dominanz der modalen Komponente, zu verstehen ist.

Die Einbeziehung des weiteren Kontextes bereitet aber in gewissen Fällen Probleme. So ist nicht immer klar, wo die Grenze zu ziehen ist, bei der angenommen werden darf, daß die innerhalb dieser Grenze liegenden semantischen Felder die Bedeutung eines untersuchten Weg-Lexem-Beleges affizieren. Wenn etwa ein Weg-Lexem in der ersten Hälfte eines Psalms auftaucht, in der primär die Themen "rechte Lebensführung" und "Schuld" behandelt werden, und dann am Ende des zweiten Teils des Psalms auch auf das Ergehen des Beters referiert wird, ist die Entscheidung, ob im betreffenden Weg-Lexem nur Komponenten, die auf das Verhalten Bezug nehmen, oder auch solche, die auf das Ergehen Bezug nehmen, schwierig und manchmal nur unter Vorbehalt zu treffen. Immerhin wird man sich bei solchen schwierigen Fällen am Grundsatz orientieren dürfen, daß nur mit Bedeutungskomponenten zu operieren ist, die von anderen Stellen her klar belegt sind.

Neben dem Einfluß der syntagmatischen Beziehungen auf die semantische Klassifikation von Weg- und anderen Lexemen ist ein Blick auf die Frage zu werfen, ob sich direkte Beziehungen zwischen grammatischer Funktion und semantischem Profil der Weg-Lexeme feststellen lassen. Aufs Ganze gesehen fällt die Antwort negativ aus. Ein Weg-Lexem kann als Subjekt, direktes Objekt, als Teil einer adverbiellen Ergänzung oder in anderer Weise fungieren, unabhängig davon, welcher semantischen Klasse es zugehört. In Sätzen wie בְּנִי אַל־תֵּלֵךְ בְּדֶרֶךְ אִתָּם "mein Sohn, geh nicht auf dem Weg mit ihnen" (Prov 1,15a) und וַיֵּלֶךְ בַּדָּרֶךְ "und er zog hin auf dem Weg" (1 Sam 24,8bβ) besteht kein Unterschied in der grammatischen Funktion des Weg-Lexems, und doch ist die Bedeutung von *dæræk* im einen Fall einer Handlungs-orientierten, im anderen Fall einer räumlich-statischen Bedeutungsklasse zuzuordnen.

Nun gibt es aber doch einige - allerdings nicht sehr häufig belegte - Bedeutungsklassen, bei denen ein unmittelbarer Zusammenhang zwischen grammatikalischer Funktion und semantischer Qualität besteht. Am augenfälligsten sind die 36 Fälle, in denen *dæræk* in präpositionaler Funktion verwendet wird.[15] In diesen Fällen ist die Bedeutung von *dæræk* in etwa mit "in Richtung" anzugeben. Nebenbei sei bemerkt, daß es eine solche präpositionale Verwendung nur bei *dæræk*, bei keinem anderen Weg-Lexem des Hebräischen gibt, und auch bei keinem anderen eigentlichen Weg-Lexem einer Sprache aus dem Umfeld Israels.

Ein Zusammenhang zwischen Grammatik und Semantik ist auch in bezug auf das Geschlecht von *dæræk* angenommen worden. Das Geschlecht von *dæræk* ist nicht eindeutig festgelegt. An denjenigen Stellen, an denen das Geschlecht bestimmbar ist, finden sich sowohl feminine (58 Belege) als auch maskuline (55 Belege) Verwendungen;[16] in vier Fällen folgt auf einen Beleg von *dæræk* im einen Genus unmittelbar ein weiterer Beleg im anderen Genus (Jer 6,16; 31,9; Prov 14,12; 16,25). Nun hat D.A. Dorsey den Versuch unternommen, die Verwendung der Genera nach semantischen Kriterien aufzuschlüsseln:[17] Seiner Ansicht nach ist *dæræk* überall dort fem., wo eine räumlich-statische oder eine räumlich-dynamische Bedeutungsfärbung vorliegt, ebenso bei metaphorischen Verwendungsweisen, bei denen die konkret-räumliche Dimension von *dæræk* noch stärker spürbar ist, und schließlich dort, wo *dæræk* eine Unternehmung bezeichnet. Mask. sei *dæræk* dort, wo es von einer Reise heißt, daß sie weit (*rabù*) ist, dort, wo *dæræk* "Richtung" bedeutet, und schließlich in allen bildhaften Verwendungsweisen, bei denen die konkret-räumliche Dimension nicht mehr spürbar ist.

Diese Verbindung von grammatikalischer Eigenschaft des Geschlechts und der Semantik vermag nicht recht zu überzeugen. Denn zum einen muß D.A. Dorsey mit einer Reihe von Ausnahmen rechnen; und zum anderen ist die Unterscheidung zwischen metaphorischen Verwendungsweisen, bei denen der konkret-räumliche Aspekt noch mitschwingt und solchen, bei denen das nicht der Fall ist, nicht scharf genug zu ziehen. Einzig der Beobachtung, daß bei der Verwendung im räumlich-statischen Bereich *dæræk* in der Regel in der femininen Form auftritt, ist zuzustimmen.[18]

---

[15] 1 Reg 8,44B.48; 18,43; 2 Reg 3,20; Jer 4,11; 50,5; Ez 8,5A/B; 21,2; 40,6.10.20.22. 24 A/B.27A/B.32.44A/B.45f.; 41,11f.; 42,1B.7.10.11B.12A.15B; 43,1f.4B; 47,2C; 2 Chr 6,34B.38. Von den 36 Belegen finden sich 28 (ca. 78 %) im Ezechielbuch; 34 Belege (gut 94 %) finden sich in Prosatexten.

[16] Nach R. Ratner, *Derek* 471, sind 61 maskuline und 55 feminine Belege zu zählen.

[17] Siehe D.A. Dorsey, The Roads 220f.

[18] Zu den Ausnahmen siehe D.A. Dorsey, The Roads 221f.

Stichhaltiger sind die syntaktischen Beobachtungen von R. Ratner, der festgestellt hat, daß in Relativsätzen *dæræḵ* immer als Femininum behandelt wird.[19] Die einzige Schwierigkeit liegt hier darin, daß wegen der Möglichkeit des Ausfalls von אֲשֶׁר die Relativsätze nicht immer als solche erkennbar und von anderen Sorten untergeordneter bzw. abhängiger Sätze zu unterscheiden sind.

Den Beobachtungen von R. Ratner kann eine weitere angefügt werden: In praktisch allen Fällen, in denen auf *dæræḵ* in Form eines an die Präpositionen Beth und Min (oder ʿal) angefügten Singular-Suffixes referiert wird, wird *dæræḵ* als Femininum behandelt;[20] umgekehrt wird in allen Fällen, in denen auf *dæræḵ* in Form eines an die Präposition Beth angefügten Plural-Suffixes referiert wird, *dæræḵ* als Maskulinum behandelt. Es kann also angenommen werden, daß neben syntaktischen auch morphologische bzw. phonematische Faktoren einen gewissen Einfluß auf das Geschlecht von *dæræḵ* ausüben, wobei anzufügen ist, daß in den vorliegenden Belegen sich die beiden Faktoren zu einem guten Teil überschneiden.

Zitierte Literatur

BIØRNDALEN, A.J. - Untersuchungen zur allegorischen Rede der Propheten Amos und Jesaja (Berlin/New York, 1986)

DORSEY, D.A. - The Roads and Highways of Ancient Israel (Baltimore/London, 1991)

GESE, H. - Die Frage des Weltbildes (in: H. Gese, Zur biblischen Theologie, Tübingen, 1983, 202-222)

MAC CORMAC, E.R. - A Cognitive Theory of Metaphor (Cambridge [Mass.], 1985)

MATHYS, F. - Gott und Mensch auf dem Weg - Einige Hinweise zur hebräischen Bibel, ausgehend von Jes. 55,9 (in: P. Michel, Symbolik von Weg und Reise, Bern u.a., 1992, 19-28)

RATNER, R. - *Derek*: Morpho-syntactical Considerations (Journal of the American Oriental Society 107, 1987, 471-473)

SAUER, G. - Art. "דֶּרֶךְ" (in: THAT I, 456-460)

---

19 Siehe R. Ratner, *Derek* 472f.

20 Einzige Ausnahmen: In Jes 30,21 folgt auf הַדֶּרֶךְ זֶה nicht בָהּ לֵכוּ, sondern בוֹ לְכוּ; in Ez 46,9E heißt es בוֹ אֲשֶׁר־בָּא הַשַּׁעַר דֶּרֶךְ יָשׁוּב; und in 1 Reg 22,43 steht nicht מִמֶּנָּה, sondern מִמֶּנּוּ. Im Falle von 1 Reg 22,43 ist die textliche Bezeugung allerdings nicht ganz eindeutig, lesen einige Manuskripte doch מִמֶּנָּה; im Falle von Ez 46,9E ist mit der Möglichkeit zu rechnen, daß sich בוֹ auf שַׁעַר und nicht auf דֶּרֶךְ bezieht. Und sowohl bei Jes 30,21 als auch bei 1 Reg 22,43 fällt auf, daß es sich nicht (unbedingt) um abhängige Relativsätze, sondern um eigenständige (nebengeordnete) Sätze handelt.

1. Bedeutungsfeld von דרך

von Gott gebotener Lebenswandel

[=Gebot]

Wirken Gottes

Verb. Tun/Erg.; Vergeltungsh.

Heilswirken

Schöpfungshandeln

Gehen Gottes

Gehen

Zutritt

Spur

seines Weges ziehen

unterwegs

Reise

Gang

Strecke — Raum

Vollzug

kosm.-myth. Weg

"eschatologische Wunderstrasse"

rechter Weg

best. Weg; best. Weg mit Lokalis.

Wandel von

rel. Verh.

pol. Verh.

geschl. Verh.

VTE

moral. Einzeltat

Lebenswandel

Unternehmen

(mehrere Unternehmungen)

Feldzug

Richtung

Kurs

Route

Prozession/Wallfahrt

Art und Weise

Handlungsweise

Lebensweise

Tun und Lassen

Weg am Himmel

Weg im Meer

Weg, zu

Sterben

Schicksal; Ergehen

schicksalhafte Lebensführung

Lebensweg

Lebensmöglichkeit

Boden

draussen

(irgendein [unbest.] Weg)

(mehrere best. Wege)

gezeichneter Weg

Pilgerweg

Gebiet

[Rampe]

Torweg

Subjects Preceded by the Preposition ʼet in Biblical Hebrew

by Tamar Zewi, Haifa

1. Biblical Hebrew syntax reveals an extensive use of at least two known ways of topicalizing sentence members, namely (1) e x t r a p o s i t i o n process, forming a construction also familiar as casus pendens or compound sentence, and (2) active verbs becoming p a s s i v e, when a sentence member in an original role of an object becomes a subject.

The process of extraposition and the process of converting active into passive are quite clear, and have many references in general linguistic literature as well as Semitic. However, since both constructions require a certain modification in a supposed original sentence structure, they might develop sentence types which exhibit incomplete transformations. These incomplete transformations are frequently considered as ungrammatical and treated in syntax descriptions of Semitic languages as exceptions.

This paper is aimed at presenting and defining these constructions as incomplete modifications, evolving from an incomplete extraposition process or an incomplete transition from active into passive.[1] In Biblical Hebrew these constructions are revealed in structures where a preposition, especially ʼet, precedes certain sentence members which undoubtedly function as subjects in all other manners, be it in sentences involving extraposition or passive sentences.

The interpretation suggested here is to see these constructions as caught within the process of transferring a direct object into a grammatical subject of a sentence. This interpretation is a linguistic generalization of the consideration that the appearance of the particle ʼet, as well as a few other prepositions before subjects, is an attraction supposedly from original object construction.

This so-called attraction was felt by several scholars, some of whom suggested certain emendations to a number of texts in order to convert them into ‚correct‘ syntax.[2] Muraoka, for instance, follows this line of thought

---

1 Other incomplete transformations, i.e. of verbal sentences transforming into cleft sentences in Semitic, are treated in Gideon Goldenberg‘s paper „Imperfectly-Transformed Cleft Sentences“ (Goldenberg 1977).

2 This is assumed by e.g. Gesenius regarding passive constructions in Kautzsch 1910: 387-388, note 1, and Joüon regarding extraposition in Joüon 1947:370, §125J, n.4.

when he says that „a good number of examples can be explained as influenced by the more or less immediately preceding transitive construction".[3] He
also says that the impersonal passive „has its origin in the corresponding active construction."[4] Muraoka suggests seeing a hybrid passive construction
in most of the instances with *'et* before subjects.[5]

The clear subject role fulfilled by the sentence part following *'et* brought
up several possible explanations for this phenomenon. One main explanation
suggests that the particle *'et* is capable of introducing subjects. This interpretation concentrates on changing or enlarging the role of the particle *'et*
instead of taking it as a remnant of an accusative particle in a construction
that has lost its accusative nature. This suggestion is made, for instance, by
Hoftijzer (1965)[6] and, to some extent, also by Andersen (1971).[7]

An opposite explanation, referring to the appearance of *'et* before subjects in impersonal passive constructions, is that of Blau (1978), who insists
on regarding the sentence part that follows *'et* as an object and object only.[8]
In an earlier paper (Blau 1954) Blau treats many cases of *'et* introducing
alleged subjects and he tries to prove that the majority of instances actually
are an attraction from an object status. None of them can be explained only
as a subject.[9] This explanation, although basically true concerning the origin
of the position of the sentence part introduced by *'et*, does not define the
partial change in the syntactical status of the object in at least some of the
modified constructions.

Another possibility is to regard the structure of *'et* before subjects in
passive constructions as indicating an ergative feature, that is, that the object

---

Also see e.g. Albrecht 1929, Blau 1954, 1956, and other references in Muraoka
   1985:156, note 137.

[3] Muraoka 1985:153f.

[4] Muraoka 1985:156.

[5] Muraoka 1985:158.

[6] Hoftijzer considers *'et* before subjects a „subject determinative" (Hoftijzer 1965:19-21).

[7] Andersen indicates that „.... in Hebrew ,accusative' is used for what is called subject"
   (Andersen 1971:14). For this view also see Kautzsch 1910:365, §117I. Other references are cited in Blau 1978:89-91, §5, Muraoka 1985:146, note 114 and Waltke &
   O'Connor 1990:177-179, especially p. 177, note 29, 30. See also Brockelmann 1913:
   127, §66. Macdonald presents Samaritan material, and sums up that „in the later form of
   Northern Israelite (Classical) Hebrew at least, את did come in for a much wider range of
   usages than has hitherto been allowed by the great majority of commentators" (Macdonald 1964:275).

[8] Blau 1978:92, §6. Blau also treats impersonal subjects in Blau 1954:13-14, §6.

[9] Blau 1954:7. Whenever it is evident that the sentence part introduced by *'et* is definitely
   a subject, Blau gives other explanations for the appearance of *'et*, e.g. influenced by an
   object status in previous sentences (Blau 1954:8, §1, 9-10, §2), etc. Blau's views are
   repeated in Blau 1956.

of the causal transitive verb is marked by the same particle as the subject of the intransitive verb. This is expressed by Andersen[10] and more or less also by Khan. Khan indicates that the constructions with ʾet before subjects „evince traces of ‚active'-type (quase-ergative) morphology".[11]

The possibility of taking the ʾet as emphatic or intensifying particle, as suggested by several scholars,[12] is extensively examined by Muraoka (1985). His conclusions are that structures employing independent ʾet do not present any emphatic force, and can be explained by other means.[13] A continuation of the emphatic interpretation can be found also in a suggestion expressed by Kirtchuk (1993), who considers the function of ʾet as a pragmatic particle, which at least historically used to mark the rheme (i.e. logical predicate) of a sentence.[14] This view should be confronted together with other views speaking of emphasis, although it is expressed in a more linguistic terminology.

Muraoka, Blau and several other scholars mentioned above are generally right in taking the majority of appearances of ʾet before subjects as related to object status. Muraoka even recognizes the hybrid nature of this structures.[15] Nevertheless, none treats these constructions as though their hybrid nature deserved a separate linguistic description. All the more so, none of the scholars describes these constructions in terms of grammatical objects caught in the process of becoming grammatical subjects, and thus able to be entitled „logical subjects".

The purpose of this paper, therefore, is not only to suggest that the best way to explain these constructions is by understanding them as hybrid sentences in transition, but also to define the syntactical position of the grammatical object in the process of becoming a grammatical subject as a logical subject.

---

10 Andersen 1971, Waltke & O'Connor 1990:178. Waltke & O'Connor reject this theory, since ʾet is widely used in other constructions in Biblical Hebrew. See also Müller 1985:406-410, 1995:264, although he is mainly interested in the Akkadian stative and parallel Semitic forms. For this topic see also Müller 1988:173-184. For the common definition of ergativity see Dixon 1994:1, 18-22.

11 Khan 1984:496-497.

12 E.g. Kautzsch 1910:365-366, §117m. On applying an intensive or an emphatic force to ʾet in extraposition, see Joüon 1947:370, §125j, and as regards passives ibid:383-385, §128b. This view is attacked by Albrecht 1929:274. Other references are in Blau 1954: 7, and ibid.: note 1, Blau 1978:90, note 16 and Muraoka 1985:146-152. Other views interpreting the special appearances of ʾet as emphatic are expressed by Walker (Walker 1955) and by Saydon (Saydon 1964:197, 210).

13 That is a relation to original structures, and even some textual emendations, but in no way emphasis (Muraoka 1985:152-158).

14 Kirtchuk 1993:106, 127-128.

15 Muraoka 1985:158, and see above.

As to the function and meaning of the particle 'et itself, it is considered a particle introducing direct objects and no more. All the special explanations suggested for the structures in which 'et introduces subjects do not evolve from a different function or meaning of this particle, but from a change in the word order, in the place of the object within the sentence and, as concerns passive constructions, in the transformation of the verb from active into passive.

The following sections present in two separate issues (1) constructions in transition from simple sentences to extrapositions with an object becoming an extraposed subject, and (2) constructions in transition from active into passive.

2. Constructions in Transition from Simple Sentences to Extrapositions

2.1 An extraposition requires a syntactical transformation of one or a few words to a different position, mainly the beginning of a sentence. This transformation is usually, although not always, accompanied by an addition of a retrospective pronoun, which refers to the extraposed sentence part. The retrospective pronoun might fulfill various syntactical roles in the sentence, namely attribute, adverb, direct or indirect object, predicate and subject. Examples of these roles are as follows:

attribute

Genesis 17:15 - כִּי שָׂרָי אֶת־שְׁמָהּ לֹא־תִקְרָא אִשְׁתְּךָ שָׂרַי וַיֹּאמֶר אֱלֹהִים אֶל־אַבְרָהָם שָׂרָה שְׁמָהּ - „And God said to Abraham, ‚As for your wife Sarai, you shall not call her Sarai, but her name shall be Sarah.'"[16]

adverb

Deuteronomy 12:11 - שָׁמָּה שְׁמוֹ שָׁם לְשַׁכֵּן בּוֹ אֱלֹהֵיכֶם יְהוָה אֲשֶׁר־יִבְחַר הַמָּקוֹם וְהָיָה אֶתְכֶם מְצַוֶּה אָנֹכִי אֲשֶׁר כָּל־אֵת תָּבִיאוּ - „Then you must bring everything that I command you to the site where the Lord your God will choose to establish his name."

The English translation does not reflect the extraposition structure. Literally it should be translated: ‚Then the site where the Lord your God will choose to establish his name, you must bring everything that I command you to this place.'

direct object

Genesis 23:11 - נְתַתִּיהָ לְךָ בּוֹ־אֲשֶׁר וְהַמְּעָרָה לָךְ נָתַתִּי הַשָּׂדֶה שְׁמָעֵנִי אֲדֹנִי לֹא - „No, my lord, hear me: I give you the field and I give you the cave that is in it."

The English translation does not reflect the extraposition structure. Literally, the translation is: ‚And the cave that is in it, I gave it to you.'

---

16 The translations of the verses into English are based on the *JPS*.

indirect object

רַק חֲטָאֵי יָרָבְעָם בֶּן־נְבָט אֲשֶׁר הֶחֱטִיא אֶת־יִשְׂרָאֵל לֹא־סָר יֵהוּא - 2 Kings 10:29
מֵאַחֲרֵיהֶם - „However, Jehu did not turn away from the sinful objects by which
Jeroboam son of Nebat had caused Israel to sin."

Again, the English translation does not reflect the extraposition. Literally, it
should be translated: ‚The sinful objects by which Jeroboam son of Nebat
had caused Israel to sin, Jehu did not turn away from them.'

predicate

וַיֹּאמֶר הָאָדָם הָאִשָּׁה אֲשֶׁר נָתַתָּה עִמָּדִי הִוא נָתְנָה־לִּי מִן־הָעֵץ וָאֹכֵל - Genesis 3:12
„The man said, ‚The woman you put at my side - she gave me of the tree, and I ate.'"[17]

subject

וּבְנֵי הַגְּדוּד אֲשֶׁר הֵשִׁיב אֲמַצְיָהוּ מִלֶּכֶת עִמּוֹ לַמִּלְחָמָה וַיִּפְשְׁטוּ - 2 Chronicles 25:13
בְּעָרֵי יְהוּדָה - „The men of the force that Amaziah had sent back so they would not go
with him into battle made forays against the towns of Judah."

Once more the English translation does not express extraposition. The use
of conversive *wāw* between the subject and the verbal predicate clearly
marks an extraposition.[18]

Interesting instances are Genesis 24:14 and 43-44, where the syntactical
role of the extraposed part is changed. Thus, Genesis 24:14 - וְהָיָה הַנַּעֲרָ
אֲשֶׁר אֹמַר אֵלֶיהָ הַטִּי־נָא כַדֵּךְ וְאֶשְׁתֶּה וְאָמְרָה שְׁתֵה וְגַם־גְּמַלֶּיךָ אַשְׁקֶה אֹתָהּ
הֹכַחְתָּ לְעַבְדְּךָ לְיִצְחָק - „Let the maiden to whom I say, ‚Please, lower your
jar that I may drink,' and who replies, ‚Drink, and I will also water your
camels' - let her be the one whom you have decreed for your servant Isaac."
In this verse וְהָיָה הַנַּעֲרָ אֲשֶׁר אֹמַר אֵלֶיהָ הַטִּי־נָא כַדֵּךְ וְאֶשְׁתֶּה וְאָמְרָה שְׁתֵה
וְגַם־גְּמַלֶּיךָ אַשְׁקֶה is the extraposed part, and it plays a role of a direct object
in the predicate clause as can be seen by the retrospective pronoun after the
preposition *'et* in אֹתָהּ.

The role of this extraposed part is changed in the parallel verses 43-44
of the same chapter, where it becomes the predicate of the predicate clause:
הִנֵּה אָנֹכִי נִצָּב עַל־עֵין הַמָּיִם וְהָיָה הָעַלְמָה הַיֹּצֵאת לִשְׁאֹב וְאָמַרְתִּי אֵלֶיהָ
הַשְׁקִינִי־נָא מְעַט־מַיִם מִכַּדֵּךְ: וְאָמְרָה אֵלַי גַּם־אַתָּה שְׁתֵה וְגַם לִגְמַלֶּיךָ אֶשְׁאָב
הִוא הָאִשָּׁה אֲשֶׁר־הֹכִיחַ יְהוָה לְבֶן־אֲדֹנִי - „As I stand by the spring of water,
let the young woman who comes out to draw and to whom I say, ‚Please, let
me drink a little water from your jar,' and who answers, ‚You may drink,

---

[17]   On understanding the function of the personal pronoun as predicate rather than subject,
see Zewi 1994:162-164, §11. This consideration opposes Muraoka, who sees the personal pronoun as subject (Muraoka 1985:98-99).

[18]   For these examples and many others, see Driver 1892:264-274, §196-§201, Muraoka
1985:93-99, Khan 1988:67-74.

and I will also draw for your camels' - let her be the wife whom the Lord
has decreed from my masters's son."[19]

2.2 An important group of instances for the subject discussed in this paper
are those which have prepositional particles introducing an extraposed sentence part as well as its resumptive pronoun. Such instances were collected
by Khan and classified according to the type of preposition.[20] From the
point of view of syntactical role, the extraposed elements that are introduced by prepositions actually still serve, at least partially, as indirect and direct objects. Instances for this phenomenon are:

direct object

Judges 11:24 - הֲלֹא אֵת אֲשֶׁר יוֹרִישְׁךָ כְּמוֹשׁ אֱלֹהֶיךָ אוֹתוֹ תִירָשׁ וְאֵת כָּל־אֲשֶׁר הוֹרִישׁ
יְהוָה אֱלֹהֵינוּ מִפָּנֵינוּ אוֹתוֹ נִירָשׁ - „Do you not hold what Chemosh your god gives you
to possess? So we will hold on to everything that the Lord our God has given us to
posses."

1 Kings 22:14 - וַיֹּאמֶר מִיכָיְהוּ חַי־יְהוָה כִּי אֶת־אֲשֶׁר יֹאמַר יְהוָה אֵלַי אֹתוֹ אֲדַבֵּר -
„‚As the Lord lives,' Micaiah answered, ‚I will speak only what the Lord tells me.‘"

indirect object

Genesis 2:17 - וּמֵעֵץ הַדַּעַת טוֹב וָרָע לֹא תֹאכַל מִמֶּנּוּ - „But as for the tree of
knowledge of good and bad, you must not eat of it."

1 Samuel 9:20 - וְלָאֲתֹנוֹת הָאֹבְדוֹת לְךָ הַיּוֹם שְׁלֹשֶׁת הַיָּמִים אַל־תָּשֶׂם אֶת־לִבְּךָ לָהֶם -
„As for your asses that strayed three days ago, do not concern yourself about them."

Ezekiel 33:13 - וּבְעַוְלוֹ אֲשֶׁר־עָשָׂה בּוֹ יָמוּת - „But for the iniquity that he has committed
he shall die."

Since this paper is interested in subjects preceded by the preposition 'et in
Biblical Hebrew, it is very important to prove that 'et is not different from
other prepositions before extraposed subjects. If one considers 'et as capable
of introducing subjects as well as objects only on account of its appearance
before extraposed subjects, which are definitely objects of their predicate
clause, then a similar role should be ascribed to other prepositions as well.
Since no one claims that other prepositions precede subjects as part of their
syntactical function, but only occasionally in relation to the role of the extraposed subject in the predicate clause of extraposition, no such claim
should be attributed to the preposition 'et either.

As to the syntactical status of the extraposed sentence part preceded by
'et or other prepositions, it should generally be explained as a logical sub-

---

[19] For the predicate interpretation of the personal pronoun, see Zewi 1994:162-164, §11.
Note that the English translations give equal syntactical status to the resumptive pronouns in the predicate clause of the extraposition constructions.

[20] Khan 1988:75-76, §1.1-§1.7.

ject of an extraposition. This type of extraposition as a whole, should be regarded as a unique type of hybrid nature, which is found in transition from simple sentence to extraposition. The preposition 'et does not serve any special function in these cases, but it maintains its role of introducing objects. Wherever there is use of 'et before an extraposed subject the tension between grammatical object and logical subject still remains. This tension totally disappears only when a complete transition into the status of subject of an extraposition establishes itself by the omission of all signs of an original object status.

This partly modified construction has a lot in common with instances, where only word order of sentences including an object is changed, as in 1 Kings 14:11 - הַמֵּת לְיָרָבְעָם בָּעִיר יֹאכְלוּ הַכְּלָבִים וְהַמֵּת בַּשָּׂדֶה יֹאכְלוּ עוֹף הַשָּׁמָיִם - „Anyone belonging to Jeroboam who dies in the town shall be devoured by dogs; and anyone who dies in the open country shall be eaten by the birds of the air." In this case there is no use of a preposition at all, but generally, instead of double marking the object by 'et, one finds here no marking of an object or an extraposition at all. The only meaningful sign of a construction in a transition to extraposition is the initial position of the objects.[21]

The construction of extraposition, in which 'et introduces an extraposed sentence part, cannot therefore support in any way an interpretation of the 'et as a particle of emphatic nature or of marking subjects as well as objects. The 'et clearly maintains its original nature as introducing objects and objects only. If there is any emphatic nuance in an extraposed subject preceded by 'et, it evolves from the extraposition construction only. There still remains another construction to examine, that of passive subject preceded by 'et. This is discussed below.

3. Constructions in a Transition from Active to Passive

3.1 A syntactical construction of passive in Biblical Hebrew is no different from other languages including non-Semitic. The main features forming passive construction are (1) a special form for a passive verb and (2) a direct object becoming a subject. When there is a special preposition used before the direct object it is omitted. This is clearly the case for Biblical Hebrew, which usually omits the particle 'et before a subject in a passive construction, as can be demonstrated, for instance, by Genesis 4:24 - כִּי

---

21 Other instances presenting change in the normal word order of objects in relation to an extraposition process are cited in Driver 1892:279-281, §208 and Muraoka 1985:37-41.

שִׁבְעָתַיִם יֻקַּם־קָיִן וְלֶמֶךְ שִׁבְעִים וְשִׁבְעָה - „If Cain is avenged sevenfold, then Lamech seventy-sevenfold".

3.2 Nevertheless, there are several syntactical constructions where the process of transition from active into passive is already discernible, but incomplete. A sentence part is transformed to the beginning of a sentence, or it takes the role of a subject, but it still keeps at least one mark of its original status in the sentence. Thus, one finds in Biblical Hebrew many instances in which the verb is completely transformed into passive, the subject and the verb have identical number and gender, but the subject is still introduced by ʾet.

The perfect agreement between the subject and the verb in these constructions is the strongest argument for considering them as hybrid passive forms. Therefore, these constructions cannot serve for proving role for the particle ʾet additional to that of introducing objects. The ergative explanation does not hold here either, since the number of instances is too small, and in the majority of passive cases ʾet is truly omitted.

Examples of such constructions in Biblical Hebrew are:

2 Samuel 21:22 - אֶת־אַרְבַּעַת אֵלֶּה יֻלְּדוּ לְהָרָפָה בְּגַת - „Those four were descended from the Raphah in Gath."

2 Kings 18:30 - וְלֹא תִנָּתֵן אֶת־הָעִיר הַזֹּאת בְּיַד מֶלֶךְ אַשּׁוּר - „This city will not fall into the hands of the king of Assyria."

Jeremiah 36:22 - וְהַמֶּלֶךְ יוֹשֵׁב בֵּית הַחֹרֶף בַּחֹדֶשׁ הַתְּשִׁיעִי וְאֶת־הָאָח לְפָנָיו מְבֹעָרֶת - „Since it was the ninth month, the king was sitting in the winter house, with a fire burning in the brazier before him."[22]

To these instances one might add those in which the verb is 1st pers. sg. m. and the subject preceded by ʾet agrees with it in number and gender. On the one hand the verb is 1st pers. sg. m. and it therefore might be impersonal. On the other hand there is grammatical agreement between the verb and the subject introduced by ʾet.

Examples of such constructions in Biblical Hebrew are:

Genesis 4:18 - וַיִּוָּלֵד לַחֲנוֹךְ אֶת־עִירָד - „To Enoch was born Irad."

Genesis 17:5 - וְלֹא־יִקָּרֵא עוֹד אֶת־שִׁמְךָ אַבְרָם - „And you shall no longer be called Abram."

---

[22] The following instance, Genesis 29:27 - מַלֵּא שְׁבֻעַ זֹאת וְנִתְּנָה לְךָ גַּם־אֶת־זֹאת, might fit this group, if the verb וְנִתְּנָה is understood as 3rd pers. f. passive in Nifʿal, but if it is understood as lengthened imperfect in 1st pers. pl. Pāʿal verb, as in the *JPS* translation - „Wait until the bridal week of this one is over and we will give you that one too," it does not belong here.

2 Samuel 21:11 - וַיֻּגַּד לְדָוִד אֵת אֲשֶׁר־עָשְׂתָה רִצְפָּה בַת־אַיָּה פִּלֶגֶשׁ שָׁאוּל - „David was told what Saul's concubine Rizpah daughter of Aiah had done."

1 Kings 18:13 - הֲלֹא־הֻגַּד לַאדֹנִי אֵת אֲשֶׁר־עָשִׂיתִי בַּהֲרֹג אִיזֶבֶל אֵת נְבִיאֵי יְהוָה - „My lord has surely been told what I did when Jezebel was killing the prophets of the Lord."

Jeremiah 35:14 - הוּקַם אֶת־דִּבְרֵי יְהוֹנָדָב בֶּן־רֵכָב - „The commands of Jonadab son of Rechab have been fulfilled."[23]

3.3 A more difficult problem exists in those instances where the subject preceded by *'et* does not agree in number and gender with the passive verb. These instances are better arguments for considering *'et* as having additional functions other than introducing subjects. Nevertheless, they can still be understood as constructions in transition to becoming perfect passives, and the subjects introduced by *'et* can still be considered as objects in transition to becoming grammatical subjects of a passive verb, since the verb has a true passive form, though impersonal. The impersonal character of the passive can be understood as an immediate stage in the process of becoming a passive in agreement with its subject. The direct object still maintains its marking by following *'et*, and therefore *'et* cannot be understood here but as introducing a direct object, which has not become yet a grammatical subject.[24]

Examples of such constructions in Biblical Hebrew are:

Genesis 27:42 - וַיֻּגַּד לְרִבְקָה אֶת־דִּבְרֵי עֵשָׂו בְּנָהּ הַגָּדֹל - „The words of her older son Esau were reported to Rebekah."

Numbers 26:60 - וַיִּוָּלֵד לְאַהֲרֹן אֶת־נָדָב וְאֶת־אֲבִיהוּא אֶת־אֶלְעָזָר וְאֶת־אִיתָמָר - „To Aaron were born Nadab and Abihu, Eleazar and Ithamar."[25]

Exodus 10:8 - וַיּוּשַׁב אֶת־מֹשֶׁה וְאֶת־אַהֲרֹן אֶל־פַּרְעֹה - „So Moses and Aaron were brought back to Pharaoh."

---

[23] To these examples one might add those in which the verb is a construct infinitive, e.g. Genesis 21:5 - וְאַבְרָהָם בֶּן־מְאַת שָׁנָה בְּהִוָּלֶד לוֹ אֵת יִצְחָק בְּנוֹ - „Now Abraham was a hundred years old when his son Isaac was born to him," Genesis 21:8 - וַיַּעַשׂ אַבְרָהָם מִשְׁתֶּה גָדוֹל בְּיוֹם הִגָּמֵל אֶת־יִצְחָק - „And Abraham held a great feast on the day that Isaac was weaned," Genesis 40:20 - וַיְהִי בַּיּוֹם הַשְּׁלִישִׁי יוֹם הֻלֶּדֶת אֶת־פַּרְעֹה - „On the third day, Pharaoh's birthday...".

[24] This suggestion opposes Blau, who suggests that direct objects with impersonal verbs have a similar syntactical function to indirect objects preceded by prepositions other than *'et* (Blau 1954:13-14, §6, 1978:92, §6). This paper admits the existence of impersonal passive constructions in Biblical Hebrew including direct and indirect objects within. However, it explains the direct objects versus indirect objects as hybrid forms in between active and passive. Blau is correct in asserting that the role of *'et* in these constructions is to precede an object and object only. The direct object in a construction with an impersonal verb has not lost yet its direct object status and marking.

[25] Similar instances are Genesis 35:26, 46:22, 27. Although there is no *'et* before the subjects of these instances the lack of grammatical agreement suggests impersonal passive interpretation.

Exodus 27:7 - וְהוּבָא אֶת־בַּדָּיו בַּטַּבָּעֹת - „The poles shall be inserted into the rings."

Numbers 11:22 - הֲצֹאן וּבָקָר יִשָּׁחֵט לָהֶם וּמָצָא לָהֶם אִם אֶת־כָּל־דְּגֵי הַיָּם יֵאָסֵף לָהֶם וּמָצָא לָהֶם - „Could enough flocks and herds be slaughtered to suffice them? Or could all the fish of the sea be gathered for them to suffice them?"

Numbers 32:5 - וַיֹּאמְרוּ אִם־מָצָאנוּ חֵן בְּעֵינֶיךָ יֻתַּן אֶת־הָאָרֶץ הַזֹּאת לַעֲבָדֶיךָ לַאֲחֻזָּה - „,It would be a favor to us,' they continued, ,if this land were given to your servants as a holding."'

Joshua 7:15 - וְהָיָה הַנִּלְכָּד בַּחֵרֶם יִשָּׂרֵף בָּאֵשׁ אֹתוֹ וְאֶת־כָּל־אֲשֶׁר־לוֹ - „Then he who is indicated for proscription, and all that is his, shall be put to the fire."

1 Kings 2:21 - וַתֹּאמֶר יֻתַּן אֶת־אֲבִישַׁג הַשֻּׁנַמִּית לַאֲדֹנִיָּה אָחִיךָ לְאִשָּׁה - „Then she said, ,Let Abishag the Shunammite be given to your brother Adonijah as wife."'[26]

3.4 An even more difficult problem is found in those instances where 'et introduces subjects with non-passive verbs. These instances appear to be non-related to passive constructions at all, but still they exhibit a use of the particle 'et before subjects. These instances present the strongest argument for attributing syntactical roles to 'et other than introducing objects. However, most of these instances can be explained in other ways, as indicated and demonstrated very convincingly by Blau and Muraoka,[27] namely an influence of an immediate transitive verb with a direct object, anacoluthon or even a need for emendation.

The most important conclusion drawn from these explanations is that there are other ways to explain the constructions where a subject is preceded by 'et. Therefore 'et cannot be convincingly interpreted as a particle introducing subjects as a genuine part of its syntactical roles in these examples either.

Although these instances are important for those trying to prove an additional syntactical role for 'et in introducing subjects, they are less important than the previous instances for demonstrating a tension between logical subjects and grammatical subjects, since the reason for their structure does not evolve from this tension, but from other causes, such as attraction to a transitive verb, anacoluthon and textual errors.

---

[26] Other instances that are interpreted as impersonal passives are Numbers 16:29 - וּפְקֻדַּת כָּל־הָאָדָם יִפָּקֵד עֲלֵיהֶם - „If their lot be the coming fate of all mankind," Isaiah 16:10 - וְנֶאֱסַף שִׂמְחָה וָגִיל מִן־הַכַּרְמֶל - „Rejoicing and gladness are gone from the farm land," Job 22:9 - אַלְמָנוֹת שִׁלַּחְתָּ רֵיקָם וּזְרֹעוֹת יְתֹמִים יְדֻכָּא - „You have sent away widows empty-handed; the strength of the fatherless is broken," Job 30:15 - הָהְפַּךְ עָלַי בַּלָּהוֹת - „Terror tumbles upon me." These are considered impersonal passives since there is no grammatical agreement between the passive and the object supposedly becoming a subject.

[27] Blau 1954, Muraoka 1985:152-157.

Examples of such constructions in Biblical Hebrew are:

Judges 20:44 - וַיִּפְּלוּ מִבִּנְיָמִן שְׁמֹנָה־עָשָׂר אֶלֶף אִישׁ אֶת־כָּל־אֵלֶּה אַנְשֵׁי־חָיִל - „That day 18,000 men of Benjamin fell, all of them brave men."[28]

2 Kings 6:5 - וַיְהִי הָאֶחָד מַפִּיל הַקּוֹרָה וְאֶת־הַבַּרְזֶל נָפַל אֶל־הַמָּיִם - „As one of them was felling a trunk, the iron ax head fell into the water."

Ezekiel 20:16 - יַעַן בְּמִשְׁפָּטַי מָאָסוּ וְאֶת־חֻקּוֹתַי לֹא־הָלְכוּ בָהֶם וְאֶת־שַׁבְּתוֹתַי חִלֵּלוּ - „For they had rejected my rules, disobeyed my laws, and desecrated my sabbaths."

Zechariah 8:17 - כִּי אֶת־כָּל־אֵלֶּה אֲשֶׁר שָׂנֵאתִי - „Because all those are things that I hate."[29]

Nehemiah 9:19 - אֶת־עַמּוּד הֶעָנָן לֹא־סָר מֵעֲלֵיהֶם בְּיוֹמָם לְהַנְחֹתָם בְּהַדֶּרֶךְ וְאֶת־עַמּוּד הָאֵשׁ בְּלַיְלָה לְהָאִיר לָהֶם וְאֶת־הַדֶּרֶךְ אֲשֶׁר יֵלְכוּ־בָהּ - „The pillar of cloud did not depart from them to lead them on the way by day, nor the pillar of fire by night to give them light in the way they were to go."

4. Conclusions

Subjects introduced by *'et* and several other prepositions should be interpreted as logical subjects in transition from objects into grammatical subjects. The process of an object becoming a grammatical subject can be established by means of (1) extraposition and (2) converting active into passive. A realization of these two options might produce hybrid constructions, half simple, half extrapositions, or half active half passive. There is no special role for *'et* in these constructions but that of an accusative particle, since its original accusative role still remains as long as *'et* sticks to the logical subject. Once the logical subject becomes a true grammatical subject, *'et* disappears.

---

[28] In this instance Muraoka suggests inverting the verb into an active verb (Muraoka 1985:157).

[29] This instance is actually a cleft sentence. The sentence part preceded by *'et* is in a position of a logical predicate and not subject, that is ‚It is those that are things that I hate' (Zewi 1992:181-182, §4.2.1, 197, §4.5.3). However, the function of the *'et* here is as problematic as in the other instances where *'et* precedes subjects. Blau rightly explains the *'et* in this construction as an attraction to the verb שָׂנֵאתִי (Blau 1954:13, §5).

Bibliography

Abbreviations

BSOAS   Bulletin of the School of Oriental and African Studies

JNES   Journal of Near Eastern Studies

JPS   Tanakh, A New Translation of the Holy Scriptures according to the Traditional Hebrew Text. 1985. The Jewish Publication Society.

VT   Vetus Testamentum

ZAH   Zeitschrift für Althebraistik

ZAW   Zeitschrift für die altestamentliche Wissenschaft

Albrecht, K. 1929. אֵת vor dem Nominativ und beim Passiv. *ZAW* 47:274-283.

Andersen, F.I. 1971. Passive and Ergative in Hebrew. in: Goedicke, H. ed. *Near Eastern Studies in Honor of W.F. Albright*. Baltimore & London:1-15

Blau, J. 1954. Zum angeblichen Gebrauch von אֵת vor dem Nominativ. *VT* 4:7-19

Blau, J. 1956. Gibt es ein emphatisches *'ēṯ* im Bibelhebraeisch? *VT* 6:211-212

Blau, J. 1978. On Invariable Passive Forms in Biblical Hebrew and Classical Arabic. in: Avishur, Y. & Blau, J. eds. *Studies in Bible and the Ancient Near East*. Jerusalem:85-94 (in Hebrew)

Brockelmann, C. 1913. *Grundriss der vergleichenden Grammatik der semitischen Sprachen* II. Berlin.

Dixon, R.M.W. 1994. *Ergativity*. (Cambridge Studies in Linguistics 69). Cambridge.

Driver, S.R. 1892. *A Treatise on the Use of the Tenses in Hebrew and Some Other Syntactical Questions*. Oxford. (3rd ed.)

Goldenberg, G. 1977. Imperfectly-Transformed Cleft Sentences. *Proceedings of the Sixth World Congress of Jewish Studies 1973 I*. Jerusalem:127-133.

Hoftijzer, J. 1965. Remarks Concerning the Use of the Particle *'t* in Classical Hebrew. *Oudtestamentische Studiën*. 14:1-99

Joüon, P. 1947. *Grammaire de l'hébreu biblique*. Rome. (2nd ed.)

Kautzsch, E. ed. 1910. *Gesenius' Hebrew Grammar*. (Cowley, A.E. trans.) Oxford.

Khan, G. A. 1984. Object Markers and Agreement Pronouns in Semitic Languages. *BSOAS* 47:468-500

Khan, G. 1988. *Studies in Semitic Syntax*. Oxford University Press.

Kirtchuk, P. 1993. *l’et/* ou ne pas *l’et/*: l‘actant Y en Hébreu et au-delà. *Actances* 7:91-133

Macdonald, J. 1964. The Particle את in Classical Hebrew: Some New Data on Its Use with the Nominative. *VT* 14:264-275

Müller, H.P. 1985. Ergativelemente im akkadischen und althebräischen Verbalsystem. *Biblica* 66:385-417

Müller, H.P. 1988. Das Bedeutungspotential der Afformativkonjugation. *ZAH* 1:159-190

Müller, H.P. 1995. Ergative Constructions in Early Semitic Languages. *JNES* 54:261-271

Muraoka, T. 1985. *Emphatic Words and Structures in Biblical Hebrew.* Jerusalem - Leiden.

Saydon, P.P. 1964. Meanings and Uses of the Particle את. *VT* 14:192-210

Walker, N. 1955. Concerning the Function of ’*ēth. VT* 5:314-315

Waltke, B.W. & O‘Connor, M. 1990. *An Introduction to Biblical Hebrew Syntax.* Winona Lake, Indiana.

Zewi, T. 1992. *Syntactical Modifications Reflecting the Functional Structure of the Sentence in Biblical Hebrew.* Doctoral Thesis. The Hebrew University of Jerusalem. (in Hebrew)

Zewi, T. 1994. The Nominal Sentence in Biblical Hebrew. in: Goldenberg, G. & Raz, Sh. eds. *Semitic and Cushitic Studies.* Wiesbaden: 145-167

Stellenregister

Die Autoren der einzelnen Beiträge dieses Bandes bevorzugen bei Stellenangaben zum Teil unterschiedliche Zitierweisen und Abkürzungen. Die Stellenangaben wurden für das Register vereinheitlicht; Fußnoten wurden nicht gesondert ausgewiesen. Außerbiblische Belege, inbesondere Inschriften etc. wurden ebenfalls vereinheitlicht und meist ohne Abkürzung in einer vereinfachten Schreibweise wiedergegeben; Texte und Abkürzungen sind gut über die neueren Editionen und Bibliographien zu erschließen, etwa: DAVIES, GRAHAM I. [und Mitarbeiter]: Ancient Hebrew Inscriptions. Corpus and Concordance. Camebridge [u.a.] 1991; RENZ, JOHANNES/RÖLLIG, WOLFGANG: Handbuch der Althebräischen Epigraphik Bd. 1ff. Darmstadt 1995ff.; FITZMEYER, JOSEPH A./KAUFMANN, STEPHEN A.: An Aramaic Bibliography, Part 1, Old, Official, and Biblical Aramaic. Baltimore/ London 1991. Sonstige Abkürzungen orientieren sich am Abkürzungsverzeichnis der Theologischen Realenzyklopädie (TRE).

Bd. 25/1a MICHAEL LATTKE: *Die Oden Salomos in ihrer Bedeutung für Neues Testament und Gnosis.* Band Ia. Der syrische Text der Edition in Estrangela Faksimile des griechischen Papyrus Bodmer XI. 68 Seiten. 1980.

Bd. 25/2 MICHAEL LATTKE: *Die Oden Salomos in ihrer Bedeutung für Neues Testament und Gnosis.* Band II. Vollständige Wortkonkordanz zur handschriftlichen, griechischen, koptischen, lateinischen und syrischen Überlieferung der Oden Salomos. Mit einem Faksimile des Kodex N. XVI–201 Seiten. 1979.

Bd. 25/3 MICHAEL LATTKE: *Die Oden Salomos in ihrer Bedeutung für Neues Testament und Gnosis.* Band III. XXXIV–478 Seiten. 1986.

Bd. 46 ERIK HORNUNG: *Der ägyptische Mythos von der Himmelskuh.* Eine Ätiologie des Unvollkommenen. Unter Mitarbeit von Andreas Brodbeck, Hermann Schlögl und Elisabeth Staehelin und mit einem Beitrag von Gerhard Fecht. XII–129 Seiten, 10 Abbildungen. 1982. Dritte Auflage 1997.

Bd. 50/1 DOMINIQUE BARTHÉLEMY: *Critique textuelle de l'Ancien Testament.* 1. Josué, Juges, Ruth, Samuel, Rois, Chroniques, Esdras, Néhémie, Esther. Rapport final du Comité pour l'analyse textuelle de l'Ancien Testament hébreu institué par l'Alliance Biblique Universelle, établi en coopération avec Alexander R. Hulst †, Norbert Lohfink, William D. McHardy, H. Peter Rüger, coéditeur, James A. Sanders, coéditeur. 812 pages. 1982.

Bd. 50/2 DOMINIQUE BARTHÉLEMY: *Critique textuelle de l'Ancien Testament.* 2. Isaïe, Jérémie, Lamentations. Rapport final du Comité pour l'analyse textuelle de l'Ancien Testament hébreu institué par l'Alliance Biblique Universelle, établi en coopération avec Alexander R. Hulst †, Norbert Lohfink, William D. McHardy, H. Peter Rüger, coéditeur, James A. Sanders, coéditeur. 1112 pages. 1986.

Bd. 50/3 DOMINIQUE BARTHÉLEMY: *Critique textuelle de l'Ancien Testament.* Tome 3. Ezéchiel, Daniel et les 12 Prophètes. Rapport final du Comité pour l'analyse textuelle de l'Ancien Testament hébreu institué par l'Alliance Biblique Universelle, établi en coopération avec Alexander R. Hulst †, Norbert Lohfink, William D. McHardy, H. Peter Rügert †, coéditeur, James A. Sanders, coéditeur. 1424 pages. 1992.

Bd. 53 URS WINTER: *Frau und Göttin.* Exegetische und ikonographische Studien zum weiblichen Gottesbild im Alten Israel und in dessen Umwelt. XVIII–928 Seiten, 520 Abbildungen. 1983. 2. Auflage 1987. Mit einem Nachwort zur 2. Auflage.

Bd. 55 PETER FREI / KLAUS KOCH: *Reichsidee und Reichsorganisation im Perserreich.* 352 Seiten, 17 Abbildungen. 1996. Zweite, bearbeitete und erweiterte Auflage.

Bd. 67 OTHMAR KEEL / SILVIA SCHROER: *Studien zu den Stempelsiegeln aus Palästina/Israel.* Band I. 115 Seiten, 103 Abbildungen. 1985.

Bd. 69 RAPHAEL VENTURA: *Living in a City of the Dead.* A Selection of Topographical and Administrative Terms in the Documents of the Theban Necropolis. XII–232 pages.1986.

Bd. 70 CLEMENS LOCHER: *Die Ehre einer Frau in Israel.* Exegetische und rechtsvergleichende Studien zu Dtn 22, 13-21. XVIII–464 Seiten. 1986.

Bd. 71 HANS-PETER MATHYS: *Liebe deinen Nächsten wie dich selbst.* Untersuchungen zum alttestamentlichen Gebot der Nächstenliebe (Lev 19,18). XII–204 Seiten. 1986. 2. verbesserte Auflage 1990.

Bd. 92   MARK A. O'BRIEN: *The Deuteronomistic History Hypothesis:* A Reassessment. 340 pages. 1989.

Bd. 93   WALTER BEYERLIN: *Reflexe der Amosvisionen im Jeremiabuch.* 120 Seiten. 1989.

Bd. 94   ENZO CORTESE: *Josua 13–21.* Ein priesterschriftlicher Abschnitt im deuteronomistischen Geschichtswerk. 136 Seiten. 1990.

Bd. 96   ANDRÉ WIESE: *Zum Bild des Königs auf ägyptischen Siegelamuletten.* 264 Seiten. Mit zahlreichen Abbildungen im Text und 32 Tafeln. 1990.

Bd.97   WOLFGANG ZWICKEL: *Räucherkult und Räuchergeräte.* Exegetische und archäologische Studien zum Räucheropfer im Alten Testament. 372 Seiten. Mit zahlreichen Abbildungen im Text. 1990

Bd. 98   AARON SCHART: *Mose und Israel im Konflikt.* Eine redaktionsgeschichtliche Studie zu den Wüstenerzählungen. 296 Seiten. 1990.

Bd. 99   THOMAS RÖMER: *Israels Väter.* Untersuchungen zur Väterthematik im Deuteronomium und in der deuteronomistischen Tradition. 664 Seiten. 1990.

Bd. 100   OTHMAR KEEL / MENAKHEM SHUVAL / CHRISTOPH UEHLINGER: *Studien zu den Stempelsiegeln aus Palästina / Israel* Band III. Die Frühe Eisenzeit. Ein Workshop. XIV–456 Seiten. Mit zahlreichen Abbildungen im Text und 22 Tafeln. 1990.

Bd. 101   CHRISTOPH UEHLINGER: *Weltreich und «eine Rede».* Eine neue Deutung der sogenannten Turmbauerzählung (Gen 11,1–9). XVI–654 Seiten.1990.

Bd. 102   BENJAMIN SASS: *Studia Alphabetica.* On the Origin and Early History of the Northwest Semitic, South Semitic and Greek Alphabets. X–120 pages. 16 pages with illustrations. 2 tables. 1991.

Bd. 103   ADRIAN SCHENKER: *Text und Sinn im Alten Testament.* Textgeschichtliche und bibeltheologische Studien. VIII–312 pages. 1991.

Bd. 104   DANIEL BODI: *The Book of Ezekiel and the Poem of Erra.* IV–332 pages. 1991.

Bd. 105   YUICHI OSUMI: *Die Kompositionsgeschichte des Bundesbuches Exodus 20,22b–23,33.* XII–284 Seiten. 1991.

Bd. 106   RUDOLF WERNER: *Kleine Einführung ins Hieroglyphen-Luwische.* XII–112 Seiten. 1991.

Bd. 107   THOMAS STAUBLI: *Das Image der Nomaden im Alten Israel und in der Ikonographie seiner sesshaften Nachbarn.* XII–408 Seiten. 145 Abb. und 3 Falttafeln. 1991.

Bd. 108   MOSHÉ ANBAR: *Les tribus amurrites de Mari.* VIII–256 pages. 1991.

Bd. 109   GÉRARD J. NORTON / STEPHEN PISANO (eds.): *Tradition of the Text.* Studies offered to Dominique Barthélemy in Celebration of his 70th Birthday. 336 pages. 1991.

Bd. 110   HILDI KEEL-LEU: *Vorderasiatische Stempelsiegel.* Die Sammlung des Biblischen Instituts der Universität Freiburg Schweiz. 180 Seiten. 24 Tafeln. 1991.

Bd. 111   NORBERT LOHFINK: *Die Väter Israels im Deuteronomium.* Mit einer Stellungnahme von Thomas Römer. 152 Seiten. 1991.

Bd. 113   CHARLES MAYSTRE: *Les grands prêtres de Ptah de Memphis.* XIV–474 pages, 2 planches. 1992.

Bd. 114   THOMAS SCHNEIDER: *Asiatische Personennamen in ägyptischen Quellen des Neuen Reiches.* 480 Seiten. 1992.

Bd. 115   ECKHARD VON NORDHEIM: *Die Selbstbehauptung Israels in der Welt des Alten Orients.* Religionsgeschichtlicher Vergleich anhand von Gen 15/22/28, dem Aufenthalt Israels in Ägypten, 2 Sam 7, 1 Kön 19 und Psalm 104. 240 Seiten. 1992.

Bd. 116   DONALD M. MATTHEWS: *The Kassite Glyptic of Nippur.* 208 pages. 210 figures. 1992.

Bd. 117   FIONA V. RICHARDS: *Scarab Seals from a Middle to Late Bronze Age Tomb at Pella in Jordan.* XII–152 pages, 16 plates. 1992.

Bd. 118   YOHANAN GOLDMAN: *Prophétie et royauté au retour de l'exil.* Les origines littéraires de la forme massorétique du livre de Jérémie. XIV–270 pages. 1992.

Bd. 119   THOMAS M. KRAPF: *Die Priesterschrift und die vorexilische Zeit.* Yehezkel Kaufmanns vernachlässigter Beitrag zur Geschichte der biblischen Religion. XX–364 Seiten. 1992.

Bd. 120   MIRIAM LICHTHEIM: *Maat in Egyptian Autobiographies and Related Studies.* 236 pages, 8 plates. 1992.

Bd. 121   ULRICH HÜBNER: *Spiele und Spielzeug im antiken Palästina.* 256 Seiten. 58 Abbildungen. 1992.

Bd. 122   OTHMAR KEEL: *Das Recht der Bilder, gesehen zu werden.* Drei Fallstudien zur Methode der Interpretation altorientalischer Bilder. 332 Seiten, 286 Abbildungen. 1992.

Bd. 123   WOLFGANG ZWICKEL (Hrsg.): *Biblische Welten.* Festschrift für Martin Metzger zu seinem 65. Geburtstag. 268 Seiten, 19 Abbildungen. 1993.

Bd. 125   BENJAMIN SASS / CHRISTOPH UEHLINGER (eds.): *Studies in the Iconography of Northwest Semitic Inscribed Seals.* Proceedings of a symposium held in Fribourg on April 17–20, 1991. 368 pages, 532 illustrations. 1993.

Bd. 126   RÜDIGER BARTELMUS / THOMAS KRÜGER / HELMUT UTZSCHNEIDER (Hrsg.): *Konsequente Traditionsgeschichte.* Festschrift für Klaus Baltzer zum 65. Geburtstag. 418 Seiten. 1993.

Bd. 127   ASKOLD I. IVANTCHIK: *Les Cimmériens au Proche-Orient.* 336 pages. 1993.

Bd. 128   JENS VOSS: *Die Menora.* Gestalt und Funktion des Leuchters im Tempel zu Jerusalem. 124 Seiten. 1993.

Bd. 129   BERND JANOWSKI / KLAUS KOCH / GERNOT WILHELM (Hrsg.): *Religionsgeschichtliche Beziehungen zwischen Kleinasien, Nordsyrien und dem Alten Testament.* Internationales Symposion Hamburg 17.–21. März 1990. 572 Seiten. 1993.

Bd. 130   NILI SHUPAK: *Where can Wisdom be found?* The Sage's Language in the Bible and in Ancient Egyptian Literature. XXXII–516 pages. 1993.

Bd. 131   WALTER BURKERT / FRITZ STOLZ (Hrsg.): *Hymnen der Alten Welt im Kulturvergleich.* 134 Seiten. 1994.

Bd. 132   HANS-PETER MATHYS: *Dichter und Beter.* Theologen aus spätalttestamentlicher Zeit. 392 Seiten. 1994.

Bd. 133   REINHARD G. LEHMANN: *Friedrich Delitzsch und der Babel-Bibel-Streit.* 472 Seiten, 13 Tafeln. 1994.

Bd. 134   SUSANNE BICKEL: *La cosmogonie égyptienne avant le Nouvel Empire.* 360 pages. 1994.

Bd. 135   OTHMAR KEEL: *Studien zu den Stempelsiegeln aus Palästina/Israel.* Band IV. Mit Registern zu den Bänden I–IV. XII–340 Seiten mit Abbildungen, 24 Seiten Tafeln. 1994.

Bd. 136   HERMANN-JOSEF STIPP: *Das masoretische und alexandrinische Sondergut des Jeremiabuches.* Textgeschichtlicher Rang, Eigenarten, Triebkräfte. VII–196 Seiten. 1994.

Bd. 137   PETER ESCHWEILER: *Bildzauber im alten Ägypten.* Die Verwendung von Bildern und Gegenständen in magischen Handlungen nach den Texten des Mittleren und Neuen Reiches. X–380 Seiten, 28 Seiten Tafeln. 1994.

Bd. 138 CHRISTIAN HERRMANN: *Ägyptische Amulette aus Palästina/Israel*. Mit einem Ausblick auf ihre Rezeption durch das Alte Testament. XXIV–1000 Seiten, 70 Seiten Bildtafeln. 1994.

Bd. 139 WALTER DIETRICH / MARTIN A. KLOPFENSTEIN (Hrsg.): *Ein Gott allein?* JHWH-Verehrung und biblischer Monotheismus im Kontext der israelitischen und altorientalischen Religionsgeschichte. 616 Seiten. 1994.

Bd. 140 IZAK CORNELIUS: *The Iconography of the Canaanite Gods Reshef and Baʿal*. Late Bronze and Iron Age I Periods (c 1500 – 1000 BCE). XII–326 pages with illustrations, 56 plates. 1994.

Bd. 141 JOACHIM FRIEDRICH QUACK: *Die Lehren des Ani*. Ein neuägyptischer Weisheitstext in seinem kulturellen Umfeld. X–344 Seiten, 2 Bildtafeln. 1994.

Bd. 142 ORLY GOLDWASSER: *From Icon to Metaphor*. Studies in the Semiotics of the Hieroglyphs. X–194 pages. 1995.

Bd. 143 KLAUS BIEBERSTEIN: *Josua-Jordan-Jericho*. Archäologie, Geschichte und Theologie der Landnahmeerzählungen Josua 1-6. XII–494 Seiten. 1995.

Bd. 144 CHRISTL MAIER: *Die «fremde Frau» in Proverbien 1-9*. Eine exegetische und sozialgeschichtliche Studie. XII–304 Seiten. 1995.

Bd. 145 HANS ULRICH STEYMANS: *Deuteronomium 28 und die* adê *zur Thronfolgeregelung Asarhaddons*. Segen und Fluch im Alten Orient und in Israel. XII–436 Seiten. 1995.

Bd. 146 FRIEDRICH ABITZ: *Pharao als Gott in den Unterweltsbüchern des Neuen Reiches*. VIII–228 Seiten. 1995.

Bd. 147 GILLES ROULIN: *Le Livre de la Nuit*. Une composition égyptienne de l'au-delà. Iʳᵉ partie: traduction et commentaire. XX–420 pages. IIᶜ partie: copie synoptique. X–169 pages, 21 planches. 1996.

Bd. 148 MANUEL BACHMANN: *Die strukturalistische Artefakt- und Kunstanalyse*. Exposition der Grundlagen anhand der vorderorientalischen, ägyptischen und griechischen Kunst. 88 Seiten mit 40 Abbildungen. 1996.

Bd. 150 ELISABETH STAEHELIN / BERTRAND JAEGER (Hrsg.): *Ägypten-Bilder*. Akten des «Symposiums zur Ägypten-Rezeption», Augst bei Basel, vom 9.–11. September 1993. 384 Seiten Text, 108 Seiten mit Abbildungen. 1997.

Bd. 151 DAVID A.WARBURTON: *State and Economy in Ancient Egypt*. Fiscal Vocabulary of the New Kingdom. 392 pages. 1996.

Bd. 152 FRANÇOIS ROSSIER SM: *L'intercession entre les hommes dans la Bible hébraïque*. L'intercession entre les hommes aux origines de l'intercession auprès de Dieu. 408 pages. 1996.

Bd. 153 REINHARD GREGOR KRATZ / THOMAS KRÜGER (Hrsg.): *Rezeption und Auslegung im Alten Testament und in seinem Umfeld*. Ein Symposion aus Anlass des 60. Geburtstags von Odil Hannes Steck. 148 Seiten. 1997.

Bd. 154 ERICH BOSSHARD-NEPUSTIL: *Rezeptionen von Jesaja 1–39 im Zwölfprophetenbuch*. Untersuchungen zur literarischen Verbindung von Prophetenbüchern in babylonischer und persischer Zeit. XIV–534 Seiten. 1997.

Bd. 155 MIRIAM LICHTHEIM: *Moral Values in Ancient Egypt*. 136 pages. 1997.

Bd. 156 ANDREAS WAGNER (Hrsg.): *Studien zur hebräischen Grammatik*. VIII–212 Seiten. 1997.

ORBIS BIBLICUS ET ORIENTALIS, SERIES ARCHAEOLOGICA

Bd. 1   JACQUES BRIEND / JEAN-BAPTISTE HUMBERT (Ed.), Tell Keisan (1971–1976), une cité phénicienne en Galilée. 392 pages, 142 planches. 1980.

Bd. 2   BERTRAND JAEGER, Essai de classification et datation des scarabées Menkhéperré. 455 pages avec 1007 illustrations, 26 planches avec 443 figures. 1982.

Bd. 3   RAPHAEL GIVEON, Egyptian Scarabs from Western Asia from the Collections of the British Museum. 202 pages, 457 figures. 1985.

Bd. 4   SEYYARE EICHLER / MARKUS WÄFLER, Tall al-Hamidiya 1, Vorbericht 1984. 360 Seiten, 104 Tafeln, 4 Seiten Illustrationen, 4 Faltpläne, 1 vierfarbige Tafel. 1985.

Bd. 5   CLAUDIA MÜLLER-WINKLER, Die ägyptischen Objekt-Amulette. Mit Publikation der Sammlung des Biblischen Instituts der Universität Freiburg Schweiz, ehemals Sammlung Fouad S. Matouk. 590 Seiten, 40 Tafeln. 1987.

Bd. 6   SEYYARE EICHLER / MARKUS WÄFLER / DAVID WARBURTON, Tall al-Hamidiya Hamidiya 2, Symposium Recent Excavations in the Upper Khabur Region, 492 Seiten, 20 Seiten Illustrationen, 2 Falttafeln, 1 vierfarbige Tafel. 1990.

Bd. 7   HERMANN A. SCHLÖGL / ANDREAS BRODBECK, Ägyptische Totenfiguren aus öffentlichen und privaten Sammlungen der Schweiz, 356 Seiten mit 1041 Photos. 1990.

Bd. 8   DONALD M. MATTHEWS, Principles of composition in Near Eastern glyptic of the later second millennium B.C., 176 pages, 39 pages with drawings, 14 plates. 1990.

Bd. 9   CLAUDE DOUMET, Sceaux et cylindres orientaux: la collection Chiha. Préface de Pierre Amiet. 220 pages, 24 pages d'illustrations. 1992.

Bd. 10   OTHMAR KEEL, Corpus der Stempelsiegel-Amulette aus Palästina/Israel. Von den Anfängen bis zur Perserzeit. Einleitung. 376 Seiten mit 603 Abbildungen im Text. 1995.

Bd. 11   BEATRICE TEISSIER, Egyptian Iconography on Syro-Palestinian Cylinder Seals of the Middle Bronze Age. XII–224 pages with numerous illustrations, 5 plates. 1996.

Bd. 12   ANDRÉ B. WIESE, Die Anfänge der ägyptischen Stempelsiegel-Amulette. Eine typologische und religionsgeschichtliche Untersuchung zu den «Knopfsiegeln» und verwandten Objekten der 6. bis frühen 12. Dynastie. XXII–366 Seiten mit 1426 Abbildungen. 1996.

Bd. 13   OTHMAR KEEL, Corpus des Stempelsiegel-Amulette aus Palästina/Israel. Von den Anfängen bis zur Perserzeit. Katalog Band I: Von Tell Abu Farağ bis 'Atlit. 806 Seiten mit 375 Phototafeln. 1997.

Bd. 14   PIERRE AMIET, JACQUES BRIEND, LILIANE COURTOIS, JEAN-BERNARD DUMORTIER, Tell el Far'ah. Histoire, glyptique et céramologique. 100 pages. 1996.

Bd. 15   DONALD M. MATTHEWS, The Early Glyptic of Tell Brak. Cylinder Seals of Third Millennium Syria. 312 pages, 59 plates, 1997.

UNIVERSITÄTSVERLAG FREIBURG SCHWEIZ
ÉDITIONS UNIVERSITAIRES FRIBOURG SUISSE

L'Institut biblique de l'Université de Fribourg en Suisse offre la possibilité d'acquérir un

certificat de spécialisation
CRITIQUE TEXTUELLE ET HISTOIRE DU TEXTE ET DE L'EXÉGÈSE DE L'ANCIEN TESTAMENT
(Spezialisierungszeugnis Textkritik und Geschichte des Textes
und der Interpretation des Alten Testamentes)

en une année académique (octobre à juin). Toutes les personnes ayant obtenu une licence en théologie ou un grade académique équivalent peuvent en bénéficier.

Cette année d'études peut être organisée

☞ autour de la critique textuelle proprement dite (méthodes, histoire du texte, instruments de travail, édition critique de la Bible);

☞ autour des témoins principaux du texte biblique (texte masorétique et masore, textes bibliques de Qumran, Septante, traductions hexaplaires, Vulgate, Targoums) et leurs langues (hébreu, araméen, grec, latin, syriaque, copte), enseignées en collaboration avec les chaires de patrologie et d'histoire ancienne, ou

☞ autour de l'histoire de l'exégèse juive (en hébreu et en judéo-arabe) et chrétienne (en collaboration avec la patrologie et l'histoire de l'Eglise).

L'Institut biblique dispose d'une bibliothèque spécialisée dans ces domaines. Les deux chercheurs de l'Institut biblique consacrés à ces travaux sont Adrian Schenker et Yohanan Goldman.

Pour l'obtention du certificat, deux examens annuels, deux séminaires et un travail écrit équivalent à un article sont requis. Les personnes intéressées peuvent obtenir des informations supplémentaires auprès du Curateur de l'Institut biblique:

Prof. Dr. Max Küchler, Institut biblique, Université, Miséricorde
CH-1700 Fribourg / Suisse   Fax +41 – (0)26 – 300 9754

Nachdem Sie das Diplom oder Lizentiat in Theologie, Bibelwissenschaft, Altertumskunde Palästinas/ Israels, Vorderasiatischer Archäologie oder einen gleichwertigen Leistungsausweis erworben haben, ermöglicht Ihnen ab Oktober 1997 ein Studienjahr (Oktober – Juni), am Biblischen Institut in Freiburg in der Schweiz ein

Spezialisierungszeugnis
BIBEL UND ARCHÄOLOGIE
(Elemente der Feldarchäologie, Ikonographie, Epigraphik,

Religionsgeschichte Palästinas/Israels)

zu erwerben.

Das Studienjahr wird in Verbindung mit der Universität Bern (25 Min. Fahrzeit) organisiert. Es bietet Ihnen die Möglichkeit,

☞ eine Auswahl einschlägiger Vorlesungen, Seminare und Übungen im Bereich "Bibel und Archäologie" bei Walter Dietrich, Othmar Keel, Ernst Axel Knauf, Max Küchler, Silvia Schroer und Christoph Uehlinger zu belegen;

☞ diese Veranstaltungen durch solche in Ägyptologie (Hermann A. Schlögl, Freiburg), Vorderasiatischer Archäologie (Markus Wäfler, Bern) und altorientalischer Philologie (Pascal Attinger, Esther Flückiger, beide Bern) zu ergänzen;

☞ die einschlägigen Dokumentationen des Biblischen Instituts zur palästinisch-israelischen Miniaturkunst aus wissenschaftlichen Grabungen (Photos, Abdrücke, Kartei) und die zugehörigen Fachbibliotheken zu benutzen;

☞ mit den großen Sammlungen (über 10'000 Stück) von Originalen altorientalischer Miniaturkunst des Biblischen Instituts (Rollsiegel, Skarabäen und andere Stempelsiegel, Amulette, Terrakotten, palästinische Keramik, Münzen usw.) zu arbeiten und sich eine eigene Dokumentation (Abdrücke, Dias) anzulegen;

☞ während der Sommerferien an einer Ausgrabung in Palästina / Israel teilzunehmen, wobei die Möglichkeit besteht, mindestens das Flugticket vergütet zu bekommen.

Um das Spezialisierungszeugnis zu erhalten, müssen zwei benotete Jahresexamen abgelegt, zwei Seminarscheine erworben und eine schriftliche wissenschaftliche Arbeit im Umfange eines Zeitschriftenartikels verfaßt werden.

Interessenten und Interessentinnen wenden sich bitte an den Curator des Instituts:

Prof. Dr. Max Küchler, Biblisches Institut, Universität, Miséricorde

CH-1700 Freiburg / Schweiz   Fax +41 – (0)26 – 300 9754

Summary

This volume contains the contributions of the Hebrew grammar section: The Next Generation of Projects of the International Meeting of the Society of Biblical Literature (SBL) 1996 in Dublin.

Papers mainly from the younger generation deal here with hebraistic problems and debate them closely within the context of general linguistics and semitic studies. The individual papers cover a variety of hebraistic and linguistic research fields: in addition to syntax, semantic questions as well as text-linguistic and pragmatic aspects are discussed. The present volume thus provides an overview of main problems of current research on hebraistic grammar.

Zusammenfassung

In diesem Band liegen die Beiträge der Section Hebrew Grammar: The Next Generation of Projects des International Meeting der Society of Biblical Literatur (SBL) 1996 in Dublin vor.

Arbeiten vor allem der «jüngeren» Generation diskutieren hier hebraistische Fragen und erörtern sie eng im Kontext der allgemeinen linguistischen und semitistischen Diskussion. Die einzelnen Aufsätze thematisieren dabei unterschiedliche hebraistische und linguistische Forschungsbereiche: neben Arbeiten zur Syntax stehen semantische Fragen sowie textlinguistische und pragmatische Zugänge. So ermöglicht der vorliegende Sammelband mit seinem Ausschnitt aus den Arbeiten der «nächsten Generation» einen Überblick über Hauptprobleme gegenwärtiger Forschung zur hebräischen Grammatik.